LA RÉINVENTION DU CAPITALISME

L'HARMATTAN
RIQUE · ASIE · AMERIQUE LATINE
ANTILLES · MONDE ARABE
16, rue des Ecoles
75005 PARIS

Collection « Hommes et Sociétés »

Couverture : Xiamen, province du Fujian, Chine. © Patrick Zachmann,
Magnum Photos (détail).

© Éditions KARTHALA, 1994
ISBN : 2-86537-429-7

SOUS LA DIRECTION DE
Jean-François Bayart

La réinvention
du
capitalisme

Les trajectoires du politique, 1

Éditions KARTHALA
22-24, boulevard Arago
75013 Paris

Cet ouvrage est le premier d'une série de trois, préparée par le Groupe d'analyse des trajectoires du politique du Centre d'études et de recherches internationales (Fondation nationale des sciences politiques).

Les trajectoires du politique

1. *La réinvention du capitalisme.*
2. *La greffe de l'État* (à paraître en 1994).
3. *L'économie de la démocratie* (à paraître en 1995).

Avant-propos

Dans l'imaginaire des peuples le capitalisme est associé à la suprématie de l'Occident et à sa richesse. Il existe cependant un « capitalisme pauvre » (poor capitalism) *qui mérite d'autant plus d'attention qu'il est maintenant perçu comme un rival dangereux dans l'Europe des Douze et aux États-Unis. Ce n'est plus seulement l'insolent Japon qui se pose en concurrent redoutable, mais aussi bien les « nouveaux pays industriels » de l'Asie du Sud-Est et de l'Est, l'énorme Chine en pleine croissance, voire l'Inde qui a le front d'accueillir les services informatiques de la vénérable Swissair. Par ailleurs le marasme des pays pauvres inquiète autant que leur réussite : ne risque-t-il pas d'accélérer les migrations de masses désespérées venues d'Asie, d'Europe de l'Est, du Maghreb, d'Afrique noire ou d'Amérique latine ? Le Groupe des 7 riches est ainsi partagé entre la crainte de voir les pauvres s'enrichir et la frayeur de les voir s'appauvrir davantage.*

Cette galaxie du capitalisme pauvre n'est ni homogène, ni fermée. Des pays en sont sortis ou sont sur le point de s'en échapper : les dragons asiatiques, l'Espagne, le Portugal, la Grèce. D'autres y sont entrés : l'Argentine, l'Uruguay ou les bataillons serrés des évadés du socialisme bureaucratique. D'autres encore — à commencer par la Chine — se tiennent dans une prudente expectative idéologique et n'en pensent pas moins. Pourtant cette catégorie hétéroclite du capitalisme pauvre est une aux yeux des auteurs néo-libéraux qui ont assuré leur hégémonie dans le système international dès les années soixante-dix, bien avant la chute de l'empire soviétique. Les pays du Sud et de l'Est sont sujets à réformes, ils sont en marche vers la Terre promise de l'économie de marché, ils sont soumis à l'impératif catégorique de l'ajustement structurel aux lois de la concurrence internationale, et pour cela ils doivent faire valoir leurs avantages comparatifs. Non sans excès, on a pu parler à cet égard du « consensus de Washington » (1).

---

(1) J. Williamson, « What Washington means by policy reform » in J. Williamson, ed., *Latin American Adjustment : How Much Has Happened ?*, Washington, Institute of International Economics, 1990.

L'école autrichienne (Hayek, von Mises), les monétaristes (Fried-man), les nouveaux classiques (Lucas, Sargent), les libre-échangistes (Krueger, Balassa), l'école du choix public (Buchanan, Olson, Tul-lock, Niskanen) ont très largement inspiré les politiques, les pro-grammes ou les stratégies poursuivis par la Banque mondiale, le Fonds monétaire international, la Federal Reserve et le Trésor amé-ricains, les ministres des Finances du G7 et les principales ban-ques commerciales. Les réformes spectaculaires engagées en Polo-gne, en Russie, au Chili, en Argentine, par exemple, se réclament de leurs préceptes, et les politiques plus timorées ou franchement ambiguës que mettent en œuvre (ou que prétendent appliquer) d'autres pays, en particulier africains, ne rompent pas ouvertement avec le dogme.

Il va néanmoins de soi que celui-ci suscite des critiques acer-bes, en particulier de la part des économistes keynésiens qui tenaient le haut du pavé entre les années quarante et soixante-dix, ou dans les secteurs de l'opinion traumatisés par la montée du chômage et sensibles aux sirènes du protectionnisme. Jusqu'à présent, le débat s'est focalisé sur la cohérence interne ou la viabilité écono-mique des réformes prônées par les néo-libéraux, sur leur mépris des contingences politiques, sur la nécessité de limiter les « coûts de la transition » pour ne pas déstabiliser les nouvelles institutions démocratiques. Débat utile et respectable, à n'en pas douter (2). Mais il n'est peut-être pas suffisant de vouloir réhabiliter le rôle économique de l'État ou d'accorder des compensations sociales aux soutiers de la transition. On peut se demander si le « consensus de Washington » ne repose pas sur une erreur de méthode plus fondamentale. « Dès lors que les réformes économiques introdui-tes sont bonnes (et je pense qu'elles le sont), il n'y a théorique-ment aucune raison que [les pays de l'Est] ne réussissent pas leur transition », déclarait Jeffrey Sachs, l'un des experts les plus renommés du passage à l'économie de marché et le père de « la réforme » en Bolivie, en Pologne et en Russie. Et d'ajouter : « Il y a un danger réel de populisme et de démagogie, qui ne pourrait qu'empêcher les réformes » (3). Ce discours volontariste, étrange-ment, n'est pas sans rappeler celui que tenaient jusque dans les années soixante-dix les « développementalistes » et autres construc-teurs de l'« avenir radieux », rendus responsables par les néo-libéraux de la ruine de leurs nations. Aujourd'hui comme hier,

---

(2) Voir notamment L.C. Bresser Pereira, J.M. Maravall, A. Przeworski, *Econo-mic Reforms in New Democracies. A Social-Democratic Approach*, Cambridge, Cam-bridge University Press, 1993.

(3) Cité par A. Przeworski, *ibid.*, p. 133.

l'ennemi du progrès, c'est le peuple, ses traditions, son obscurantisme, son égoïsme ; l'obstacle à franchir, c'est la société réelle, alors même que l'on magnifie son hypostase, aujourd'hui la « société civile », hier la nation, avant-hier le prolétariat. Mêmes causes, mêmes effets : il est à craindre qu'au bout de la lumière du marché il n'y ait le tunnel, comme disent les Polonais. Car les sociétés sont vraisemblablement trop complexes pour être soumises sans dommages à de telles thérapies de choc. Ou, plus exactement, vieilles routières de l'Histoire, elles courberont l'échine en attendant des jours meilleurs, après avoir subi tant d'autres entreprises rédemptrices.

Notre propos n'est pas de dresser un état des heurs et des malheurs de l'économie de marché dans les pays du capitalisme pauvre, mais de montrer que les transformations de l'économie empruntent souvent des chemins plus insolites que ceux de la « réforme », de proposer un autre mode de raisonnement que celui des néolibéraux ou de leurs critiques. Pour comprendre ces mutations du Sud et de l'Est, il est indispensable de renouer avec le questionnement de la sociologie historique et de reprendre modestement la réflexion là où l'a laissée Max Weber. Quelques-unes des conditions dans lesquelles s'exerce l'invention de la modernité économique devraient alors apparaître plus clairement : les logiques sociales ne sont pas seulement les adversaires du marché ou du capitalisme, elles peuvent en être le véhicule (Introduction, par Jean-François Bayart). *La permanence ou la réinvention de certaines formes de réciprocité sociale au cœur des processus de transition économique — par exemple en Chine, en Asie centrale, en Afrique — en sont une illustration* (Première partie, par Jean-Louis Rocca, Olivier Roy, Peter Geschiere). *Il est difficile de faire la part de l'intérêt bien compris du donateur et de son adhésion à un imaginaire culturel ou social quand on analyse ces comportements de réciprocité. Mais l'étude de la générosité économique en Iran et en Inde n'est pas sans rappeler l'ambivalence de l'esprit du capitalisme que Max Weber discernait dans l'éthique du protestantisme : elle appartient à un « style de vie » où le calcul rationnel le dispute au rêve et au plaisir* (Deuxième partie, par Fariba Adelkhah et Christophe Jaffrelot). *Cette ambivalence du capitalisme à l'échelle microéconomique de l'acteur se retrouve à l'échelle élargie du marché national — par exemple dans des pays aussi dissemblables que le Cameroun et la Russie — ou de l'économie internationale : l'extension de l'économie de marché est décidément un processus complexe et contradictoire, plein de faux-semblants, qui ne correspond guère dans les faits au credo néo-libéral* (Troisième partie, par Jean-Pierre Warnier, Kathy Rousselet et Jean Coussy).

Le lecteur s'étonnera de ne pas trouver, dans ce recueil, de chapitres traitant de l'Amérique latine, de l'Europe centrale ou des « nouveaux pays industriels » d'Asie. Mais — outre le fait que nous ne pouvions prétendre dresser un tableau exhaustif des situations de transition vers l'économie de marché — ces cas ont été largement étudiés ces dernières années et ne sont pas forcément les plus propices à la définition d'une problématique neuve. Il nous a semblé préférable de nous concentrer sur des exemples peut-être moins connus, au moins pour certains d'entre eux, mais où les paradoxes de la modernité économique étaient plus éclatants. En outre, nous nous sommes abstenus d'entrer trop avant dans le problème des définitions et, l'esprit du temps aidant, nous avons notamment tenu pour synonymes le capitalisme et l'économie de marché, au risque de chagriner les fidèles de Braudel.

Ce projet a été mené en 1992-93 dans le cadre du Groupe d'analyse des trajectoires du politique, au Centre d'études et de recherches internationales de la Fondation nationale des sciences politiques. Le chapitre introductif de Jean-François Bayart est l'un des aboutissements d'un projet spécial financé par la Fondation nationale des sciences politiques. La recherche de Fariba Adelkhah a bénéficié d'une subvention du ministère français de la Recherche, celle de Jean-Pierre Warnier d'un crédit du CNRS et du ministère de la Recherche. Mais il va de soi que les opinions et les analyses présentées dans ces essais n'engagent que leurs auteurs.

Rachel Bouyssou a suivi la réalisation de ce livre avec sa compétence et son énergie habituelles, et elle a notamment traduit de l'anglais le chapitre de Peter Geschiere.

1

L'invention paradoxale de la modernité économique

par Jean-François Bayart

La chute du Mur de Berlin, en 1989, a semblé consacrer la victoire du capitalisme par KO technique et lui ouvrir le monde. A y regarder d'un peu près, les choses sont évidemment plus compliquées.

D'un côté, le discrédit et la quasi-disparition de la référence socialiste en matière économique ne sont qu'un aspect, somme toute tardif, d'un processus plus général d'extension du capitalisme à l'échelle de la planète. Dès les années soixante, un certain nombre de *success stories* ont commencé à démentir les pronostics pessimistes d'éminents spécialistes du « Tiers monde », qui avaient voué l'Asie à un sort dramatique. Certes, plusieurs de ces réussites se sont entre temps avérées n'être que des mirages. Mais le décollage de quatre « nouveaux pays industrialisés » (NPI) de l'Asie orientale — Corée du Sud, Taïwan, Hong Kong, Singapour — est aujourd'hui un fait patent. Les économistes n'excluent pas que ce peloton de tête soit en passe d'être rejoint, ou suivi à distance raisonnable, par d'autres États de la région. Les noms de la Malaisie, de l'Indonésie, de la Thaïlande, voire ceux du Vietnam et de certaines provinces littorales de la Chine populaire sont souvent cités. En Asie, le cas du Japon, dont la comparaison avec l'Europe de l'Ouest a longtemps été un exercice obligé de la sociologie historique, n'est plus tout à fait un *Sonderfall*.

Est-ce à dire qu'à une singularité nationale s'est substituée une singularité régionale ? En réalité, d'autres économies du « Tiers monde » sont à leur tour entrées dans l'arène du capitalisme et y remportent des succès appréciables, parfois inattendus : le Chili et le Mexique en Amérique latine, l'île Maurice dans l'océan Indien, le Maroc et la Tunisie au Maghreb, la Turquie en Méditerranée orientale.

Le problème, pour l'instant, n'est pas de savoir si ces résultats sont durables et modifient de manière irréversible la position des pays concernés dans la division internationale du travail. Cela, en effet, est souvent douteux, par exemple pour ce qui est du Chili ou de la Turquie. La question n'est pas non plus de débattre des politiques macro-économiques qui ont été *effectivement* poursuivies derrière le discours des grandes institutions multilatérales et des économistes néo-classiques. On sait que l'opposition entre les stratégies dirigistes de substitution d'importations — qui auraient engendré la stagnation de l'Amérique latine — et les stratégies libérales de promotion d'exportations — qui auraient assuré aux NPI asiatiques leur croissance — ne résiste pas à l'examen (1). Il est erroné d'arguer du précédent des « dragons » de l'Extrême-Orient pour enjoindre aux pays africains de libéraliser leur commerce extérieur, de rogner les prérogatives économiques de leurs institutions politiques, de satisfaire en priorité à la demande du marché mondial et de trouver leur salut dans l'intégration régionale. Car c'est à peine caricaturer l'histoire des NPI que d'affirmer que leur ascension s'est poursuivie à l'abri de fortes protections douanières, à l'instigation d'États forts et interventionnistes, en répondant aussi à la demande intérieure et en tournant le dos à leur environnement immédiat.

Cependant, cette distorsion entre la légende libérale et les réalités macro-économiques constitue en soi un fait qui mérite réflexion. Elle témoigne à sa manière du monopole que le capitalisme semble s'être taillé avant même la défaite de son vieil adversaire. Les thèses néo-classiques avaient imposé leur hégémonie dans la plupart des pays du Tiers monde dès les années soixante-dix et quatre-vingt (2). Et les autres sources de légitimité économique se sont taries les unes après les autres : en octobre 1988, les émeutes d'Alger sonnaient le glas du modèle de développement national et volontariste que l'échec du nassérisme avait déjà mis à mal ; en août 1989, le Premier ministre de la République islamique d'Iran, Mir Hossein Moussavi, qui avait attaché son nom à une

---

(1) Voir, outre le chapitre de J. Coussy dans ce volume : J. Adda, « Les stratégies d'industrialisation des nouveaux pays industrialisés. Vanité des représentations idéologiques, efficacité des politiques industrielles », *Échanges et projets*, 48, décembre 1986, pp. 61-73.

(2) T.J. Biersteker, « The "triumph" of neo-classical economics in the developing world : policy convergence and bases of governance in the international economic order », in J.N. Rosenau, E.O. Czempiel, eds., *Governance without Government : Order and Change in World Politics*, Cambridge, Cambridge University Press, 1992, pp. 102-131.

ligne économique socialiste ou en tout cas dirigiste, voyait son poste supprimé, et son limogeage sanctionnait l'incapacité de l'islamisme à inspirer une voie économique originale (3) ; en février 1990, la libération de Nelson Mandela marquait l'abandon, par les tenants du « développement séparé », d'une économie de guerre autosuffisante qui s'était montrée impuissante à endiguer l'arrivée des Noirs dans les villes et à surmonter le lâchage des financiers occidentaux ; en juin 1991, le Premier ministre de l'Inde, M. Rao, tournait le dos à quarante ans de « *Nehruian Socialism* » ; quant à la Chine, elle vit à l'heure de la « réforme » depuis 1978.

D'un autre côté, l'extension du capitalisme à l'échelle mondiale ne peut être tenue pour acquise. Le triomphalisme des médias occidentaux, au lendemain de la chute du Mur de Berlin, ne pouvait faire oublier que notre observation s'effectue sur une période ridiculement courte, à l'aune de l'histoire. Et il n'a pas fallu attendre longtemps pour enregistrer de nombreux symptômes de blocage de cet hypothétique processus. La greffe de l'économie de marché en Europe de l'Est et plus encore dans l'ancien empire soviétique apparaît chaque jour davantage comme une gageure. Même les esprits les plus optimistes doutent que le Guangdong puisse entraîner dans l'aventure capitaliste l'ensemble de l'énorme Chine, et l'hypothèse d'une économie à deux vitesses, qui laisserait l'essentiel de l'hinterland à l'écart du système mondial, est fréquemment évoquée. Admettons que le Vietnam triomphe de sa classe politique, de sa bureaucratie, du traumatisme de la guerre et de ses habitudes pour épouser le destin des « dragons » voisins, mais quid du Cambodge ou du Laos ? Admettons aussi, contre un certain nombre d'évidences, que l'avenir de la Thaïlande et de l'Indonésie soit assuré, mais quid, à nouveau, de celui des Philippines, pour ne pas parler de la Birmanie ?

En Amérique latine, le paysage est tout aussi contrasté. Le Mexique, le Chili, voire l'Argentine se redressent, mais l'on voit bien aujourd'hui comment les indices de croissance économique de la Colombie et du Brésil s'accompagnent de la reproduction de formes d'accumulation, d'exploitation ou de sous-exploitation qui entretiennent avec le capitalisme des relations ambiguës : soit qu'elles s'apparentent à une prédation et à une criminalité pures et simples, soit qu'elles relèvent d'un néo-servage ou d'une marginalisation sociale assez éloignés de la configuration moderne du mode de production capitaliste. L'argument, il est vrai, n'est pas décisif car « le capitalisme ne recouvre pas toute l'économie, *toute*

---

(3) O. Roy, *L'Échec de l'islam politique*, Paris, Le Seuil, 1992.

la société au travail » (4), y compris dans les sociétés industrielles avancées. Toutefois, l'on voit bien que la question ne se pose même pas dans ces termes pour un certain nombre de pays des Andes ou d'Amérique centrale. Pareillement, l'Afrique noire s'est jusqu'à présent illustrée par son refus pluriséculaire de s'intégrer à l'économie capitaliste (5). Sans doute conviendrait-il, là aussi, de différencier les trajectoires des régions du sous-continent : le Nigéria, la Côte-d'Ivoire, le Ghana, le Kenya, le Zimbabwe, qui connaissent un début d'industrialisation et une agriculture productive, ne sont pas le Sénégal, le Zaïre, le Mozambique ou la Somalie, dont les économies sont à l'agonie. Néanmoins, la réussite des programmes d'ajustement structurel auxquels les pays africains les plus prometteurs ont dû se soumettre demeure pour l'instant improbable, et l'hypothèse d'un décrochement global de la région par rapport à l'économie capitaliste mondiale ne peut être négligée. Enfin, au Moyen-Orient et au Pakistan, l'échec de « l'islam politique » dans la définition d'une orientation économique spécifique et viable a laissé la place à un enrichissement rentier et spéculatif qui n'est point si différent de celui qui prospère à l'ombre des divers socialismes arabes, et qui n'a pas grand chose à voir avec le capitalisme autre que financier.

Expansion du capitalisme et « temps mondial »

Les prochaines décennies peuvent donc être celles du rejet de la greffe capitaliste sur une part importante du globe, aussi bien que celles de son apothéose. Il est plusieurs manières d'en débattre. On parle beaucoup de « mondialisation », de « globalisation », d'une nouvelle configuration de « l'ordre mondial ». Force est de reconnaître, pourtant, que les disputes ne sont pas toujours aussi neuves que ne le fait accroire le jargon du post-modernisme... ou de ses pourfendeurs !

Ainsi, l'historien peut prendre comme point de départ la constatation, déjà ancienne, de Braudel : « Le capitalisme reste fondé sur une exploitation des ressources et des possibilités internationales, autrement dit il existe aux dimensions du monde, pour le moins il tend vers le monde entier. Sa grosse affaire présente :

---

(4) F. Braudel, *La Dynamique du capitalisme*, Paris, Arthaud, 1985, p. 116.
(5) F. Cooper, « Africa and the world economy », *The African Studies Review*, 24 (2-3), juin-sept. 1981, pp. 1-86.

reconstituer cet universalisme ». Il s'interrogera alors sur l'éventuelle absorption de l'économie mondiale par l'économie-monde capitaliste, que semble devoir véhiculer l'extension de « l'espace géographique » propre à celle-ci à quelques-uns des espaces qui lui résistaient le plus opiniâtrement. « Imaginons aujourd'hui une franche, totale et définitive ouverture des économies de la Chine et de l'URSS : il y aurait alors rupture des limites de l'espace occidental, tel qu'il existe actuellement », rêvait Braudel... en 1977. Simultanément, l'historien se demandera si l'extension géographique de l'économie-monde capitaliste s'accompagne d'un déplacement de son centre — Tokyo se substituant à New York, par exemple, de même qu'Anvers et Amsterdam avaient supplanté Venise et Gênes, respectivement aux XVIᵉ et XVIIᵉ siècles — et il cherchera à délimiter les « zones successives », plus ou moins proches de ce pôle, qui la composent (6). Il retrouvera, ce faisant, les préoccupations propres des théoriciens des relations internationales quand ils prennent acte de la redistribution de la puissance à l'échelle planétaire et de l'émergence d'un système multi-centré et décentralisé d'échanges transnationaux, dans le creux du système des États : la fin du XXᵉ siècle est entrée dans l'ère de la « *post international politics* » (James Rosenau), de la « société mondiale » (Bertrand Badie et Marie-Claude Smouts) (7). Les économistes, cela va sans dire, détiennent une bonne part de la réponse quand le problème est formulé de la sorte, même si la crise du Golfe, les conflits de la Yougoslavie et du Caucase ou les interventions des Nations Unies au Cambodge et en Somalie nous interdisent d'oublier que le vieux spectre de la guerre continue de présider aux destinées du système international.

Nous nous situerons quant à nous sur un autre registre, aux confins des analyses politique, sociologique et anthropologique du changement social. De ce point de vue également, les termes de la réflexion avaient été très tôt rassemblés par la théorie des sciences sociales, essentiellement par Max Weber quand il faisait du capitalisme une spécificité historique des sociétés occidentales : « A quel enchaînement de circonstances doit-on imputer l'apparition dans la civilisation occidentale, et uniquement dans celle-ci, de phénomènes culturels qui — du moins nous aimons à le penser — ont revêtu une signification et une valeur *universelles* ? », demandait-il dans son célèbre essai sur *L'éthique protestante et l'esprit du*

---

(6) F. Braudel, *op. cit.*, pp. 115 et 85-86.
(7) J.N. Rosenau, *Turbulence in World Politics. A Theory of Change and Continuity*, Princeton, Princeton University Press, 1990 ; B. Badie, M.-C. Smouts, *Le Retournement du monde. Sociologie de la scène internationale*, Paris, Presses de la Fondation nationale des sciences politiques, Dalloz, 1992.

capitalisme (EP : 7)*. On sait qu'il mit en avant un « enchaînement de circonstances » dans l'ordre du religieux, sans pour autant
y voir un facteur explicatif exclusif. Mais il ne traita jamais vraiment des conditions de la diffusion éventuelle du capitalisme occidental à d'autres sociétés, par exemple à la faveur de l'expansion
de l'impérialisme européen ou de l'internationalisation croissante
de l'économie. Il se borna à réitérer que « le problème majeur de
l'expansion du capitalisme moderne n'est pas celui de l'origine du
capital, c'est celui du développement de l'esprit du capitalisme »
(*EP* : 71), tout en rendant possible l'approche comparative dès lors
qu'il raisonnait dans les termes transhistoriques de l'idéal-type.

Or, la problématique weberienne est d'un grand intérêt pour
mieux cerner les conditions de la greffe du capitalisme, ou de son
rejet, dans les sociétés d'Afrique, d'Asie ou d'Europe orientale.
Nul ne pense, en effet, que ce processus puisse se réduire à l'uniformisation du système mondial. D'abord, parce que les logiques
de la « globalisation » sont multiples, d'un domaine à l'autre, et
que les effets de disjonction entre ceux-ci sont probablement plus
importants que les effets d'homogénéisation. Arjun Appadurai propose ainsi de distinguer plusieurs « paysages » *(landscapes)* imaginaires autour desquels s'organisent — ou se désorganisent — les
flux de la globalité : les « *ethnoscapes* », les « *mediascapes* », les
« *technoscapes* », les « *finanscapes* », les « *ideoscapes* » (8).
Ensuite, parce que les anthropologues post-modernes ont pour
l'essentiel raison lorsqu'ils soulignent que la « globalisation » est
indissociable d'une « réinvention de la différence » (9). Point n'est
besoin, pour en convenir, d'épouser dans ses ultimes raffinements
leur vision du monde, ni de pousser la problématique de l'énon-
ciation jusqu'à l'absurde (10). Dans ses mots de tous les jours,

---

* Les références à Max Weber renvoient aux éditions suivantes :
— *EP : L'Éthique protestante et l'esprit du capitalisme*, suivi de *Les Sectes pro-
testantes et l'esprit du capitalisme*, Paris, Plon, 1964 (réédition dans la collection de
poche Agora, 1985).
— *HE : Histoire économique. Esquisse d'une histoire universelle de l'économie
et de la société*, Paris, Gallimard, 1991.
— *ES : Economy and Society. An Outline of Interpretive Sociology*, edited by
Guenther Roth and Claus Wittich, Berkeley, University of California Press, 1978.
— *SR : The Sociology of Religion*, Boston, Beacon Press, 1963.
Les passages soulignés le sont par Weber lui-même.
Les citations, lorsqu'il n'y a pas d'édition française, ont été traduites par Rachel
Bouyssou à partir de l'anglais.
(8) A. Appadurai, « Disjuncture and difference in the global cultural economy »,
Public Culture, 2 (2), spring 1990, pp. 6-7.
(9) J. Clifford, *The Predicament of Culture. Twentieth Century Ethnography, Lite-
rature and Art*, Cambridge (Mass.), Harvard University Press, 1988, p. 15.
(10) Sur ce point, cf. U. Eco, *Les Limites de l'interprétation*, Paris, Grasset, 1992.

Braudel notait que « la "civilisation industrielle" exportée par l'Occident n'est qu'*un des traits* de la civilisation occidentale » :

> « En l'accueillant le monde n'accepte pas, du même coup, l'*ensemble* de cette civilisation, au contraire. Le passé des civilisations n'est d'ailleurs que l'histoire d'emprunts continuels qu'elles se sont faits les unes aux autres, au cours des siècles, sans perdre pour autant leurs particularismes, ni leurs originalités. Admettons pourtant que ce soit la première fois qu'un aspect décisif d'une civilisation particulière paraisse un emprunt désirable à *toutes* les civilisations du monde et que la vitesse des communications modernes en favorise la diffusion rapide et efficace. C'est dire seulement, croyons-nous, que ce que nous appelons *civilisation industrielle* s'apprête à rejoindre (la) civilisation collective de l'univers (...). En supposant que toutes les civilisations du monde parviennent, dans un délai plus ou moins court, à uniformiser leurs techniques usuelles et, par ces techniques, certaines de leurs façons de vivre, il n'en reste pas moins que, pour longtemps encore, nous nous retrouverons en fin de compte devant des civilisations différenciées. Pour longtemps encore, le mot de civilisation gardera un singulier et un pluriel » (11).

Cette réinvention de la différence se vérifie jusqu'au coeur du mode de production capitaliste, par exemple dans les méthodes et l'esprit de la gestion industrielle (12). Elle affecte également la consommation, fût-ce des biens les plus emblématiques de ce mode de production, tel le Coca-Cola. Marcio M. Moreira, l'un des principaux responsables de la firme, est assez fondé à repousser le reproche de « *coca-colonization* » :

> « C'est un reproche injustifié parce que ce produit n'a d'autre but que de vous rafraîchir, il est tout disposé à comprendre votre culture, à prendre un sens pour vous, à exister pour vous. Pourquoi appeler ça "coca-colonisation" ?
> — Parce que des valeurs sont ainsi imposées par l'extérieur...
> — Je ne trouve pas. Je ne suis pas d'accord. Je pense que l'amitié était déjà là, qu'elle est toujours là et sera là à jamais. Elle existait avant le Coca. Le Coca peut disparaître, pas l'amitié. Il se contente d'arroser l'amitié comme elle doit l'être : au Japon,

---

(11) F. Braudel, *Grammaire des civilisations*, Paris, Arthaud-Flammarion, 1987, pp. 38-39 (souligné par l'auteur).
(12) P. d'Iribarne, *La Logique de l'honneur. Gestion des entreprises et traditions nationales*. Paris, Seuil, 1989. Pour un exemple maghrébin, cf. P.N. Denieuil, *Les Entrepreneurs du développement. L'ethno-industrialisation en Tunisie. La dynamique de Sfax*, Paris, L'Harmattan, 1992 (y compris du point de vue de l'innovation technologique).

ça signifiera une chose et au Brésil autre chose. Le Coca reconnaît ces différences, mais il est l'allié de l'amitié. Qu'y a-t-il de mal à cela ? A mon avis, on n'impose aucune valeur. Je ne pense pas que le Coca-Cola projette : je pense qu'il reflète » (13).

Et des anthropologues travaillent à saisir la « vie sociale des choses », par exemple en en établissant la « biographie culturelle » : l'histoire d'une Mercedes n'est pas la même en Allemagne, en Afrique, en Iran (14).

La réinvention de la différence se réalise en partie à l'échelle du local, inévitable revers du processus de « globalisation » au dire même des spécialistes des relations internationales (15). Le kémalisme, mouvement « globalisateur » s'il en fut, ne voyait de civilisation qu'à l'Ouest et en tira les conséquences les plus extrêmes pour libérer la Turquie du « ridicule universel », selon les propres mots d'Atatürk. Mais simultanément il a assuré la victoire politique de l'Anatolie profonde sur la Roumélie cosmopolite, et l'occidentalisation du pays est allée de pair avec la réhabilitation, ou la reconstruction, d'une culture « turque », censée être la dépositaire de la spécificité et du génie du « peuple » face à la civilisation ottomane (16). C'est donc sans doute à juste titre que certains s'inquiètent de l'exacerbation des particularismes qui accompagne l'internationalisation de l'économie (17). Les stratégies identitaires de conquête du pouvoir et de gestion de l'espace, qui se déchaînent en Yougoslavie, dans le Caucase, en Asie du sud ou en Afrique noire, participent du même moment historique que la propagation du b.a. ba des économistes néo-classiques, sans que l'on puisse au demeurant repérer de lien évident entre les deux phénomènes. Tout au plus s'agit-il de deux manières très différentes de répondre aux mêmes types de problèmes...

Dans ces conditions, la notion de « temps mondial », à laquelle on ramène volontiers l'extension du capitalisme, doit inspirer quelque prudence. Conscient que « les deux explications (interne et

---

(13) W.M. O'Barr, « The airbrushing of culture. An insider looks at global advertising », *Public Culture*, 2 (1), Fall 1989, p. 15.

(14) A. Appadurai, ed., *The Social Life of Things. Commodities in Cultural Perspective*, Cambridge, Cambridge University Press, 1986 (en particulier les chapitres 1 et 2, par A. Appadurai et I. Kopytoff).

(15) J.N. Rosenau, *op. cit.*, p. 143. Cf. également A. Giddens, *Modernity and Self-Identity. Self and Society in the Late Modern Age*, Stanford, Stanford University Press, 1991.

(16) B. Lewis, *Islam et laïcité. La naissance de la Turquie moderne*, Paris, Fayard, 1988 (en particulier les pp. 233 et suiv. et 425-426) et D. Kushner, *The Rise of Turkish Nationalism. 1876-1908*, Londres, Frank Cass, 1977.

(17) D. Harvey, *The Condition of Post-Modernity. An Enquiry into the Origins of Cultural Change*, Cambridge (Mass.), Oxford, Basil Blackwell, 1990, pp. 305-306.

externe) sont (...) inextricablement mêlées » (18), Braudel accordait une grande place au « temps du monde », titre du troisième tome de *Civilisation matérielle. Économie et capitalisme.* Et la prise en compte de cette variable faisait partie du projet de la sociologie historique de l'État, telle qu'elle s'est développée à partir des années soixante. Reinhard Bendix et Perry Anderson, en particulier, y recourent de manière implicite (19). Theda Skocpol, elle, évoque directement « les aspects transnationaux de la modernisation » qui auraient correspondu « à des processus uniques influençant le monde entier », et s'interroge sur « les modifications et les processus de transmission du "temps mondial" » (20). Cependant, Wolfram Eberhard, à qui l'on doit, semble-t-il, l'expression même de « temps mondial » *(world time)*, prend soin de la jumeler avec la notion de « société multiple » *(multiple society)* (21). La précision est fondamentale. La diffusion des modèles politiques, culturels ou économiques qui prétendent à l'universalité est filtrée par des espaces et des temporalités de terrain dont on ne doit pas sous-estimer la complexité. Ce n'est pas seulement le télescopage de ce « temps mondial » avec des temps nationaux, régionaux ou transrégionaux demeurés autonomes — par exemple le « temps islamique » — qui fait problème (22). C'est l'enchevêtrement d'une multiplicité d'espaces/temps qui caractérise la plupart des situations que nous aurons à décrypter et dont la dimension baroque est assez bien rendue par cette plaisanterie iranienne : s'enquérant de la signification des lamentations qui ponctuent la célébration du mois de Moharram et s'entendant répondre que les fidèles pleurent Hussein, tué à la bataille de Kerbela en l'an 680, un voyageur britannique du début du XXᵉ siècle rétorque avec flegme à ses interlocuteurs persans que « les nouvelles tardent à vous parvenir »... Une histoire ou une anthropologie du temps conduit nécessairement à reconnaître la pluralité de celui-ci, y compris dans les sociétés industrielles : « non (...) une pluralité appa-

---

(18) F. Braudel, *La Dynamique du capitalisme, op. cit.*, p. 114.
(19) R. Bendix, *Kings or People. Power and the Mandate to Rule*, Berkeley, University of California Press, 1978 ; P. Anderson, *L'État absolutiste*, Paris, Maspero, 1978.
(20) T. Skocpol, *États et Révolutions sociales*, Paris, Fayard, 1985, pp. 45 et suiv.
(21) W. Eberhard, *Conquerors and Rulers : Social Forces in Medieval China*, Leyde, E.J. Brill, 1965, pp. 1-17 (ou : W. Eberhard, « Problems of historical sociology » in R. Bendix, ed., *State and Society*, Boston, Little, Brown and C°, 1968, pp. 16-28). Sur tous ces points théoriques, Louis Bélanger propose une très utile synthèse (*Relations internationales et paradigmes politiques*, Québec, Centre québécois de relations internationales, 1992, multigr.).
(22) Z. Laïdi, « Sens et puissance dans le système international », in Z. Laïdi, dir., *L'Ordre mondial relâché. Sens et puissance après la guerre froide*, Paris, Presses de la Fondation nationale des sciences politiques, 1992, pp. 42-43.

rente et derrière laquelle on doit toujours découvrir un temps supposé le seul vrai mais (...) une pluralité réelle et irréductible, et qu'il faut accepter telle quelle » (23). La progression du « temps quantitatif » dans les sociétés occidentales est inséparable de la lutte que lui oppose le « temps qualitatif », par exemple — si l'on reprend la démarche d'un Michel de Certeau — au détour des « arts de faire » par lesquels s'invente le quotidien. De la même manière, la projection du « temps mondial » de l'économie capitaliste sur sa périphérie n'est en rien un processus linéaire. Elle se fond avec des temporalités particulières qui s'attachent généralement à des lieux précis, à des terroirs historiques : le capitalisme doit composer avec les mémoires agissantes du quartier, du bazar, de la chefferie, du bidonville, du « pays ».

Autant dire que le rapport du « temps mondial » aux temps particuliers est souvent paradoxal. Dans le village turc de Kestaneci, où avait été découvert en 1829 le charbon qui fit la prospérité de la région de Zonguldak, le principal déchiffreur du changement social qui accompagnait la modernisation économique était, en 1970, l'imam, âgé de 84 ans : réfugié de Crimée, ayant transité par les provinces balkaniques de l'empire ottoman avant que celui-ci ne les perde, il était « l'homme qui en sait le plus sur ce qui se passe dans le monde », qui enseignait aux paysans et aux ouvriers l'histoire et la géographie, qui aidait à l'acceptation et à l'accommodement des réformes kémalistes, ce qui, par ailleurs, ne l'empêchait nullement de déployer ses talents thérapeutiques surnaturels (24). Ce genre d'observations ne diminue en rien l'importance de « la compression du temps et de l'espace » *(time-space compression)* dans la genèse de la modernité économique, à l'échelle du monde (25). La globalisation, la complexité croissante et l'emballement du système financier et du marché cambiaire, qui fonctionnent maintenant en permanence et en « temps réel » de Tokyo à New York, en sont une manifestation dont il n'est point besoin de souligner l'impact sur l'économie capitaliste. Les temporalités propres qui persistent ici ou là — par exemple à Téhéran, où la semaine islamique déconnecte les milieux d'affaires du « temps mondial » trois jours sur sept, et où le marché des changes, obéissant à des considérations nationales, n'a pas enregistré la chute du dollar en 1992 — sont en définitive secondaires eu égard à cette dimension de « la compression du temps et de

---

(23) K. Pomian, *L'Ordre du temps*, Paris, Gallimard, 1984, p. 349.
(24) N. Vergin, *Industrialisation et changement social. Étude comparative dans trois villages d'Eregli (Turquie)*, Istanbul, Güryay, 1973, pp. 220 et suiv.
(25) D. Harvey, *op. cit.*

l'espace ». Pareillement, la construction médiatique de la tuerie de Timisoara, en 1989, de la guerre du Koweit, en 1990-1991, ou de l'intervention en Somalie, en 1992, a prouvé le poids que revêt désormais le facteur de la simultanéité dans l'ordre mondial. Mais ces deux types de phénomènes, que les tenants de la « globalisation » mettent volontiers en exergue, indiquent peut-être aussi que le « temps mondial » est moins un facteur surdéterminant le changement social lui-même qu'un élément modifiant la perception conjoncturelle que l'on a de celui-ci. Que « la ''démocratie de marché'' constitue désormais la matrice du monde, la problématique légitime du système international » pour reprendre les termes de Zaki Laïdi, qu'elle soit aujourd'hui « un état du monde réputé nécessaire » selon les mots de Guy Hermet (26), cela est provisoirement exact. Cependant, la greffe du capitalisme dans les sociétés autres qu'occidentales ressortit à une rythmique plus déroutante, celle de la longue durée.

Imaginaires économiques et malentendus opératoires

C'est de ce point de vue que le questionnement ouvert par l'oeuvre de Max Weber conserve toute sa pertinence. Nonobstant l'interprétation courante, il nous interdit de magnifier l'Occident en tant que grand dispensateur rationnel du capitalisme. Celui-ci est un imaginaire, qui résulte, non d'une nécessité immanente — comme chez Marx — mais d'un « enchaînement de circonstances ». Quant à la signification et à la valeur « universelles » des phénomènes culturels qui en ont été la matrice, Weber introduit une réserve, que l'on omet souvent de citer : « du moins nous aimons à le penser » (qu'ils revêtent une signification et une valeur universelles) (*EP* : 7). Il ne se prive pas de souligner « combien *irrationnelle* est cette conduite où l'homme existe en fonction de son entreprise et non l'inverse ». Et de railler : « Lorsque l'imagination d'un peuple entier a été dirigée sur les grandeurs purement quantitatives, comme aux États-Unis, le romantisme des chiffres exerce sa magie irrésistible sur ceux des hommes d'affaires qui sont aussi des ''poètes'' » (*EP* : 73). Plus fondamentalement, l'entrepreneur capitaliste « ''ne tire rien'' de sa richesse pour lui-

---

(26) Z. Laïdi, *op. cit.*, p. 38 et — pour la citation de G. Hermet — p. 39. Voir également, par ce dernier, *Les Désenchantements de la liberté. La Sortie des dictatures dans les années 90*, Paris, Fayard, 1993, pp. 147 et suiv.

même, en dehors du sentiment irrationnel d'avoir bien fait sa besogne *[Berufserfüllung]* » (*EP* : 74). Même au regard des préoccupations des post-modernes, le projet intellectuel du théoricien de Heidelberg n'a pas pris beaucoup de rides : « La rationalité est un concept historique qui renferme tout un monde d'oppositions. Nous aurons à rechercher de quel esprit est née cette forme concrète de pensée et de vie rationnelles : à partir de quoi s'est développée cette idée de besogne *[Berufs-Gedanke]* et de dévouement au travail professionnel *[Berufsarbeit]* — si irrationnelle, nous l'avons vu, du point de vue purement eudémoniste de l'intérêt personnel — qui fut pourtant et qui demeure l'un des éléments caractéristiques de notre culture capitaliste. Ce qui *nous* intéresse ici, c'est précisément l'origine de cet élément *irrationnel* qu'elle contient, comme toute notion de *Beruf* » (*EP* : 80).

Telle est en effet la meilleure façon contemporaine de lire Adam Smith. La greffe du capitalisme dans les sociétés autres qu'occidentales est *aussi* celle d'un imaginaire et de ses pratiques sociales. Un processus qui participe inévitablement à leur remodelage, selon le jeu des forces sociales dans un contexte historique précis. Il en est notamment ainsi de cette fameuse « démocratie de marché » qui est à l'ordre du jour du « temps mondial ». A l'instar de l'autarcie chez les Romains (27), elle est avant tout un mythe, dont on peut s'enchanter et se rassurer symboliquement, mais qui ne correspond pas vraiment au fonctionnement du capitalisme contemporain. Dès lors que l'on en a conscience, la problématique de la réinvention éventuelle de celui-ci en Russie, en Chine ou en Inde ne saurait se réduire à l'étude des dysfonctions du marché, des progrès de la privatisation ou de l'unification des taux de change, sauf à considérer que ces questions sont *également* les bribes d'un imaginaire.

Tous les imaginaires, cependant, ne se valent pas, et c'est l'une des faiblesses de l'approche des post-modernes que de ne pas l'avoir compris. Il n'y a point d'imaginaire sans matérialité. Le temps et l'espace, par exemple, et donc leur « compression », ne peuvent avoir de signification indépendamment de processus matériels ; et ils ne peuvent être appréhendés qu'à travers ces derniers (28). « L'imaginaire, ce n'est pas l'irréel, mais l'indiscernabilité du réel et de l'irréel », écrit Gilles Deleuze (29). Un imaginaire se doit d'être opératoire, si l'on veut qu'il survive, qu'il rassure, qu'il enchante, et cette propriété dépend, au moins partiellement, de son

---

(27) P. Veyne, *La Société romaine*, Paris, Le Seuil, 1991, pp. 144 et suiv.
(28) D. Harvey, *op. cit.*, p. 204.
(29) G. Deleuze, *Pourparlers. 1972-1990*, Paris, Minuit, 1990, p. 93.

rapport à une matérialité donnée. La faillite de « l'avenir radieux » en Union soviétique ou du songe de « l'industrie industrialisante » en Algérie, ce fut aussi, et peut-être surtout, un problème de logements surpeuplés et de robinetteries taries.

Contrairement à une idée reçue, Max Weber n'en serait pas disconvenu. Il se refusait à abstraire les facteurs de la matérialité de ceux de l'éthique religieuse pour expliquer la genèse du capitalisme : « (...) il est hors de question de soutenir une thèse aussi déraisonnable et doctrinaire qui prétendrait que "l'esprit du capitalisme" (...) *ne* saurait être *que* le résultat de certaines influences de la Réforme, jusqu'à affirmer même que le capitalisme en tant que *système économique* est une création de celle-ci » (*EP* : 103). Il parlait de « l'énorme enchevêtrement d'influences réciproques entre bases matérielles, formes d'organisation sociales et politiques, teneur spirituelle des époques de Réforme » (*EP* : 103). Et de conclure par cette mise au point qui aurait dû clore définitivement une mauvaise querelle : « Est-il nécessaire de protester que notre dessein n'est nullement de substituer à une interprétation causale exclusivement "matérialiste" une interprétation spiritualiste de la civilisation et de l'histoire qui ne serait pas moins unilatérale ? *Toutes deux* appartiennent au domaine du *possible* ; il n'en demeure pas moins que dans la mesure où elles ne se bornent pas au rôle de travail préparatoire, mais prétendent apporter des conclusions, l'une et l'autre servent aussi mal à la vérité historique » (*EP* : 226-227).

Les débats sur les représentations et les stratégies économiques dans le « Tiers monde » gagneraient beaucoup à observer la discipline de cette méthodologie. Reprenons, par exemple, les thèses du courant de « l'économie morale », que Peter Geschiere évoque dans son chapitre, mais qui ont été largement méconnues ou déformées en France. James Scott ne voyait pas, dans la conception qu'il attribuait — à tort ou à raison, ce n'est pas à nous d'en juger — aux paysans d'Asie du Sud-Est, une culture traditionnelle éthérée, qui aurait exprimé une idée romantique de l'égalité sociale. Leur notion de justice économique était une « éthique de subsistance » qui traduisait une aversion raisonnée pour le risque *(risk-averse)*. Ces paysans n'avaient pas les moyens de se tromper s'ils engageaient une stratégie de maximisation de leur profit. Ils étaient d'ailleurs instruits par l'expérience : la commercialisation de l'agriculture avait dans l'ensemble nui aux intérêts des cultivateurs les plus démunis. Selon cette expérience historique, la valorisation de la réciprocité, la défense des obligations et des droits traditionnels, la revendication d'une restauration du *statu quo ante* — en bref « l'économie morale » de ces paysans — attestaient moins la résistance de représentations communautaires passéistes devant le progrès que le déroulement de luttes sociales (30). A l'inverse, la critique de cette approche par Samuel Popkin, pour intéressante, et parfois fondée, qu'elle soit — par exemple quand elle relativise la cohérence des stratégies villageoises et réhabilite l'importance des stratégies individuelles — n'évite pas toujours les pièges de la fantasmagorie néo-classique quand elle dépeint le paysan du Sud-Est asiatique comme un pur « *rational problem-solver* », préoccupé par la seule maximisation de ses gains (31). Nous retrouverons cette difficulté à délimiter les parts respectives de l'instrumental et de l'imaginaire quand nous nous pencherons, en particulier avec Fariba Adelkhah et Christophe Jaffrelot, sur les pratiques évergétiques : le don est-il d'abord le fruit d'un calcul, ou celui d'un « style de vie » ? Face à ce dilemme, la démarche la plus convaincante consiste à « montrer que les différents types de relations sociales et de valeurs culturelles jouent un rôle actif dans la formation des marchés en instituant différents modes d'échange, de production et de distribution » (32).

Mais ce modèle des « marchés multiples », qui entend « saisir les effets réciproques des facteurs économiques, culturels et structurels » (33), ne résout pas tout le problème. Le rapport dialectique que le capitalisme entretient avec les sociétés d'Europe orientale, d'Asie ou d'Afrique est facilement posé sur un mode binaire : de « nous » à « eux »... Or, il ne suffit pas de se faire d'« eux » une image complète, qui rendrait justice tout à la fois à leur matérialité et à leur imaginaire. Il faudrait s'assurer qu'« ils » existent bien, ces Russes, ces Chinois, ces Africains qui font tourner en bourrique notre capitalisme (à moins que ce ne soit l'inverse ?) ; qu'« ils » existent bien ces Japonais, ces Coréens, ces Taïwanais, qui nous ont chipé notre croissance... A cet égard, la pensée économique contemporaine n'est pas sans réminiscences coloniales ou missionnaires : elle tend, sinon à exagérer, du moins à figer l'altérité en stéréotypes, que cela soit pour la stigmatiser, pour s'en émerveiller ou pour s'en effrayer ; et elle incline à surestimer la cohérence interne de cette altérité, qu'elle voit comme une totalité. Deux thématiques actuellement en vogue sont très révélatrices à cet égard.

---

(30) J.C. Scott, *The Moral Economy of the Peasant. Rebellion and Subsistence in South-East Asia*, New-Haven, Yale University Press, 1976.

(31) S.L. Popkin, *The Rational Peasant. The Political Economy of Rural Society in Vietnam*, Berkeley, University of California Press, 1979.

(32) V. Zelizer, « Repenser le marché. La construction sociale du ''marché aux bébés'' aux États-Unis, 1870-1930 », *Actes de la recherche en sciences sociales*, 94, septembre 1992, pp. 3-26.

(33) *Ibid.*

Le débat sur « l'économie morale » a rebondi dans les années quatre-vingt au sujet de l'Afrique noire. Spécialiste de la Tanzanie et favorable au socialisme, Goran Hyden a soutenu que l'État, non seulement n'était point parvenu à y « capturer » la paysannerie, mais s'était laissé phagocyter par son « économie de l'affection » (34). Toutefois, dans un second ouvrage, il a finalement tiré de cette analyse — combattue par les anthropologues marxistes (35) — des conclusions politiques qui ne sont pas si différentes de celles que semble privilégier Samuel Popkin : il n'y a pas de « raccourci pour le progrès » ; il faut en passer par le mode de production capitaliste, au besoin en recourant à la coercition ; il est urgent d'instaurer au Sud du Sahara une « *good governance* » qui facilite cette transition (36). L'intérêt de la thèse réside moins dans sa valeur intrinsèque que dans son adoption par la Banque mondiale. La problématique de la « *good governance* » — qui, soit dit en passant, entretient avec l'œuvre de Max Weber le même type de rapport que le catéchisme catholique avec les Écritures — est devenue un élément essentiel des programmes d'ajustement structurel qui visent à réintégrer l'Afrique noire dans l'économie-monde capitaliste. Elle suppose néanmoins que le sous-continent ait un problème particulier de « *governance* », dont le principal symptôme serait la « corruption ». En conformité avec l'imagerie des missions protestantes à la fin du siècle dernier, elle aspire à la réforme morale des indigènes, décidément « indociles » (37). Elle oublie, ce faisant, que la « corruption » n'est pas une maladie spécifiquement africaine et qu'elle n'a pas entravé le décollage du Japon ou des NPI.

Là où Hyden présume que le capitalisme a pour ennemi la parenté et ses représentations culturelles ou économiques, un autre courant — lui aussi bien représenté, désormais, dans l'enceinte de la Banque mondiale — jure ses grands dieux qu'il doit faire son miel de la Tradition. Le précédent du Japon est naturellement invoqué pour démontrer que la culture, loin d'être un handicap à surmonter, peut devenir le ressort de la croissance. Même dans les sociétés industrielles les plus anciennes, la gestion capitaliste por-

---

(34) G. Hyden, *Beyond Ujamaa in Tanzania. Underdevelopment and an Uncaptured Peasantry*, Londres, Heinemann, 1980.

(35) P. Geschiere, « La paysannerie africaine est-elle captive ? Sur la thèse de Goran Hyden, et pour une réponse plus nuancée », *Politique africaine*, 14, juin 1984, pp. 13-33.

(36) G. Hyden, *No Shortcuts to Progress. African Development Management in Perspective*, Londres, Heinemann, 1983.

(37) A. Mbembe, *Afriques indociles. Christianisme, pouvoir et État en société postcoloniale*, Paris, Karthala, 1988.

terait la marque de l'histoire et des traditions nationales (38). L'art du « développeur » serait dès lors de tirer profit de ce capital culturel et d'y adapter les modes d'organisation de l'entreprise (39). Divers exemples d'« ethno-développement » sont censés étayer ce point de vue : celui des diasporas indienne et chinoise, des Bamiléké du Cameroun, des Sfaxiens de Tunisie, etc.

Les limites d'un tel acte de foi sont assez évidentes. Pour un peu, il suffirait de regarder « sa culture » droit dans les yeux pour « se développer »... Outre le fait que les choses ne sont malheureusement pas si simples d'un point de vue macro-économique, toute la difficulté consiste à repérer ladite culture. La problématique de l'ethno-développement n'échappe pas toujours au piège du culturalisme. Elle tend à reconstituer les cultures comme des totalités relativement stables dans le temps et dans l'espace, dont les effets économiques seraient de surcroît univoques et déterminants. Max Weber avait réfuté très clairement cette tentation dans les dernières pages de *L'éthique protestante* : « (...) la présente étude n'a pris en considération que les relations où une influence des idées religieuses sur la civilisation ''matérielle'' est indubitable. A partir de là il eût été facile de passer à une ''construction'' formelle qui aurait *déduit* logiquement du rationalisme protestant *tout* ce qui ''caractérise'' la civilisation moderne. Mais laissons cela aux dilettantes qui croient à l'''unité'' d'un ''psychisme collectif'' qui serait réductible à *une* formule. Bornons-nous à remarquer, comme il se doit, que, pour ce qui est du développement capitaliste, la période située avant celle que nous avons étudiée a *partout* dépendu pour une part d'influences chrétiennes qui tantôt *entravaient* ce développement, tantôt le favorisaient » (*EP*, 226). De fait, l'interprétation culturaliste tourne vite à la discussion de Café du Commerce, bien que ses tenants soient souvent très érudits. La cohérence du modèle confucéen, qui serait sous-jacent à la réussite des NPI, n'est pas si claire (40). Et le recours à la psychologie des individus pour rendre compte de comportements sociaux, de trajectoires politiques ou d'évolutions macro-économiques n'est guère convaincante : quoi qu'en pense Lucian Pye, la compréhension du décollage de la Thaïlande et du marasme de la Birmanie passe naturellement par l'exploration d'autres variables que celle du modèle

---

(38) P. d'Iribarne, .*op. cit.*

(39) Cf. les travaux d'Alain Henry à la Caisse française de développement, en particulier *Tontines et Banques au Cameroun. Les principes de la Société des amis*, Paris, Karthala, 1991 (en collaboration avec G.H. Tchente et P. Guillerme-Dieumegard).

(40) L. Vandermeersch, *Le Nouveau monde sinisé*, Paris, PUF, 1986.

d'autorité valorisé dans ces deux « cultures », par ailleurs si « proches » (41)...

De toute façon, la culture n'est pas une donnée. Elle se fabrique, y compris par emprunts. Tant et si bien qu'il est généralement vain de chercher à circonscrire la part de l'authentique, de l'autochtone, du traditionnel. Fariba Adelkhah en apporte un exemple, dans les pages qui suivent, à propos de l'éthique du *fotowwat* en Iran. Et, en Inde, la stratégie de la bienfaisance, dont nous entretient Christophe Jaffrelot, se déploie dans un contexte de redéfinition politique de l'identité hindoue et doit peut-être moins à l'évergétisme religieux qu'au modèle philanthropique victorien importé d'Angleterre : déjà les marchands du Surat avaient pratiqué ce type de dons à la fin du XIXᵉ siècle pour conforter leur réputation à l'intérieur de leur propre communauté et pour gagner une reconnaissance politique de la part du colonisateur en adoptant son répertoire de la charité (42). Quant à la fameuse « entreprise-famille » du Japon, si souvent mise en avant par les tenants du culturalisme économique, elle est précisément une pure « invention de la tradition » — pour reprendre l'expression de Éric Hobsbawm et de Terence Ranger — plutôt qu'elle ne témoigne d'une nipponitude éternelle : elle est une facette de la construction musclée, dans les années trente, d'un État-famille, dont l'empereur était présenté comme le père, et son idéologie a été élaborée à un moment où l'industrialisation n'était plus conduite, comme à l'époque de Meiji, par des patrons individuels, de type patrimonial, mais par des cadres bureaucratiques issus de l'Université de Tokyo (43).

Plastique dans le temps, la culture l'est également dans l'espace. Toujours plausible dans les termes du gros bon sens, voire dans le vécu quotidien de l'ingénieur expatrié — les Allemands sont travailleurs, les Japonais sont des fourmis, les Italiens sont débrouillards, les Africains... — l'identification d'un ethos économique correspondant à une communauté nationale ou ethnique s'avère vite périlleuse. Parlera-t-on d'une culture économique africaine ? Ce serait confondre des histoires économiques, et même peut-être des

---

(41) L.W. Pye, *Asian Power and Politics. The Cultural Dimensions of Authority*, Cambridge (Mass.), The Beknap Press of Harvard University Press, 1985, pp. 95 et suiv.

(42) D.E. Haynes, « From Tribute to Philantropy : the politics of gift giving in a Western Indian city », *The Journal of Asian studies*, 46 (2), may 1987, pp. 339-360.

(43) K. van Wolferen, *The Enigma of Japanese Power. People and Politics in a Stateless Nation*, New York, Vintage Books, 1990 (en particulier p. 29 et pp. 184 et suiv.) ; H. Yoichi, C. Sautter, dir., *L'État et l'individu au Japon*, Paris, Éditions de l'École des hautes études en sciences sociales, 1990 ; H. Ooms, « Les capitalistes confucéens », *Actes de la recherche en sciences sociales*, 80, novembre 1989, pp. 81-86.

civilisations, très différentes : pour nous en tenir à l'ordre des *success stories*, qu'y a-t-il de commun entre les dynasties marchandes et islamiques du Nord du Nigéria, les austères fermiers kikuyu du Kenya, et les plantureuses négociantes togolaises que l'on nomme les *nana-benz* en un double hommage à leur prospérité et aux célèbres berlines ? Parlera-t-on d'une culture économique camerounaise ? Ce serait nier l'hétérogénéité des comportements, dont Peter Geschiere et Jean-Pierre Warnier nous disent combien ils diffèrent, des sociétés lignagères du Sud aux sociétés méta-lignagères de l'Ouest, par exemple. Parlera-t-on alors d'un ethos économique bamiléké en tirant prétexte de leur « dynamisme » légendaire et des craintes que celui-ci suscite ? Ce serait prendre pour argent comptant un discours politique devenu explosif, comme le souligne à juste titre Peter Geschiere, et renoncer à comprendre avec Jean-Pierre Warnier la différenciation d'itinéraires d'accumulation (ou de désaccumulation) au sein même de l'ensemble bamiléké, selon les catégories sociales et les générations d'entrepreneurs (voir également le chapitre de Kathy Rousselet).

On commence peut-être à pressentir ce que *ne* peut *pas* être l'expansion du capitalisme au-delà des sociétés occidentales qui lui ont donné naissance : ni la dissolution des imaginaires sociaux et historiques dans l'hégémonie d'un « temps mondial », quand bien même l'on admettrait que celui-ci n'est pas exclusivement produit par l'Occident ; ni la fidélité benoîte à des cultures en forme de mirages, qui soudain engendreraient croissance et prospérité. On l'a beaucoup répété depuis quelques années : la culture — et donc, ici, l'ethos économique — est invention et, souvent, bricolage. De ce point de vue, la confrontation de sociétés si disparates, la rencontre d'acteurs venus d'horizons historiques si différents dans l'arène de l'économie-monde capitaliste ne peuvent s'effectuer que sur le mode de l'inachevé et du malentendu, sinon du mensonge et de la tromperie (voir les chapitres de Jean-Pierre Warnier, Kathy Rousselet et Jean Coussy). Les mêmes procédures financières et industrielles, les mêmes pratiques de travail ou de consommation ne charrient pas forcément les mêmes significations sociales imaginaires, bien qu'elles puissent être en interaction. Mais le tout est de savoir si ces malentendus sont opératoires ou non ; le tout est de savoir s'ils enclenchent un processus d'accumulation primitive et d'intensification des échanges, à l'instar de ce qui s'est produit entre l'Asie orientale et l'Occident, ou au contraire une spirale de la stagnation et de la divergence, comparable à celle qui s'est amorcée entre ce même Occident et l'Afrique noire.

Les chemins paradoxaux de « l'esprit du capitalisme »

Pour démêler l'écheveau, il serait possible de reprendre à l'identique le projet de Max Weber : « En face de l'énorme enchevêtrement d'influences réciproques entre bases matérielles, formes d'organisation sociales et politiques, teneur spirituelle des époques de Réforme, force nous est de commencer par rechercher si certaines "affinités électives" sont perceptibles entre les formes de la croyance religieuse et l'éthique professionnelle » (*EP* : 103-104). La démarche ne manquerait certes pas d'intérêt, appliquée à des sociétés dont la plupart sont en proie à une intense mobilisation religieuse. Mais — mis à part le fait qu'elle a déjà inspiré de nombreux essais et que les hypothèses de Weber (*EP* et *SR*) en la matière ont été si vite et si vertement critiquées qu'elles ne sont plus entièrement prises au sérieux (44) —, une lecture aussi littérale de l'oeuvre du théoricien de Heidelberg serait très réductrice. Elle laisserait dans l'ombre deux de ses contributions majeures.

D'une part, Max Weber raisonne en termes d'expérience historique, ou, mieux, de matrice historique : « La conceptualisation des phénomènes historiques (...) n'enchâsse pas, à toutes fins méthodologiques, la réalité dans des catégories abstraites, mais s'efforce de l'articuler dans des relations génétiques concrètes qui revêtent inévitablement un caractère individuel propre » (*EP* : 44). Certes, il parle également du « caractère intrinsèque et permanent des croyances religieuses », donne la priorité à l'étude des « fondements dogmatiques » et de la « théorie éthique », se refuse à s'en tenir à l'analyse de la « pratique morale » (*EP* : 35 et 108). Il ne s'agit toutefois que d'une étape de son raisonnement : celle qui consiste à composer un « type-idéal », « tel qu'il ne se rencontre que rarement dans la réalité historique » (*EP* : 109). Et cette étape n'exclut nullement, d'autre part, que l'analyse des dynamiques historiques — analyse dont Weber se fait, rappelons-le, une idée globale — dégage le caractère volontiers paradoxal du processus de rationalisation, dont « l'expansion du capitalisme » est l'expression économique, et « le façonnement systématique et rationnel de la vie morale tout entière » (*EP* : 146) l'expression religieuse.

On sait qu'Ernest Troeltsch, le contradicteur amical de Max Weber, est allé beaucoup plus loin que lui dans l'étude de l'inven-

---

(44) Outre l'œuvre de Sombart, cf. notamment R.H. Tawney, *La Religion et l'essor du capitalisme*, Paris, Librairie Marcel Rivière, 1951 ; E. Troeltsch, *Protestantisme et modernité*, Paris, Gallimard, 1991 ; R. Collins, *Weberian Sociological Theory*, Cambridge, Cambridge University Press, 1986.

tion paradoxale de la modernité, en soulignant que « le rôle joué
par le protestantisme dans l'apparition du monde moderne n'est
certainement *rien qui soit simple* » : il « est, à plus d'un titre, un
rôle indirect, voire involontaire, et ce qu'il y a malgré tout de commun entre le protestantisme et la culture moderne gît très enfoui
dans les profondeurs cachées de sa pensée, qui ne sont pas immédiatement accessibles à la conscience. Il ne saurait bien entendu
être question d'une création directe de la culture moderne par le
protestantisme ; il ne peut s'agir que de la part qu'il y a prise.
Mais même cette participation n'est rien qui soit homogène et simple. Dans chacun des différents domaines culturels, elle est différente et, dans tous, elle est plus ou moins inapparente et complexe » (45). Il convient donc de rechercher « quelle importance
a pu avoir le protestantisme non pas, tout d'abord, dans une résur-
rection ou création générale affectant l'ensemble de la vie mais,
pour l'essentiel, dans des conséquences indirectes ou inconscien-
tes, et même directement dans des effets d'ordre épiphénoménal
et contingent, voire des influences exercées malgré soi » (46). Il
conclut dans ce style inimitable que les sciences sociales affectaient
en Allemagne au début du siècle :

> « On ne parvient à l'intelligence du vrai rapport de causalité
> qu'à condition de renoncer à un échafaudage unitaire, s'appuyant
> sur une *idée rectrice*, laquelle serait censée tout puiser et tout éla-
> borer à partir d'elle seule, et à condition de tenir compte du foi-
> sonnement d'influences différentes, parallèles et indépendantes,
> s'entrecroisant même parfois. Le hasard, c'est-à-dire le lien sou-
> dain établi entre plusieurs séries causales indépendantes, ne doit
> jamais être sous-estimé lorsqu'il s'agit de pareils phénomènes. Cela
> ne supprimera certainement pas la ligne principale et rectrice cons-
> tituée par l'histoire directe des idées, et ce n'est pas là une manière
> de la nier ; cette manière de procéder la préservera, au contraire,
> des équivoques et des confusions. Cette ligne principale ne man-
> quera pas de se manifester *pour peu qu'elle existe*
> *effectivement* » (47).

Cependant, ce thème de l'invention paradoxale de la modernité se retrouve aussi en filigrane sous la plume de Weber, de pair
avec la construction des « types-idéaux ». Par exemple, quand il
admet que « nous devons nous attendre à ce que les effets de la
Réforme sur la culture, pour une grande part — sinon, de notre

---

(45) E. Troeltsch, *op. cit.*, p. 54.
(46) *Ibid.*, p. 68.
(47) *Ibid.*, p. 69, souligné par nous-même.

point de vue particulier, la part prépondérante — aient des conséquences imprévues, *non voulues*, de l'œuvre des réformateurs, conséquences souvent fort éloignées de tout ce qu'ils s'étaient proposé d'atteindre, parfois même en contradiction avec cette fin » (*EP* : 102). Ou quand il parle des « modes de l'orientation économique de l'action » : « L'orientation économique peut être tracée par une tradition ou par une rationalité tendant vers un but. Mais, même en cas de forte rationalisation de l'action, la composante traditionnelle de l'orientation reste très importante. (...) La dose élevée de traditionalisme dans les modes de vie qui caractérisait les classes laborieuses au début des temps modernes n'a pas empêché un fort accroissement de la rationalisation dans l'entreprise économique sous la direction capitaliste. (...) Néanmoins, il fallait que cette attitude traditionaliste fût au moins partiellement surmontée dans le monde occidental avant que pussent advenir les évolutions ultérieures dans le sens du type spécifiquement moderne d'économie capitaliste rationnelle » (*ES* : 71).

Une problématique de cette inspiration devrait nous être d'un grand secours pour reformuler la question de « l'expansion du capitalisme » et de sa réinvention. Elle permet d'identifier des vecteurs très divers qui contribuent — souvent « malgré eux » et « sans le savoir », pour pasticher Troeltsch — à ce processus d'extension géographique et d'accommodement culturel du mode de production capitaliste. Elle peut aider à mieux cerner les parts respectives du « global » et du « local » dans cette création de la modernité économique. Ce faisant, elle amène à prendre du champ par rapport aux différentes vulgates et aux grandes « idées rectrices » que colportent développeurs et économistes néo-classiques.

Le terrain, cela va sans dire, est déjà en partie défriché. Non seulement, nous l'avons vu, par les interrogations de quelques-uns des pères fondateurs des sciences sociales, parmi lesquels il ne faut pas omettre Tocqueville, mais aussi par toute une série de travaux contemporains. On est maintenant conscient que la Contre-Réforme, en Europe occidentale, a autant contribué que la Réforme à l'avènement de la modernité ; que la mobilisation catholique a tenu un rôle crucial dans le changement social et parfois dans le développement spectaculaire de l'Irlande, de la Bretagne, de la Bavière, de la Flandre ; que ces mêmes catholiques, dont l'Église a longtemps rejeté l'idée démocratique, ont finalement consolidé son institutionnalisation parlementaire ; que « le peuple (est) contre la démocratie » ; ou que l'islamisme a pu étendre l'accès des femmes à l'espace public (48).

_____

(48) Cf. notamment E. Troeltsch, *op. cit.* ; E.R. Wolf, ed., *Religious Regimes and State-Formation. Perspectives from European Ethnology*, Albany, State University of

C'est dans le prolongement de ces éclairages hétérodoxes que nous souhaiterions replacer le débat sur le capitalisme contemporain. Deux « idées rectrices » nous paraissent devoir être soumises en priorité à la critique :

1) d'une part, l'idée du marché comme universel et comme principe d'une stricte rationalité économique, au sens où Max Weber la définit — comme rationalité formelle du calcul du profit, dont la procédure majeure est le « compte de capital » — mais étant bien entendu que le théoricien de Heidelberg ne partage pas les présupposés utilitaristes auxquels adhèrent les épigones d'Adam Smith (49).

2) d'autre part, l'idée de la vertu comme vecteur de cette rationalité, une vertu dont derechef Max Weber nous fournit un idéal-type, dans le contexte de l'expérience historique de l'Occident, avec sa notion de *Beruf* (vocation) et sa représentation du « façonnement systématique et rationnel de la vie morale tout entière » par le protestantisme (*EP*, 146).

Les faux-semblants du marché et de la vertu

Sous la pression des institutions multilatérales et des économistes néo-classiques, l'expansion du capitalisme a pris la forme, ces dernières années, d'un vaste mouvement de réhabilitation de la notion de marché et de « privatisation » des entreprises dans les systèmes — au demeurant très disparates — où prédominaient le secteur public et la régulation étatique. Néanmoins, il devient de plus en plus clair que ce processus de libéralisation économique n'est pas nécessairement l'antipode de l'étatisme que l'on pourfend. Il est le rebondissement de dynamiques plus amples, dont la périodisation sur la moyenne ou la longue durée échappe largement aux injonctions du « temps mondial ».

New York Press, 1991 ; M. Lagrée, *Religion et cultures en Bretagne. 1850-1950,* Paris, Fayard, 1992 ; Y. Lambert, « Développement agricole et action catholique », *Sociologia ruralis* XVIII, (4), 1978, pp. 245-253 ; L.-M. Barbarit, L.-M. Clénet, *La nouvelle Vendée. Voyage dans la Vendée industrielle,* Paris, Éd. France-Empire, 1990 ; G. Hermet, *Le Peuple contre la démocratie,* Paris, Fayard, 1989 et *Aux frontières de la démocratie,* Paris, PUF, 1983 ; F. Adelkhah, *La Révolution sous le voile. Femmes islamiques d'Iran,* Paris, Karthala, 1991.

(49) P. Raynaud, *Max Weber et les dilemmes de la raison moderne,* Paris, PUF, 1987 ; H. Lubasz, « Adam Smith and the invisible hand — of the market ? » in R. Dilley, ed., *Contesting Markets. Analyses of Ideology, Discourse and Practice,* Edimbourg, Edinburgh University Press, 1992.

Le cas des « privatisations » en Afrique noire est de ce point de vue exemplaire. Engagées dans les années quatre-vingt à l'instigation des bailleurs de fonds et dans un contexte de régression économique, elles permettent aux groupes sociaux qui ont pris le pouvoir lors de l'indépendance d'accélérer un mécanisme d'accumulation généralement enclenché dès la période coloniale et systématisé après la victoire nationaliste (50). L'État s'est ainsi vu privatisé par les factions au pouvoir, qui ont subverti les entreprises publiques à des fins d'enrichissement privé et de régulation politique (51). Aujourd'hui, les « privatisations » poussent cette logique à son paroxysme. Elles autorisent les détenteurs du pouvoir à accaparer, par l'intermédiaire de parents ou d'hommes de paille, les fleurons des économies nationales (52). A la limite, le phénomène peut revêtir la forme d'une braderie précipitée, comme au Zaïre en 1991, lorsque l'exaspération populaire à l'encontre du régime suggéra à celui-ci que tout devait vraiment disparaître avant la fermeture, que celle-ci fût définitive ou ne dût en réalité durer que le temps des travaux exigés par la restauration autoritaire (53).

Cependant, l'exemple de l'Afrique noire, pour être caricatural, n'est pas isolé. En Europe centrale — en particulier en Hongrie et en Pologne — les nomenklaturas communistes se sont approprié des pans entiers des économies nationales. Les apparatchiks russes ne sont pas en reste, et — scandale parmi beaucoup d'autres — M. Tchoubais, président du Comité sur la propriété de l'État, pouvait dénoncer dans la tentative d'achat de plusieurs entreprises militaires par la société-écran Cola, en mars 1992, « un cas typique de privatisation par la nomenklatura » : Cola agissait pour le compte d'une quinzaine de hauts fonctionnaires du Comité central du Parti communiste de l'Union soviétique (54). En Chine

---

(50) Cf. notamment G. Kitching, *Class and Economic Change in Kenya. The Making of an African Petite-Bourgeoisie,* New-Haven, Yale University Press, 1980.

(51) J.-F. Bayart, *L'État en Afrique. La politique du ventre,* Paris, Fayard, 1989. Cf. par exemple N. Casswell, « Autopsie de l'ONCAD : la politique arachidière au Sénégal, 1966-1980 », *Politique africaine,* 14, juin 1984, pp. 39-73 et B. Contamin, Y.-A. Fauré, *La Bataille des entreprises publiques en Côte-d'Ivoire. L'histoire d'un ajustement interne,* Paris, Karthala, 1990.

(52) Pour un cas précis, cf. par exemple P. Konings, « La liquidation des plantations Unilever et les conflits intra-élites dans le Cameroun anglophone », *Politique africaine,* 35, octobre 1990, pp. 132-137. Les exemples du Togo, de la Côte-d'Ivoire, du Kenya sont également très illustratifs (*Nord-Sud Export* et *Africa Analysis,* 1989-1993).

(53) C. Braeckman, *Le Dinosaure. Le Zaïre de Mobutu,* Paris, Fayard, 1992, p. 246 ; B. Jewsiewicki, « Jeux d'argent et de pouvoir au Zaïre : la "bindomanie" et le crépuscule de la Deuxième République », *Politique africaine,* 46, juin 1992, pp. 55-70; J.-C. Willame, *L'Automne d'un despotisme. Pouvoir, argent et obéissance dans le Zaïre des années quatre-vingt,* Paris, Karthala, 1992.

(54) *Le Monde,* 1er et 2 mars 1992.

populaire, les cadres et leurs enfants, les *gaogan zidi*, se sont engouffrés par la porte entrouverte de la libéralisation économique pour s'enrichir (sur le cas des anciens pays socialistes, voir les chapitres de Kathy Rousselet, Olivier Roy et Jean-Louis Rocca). En Algérie, le renvoi du Premier ministre, Mouloud Hamrouche, en 1991, sanctionna — autant que son incapacité à endiguer la montée du Front islamique du salut — sa détermination à réformer les circuits des importations alimentaires sans tenir compte des intérêts rentiers de la Sécurité militaire, et à transformer en SARL la compagnie pétrolière nationale, la SONATRACH, bien qu'elle fût le trésor de guerre du FLN. La déposition du président Chadli, en janvier 1992, et plus encore la liquidation de son successeur, Mohammed Boudiaf, quelques mois plus tard, ont montré jusqu'où est prête à aller une faction menacée d'être évincée de la scène de l'accumulation par le passage à l'économie de marché (55). Tel est, au fond, le dilemme qui se pose désormais aux dirigeants iraniens : l'unification des taux de change, que réclamaient les investisseurs étrangers et les experts internationaux et qui a finalement été réalisée en mars 1993, frappe de plein fouet les agioteurs qui opéraient à cheval sur les institutions politiques, les entreprises publiques, les fondations para-étatiques et les réseaux de la « seconde économie », grâce à une forte distorsion cambiaire (56).

On voit donc que la thématique économique des privatisations et du marché se double d'une ambivalence sociale et politique, sur laquelle les auteurs néo-classiques sont muets. Ambivalence politique, car, répétons-le, l'étatisation de l'économie peut dissimuler une privatisation de l'État. A l'inverse, Max Weber considère que l'expansion du capitalisme a pour corollaire celle de la bureaucratie, seule à même de « rationaliser » la domination, sous la forme de la systématisation du droit et de l'affaiblissement des solidarités traditionnelles ; il insiste sur les similitudes entre l'organisation des administrations publiques et celle des entreprises privées ; et finalement il pense que « le socialisme est un prolongement de l'esprit du capitalisme », plutôt qu'il n'en est la négation (57).

Ambivalence sociale car la modification du statut juridique de la propriété des entreprises n'altère pas obligatoirement le scéna-

(55) *Nord-Sud Export*, 15 octobre 1990. Sur le cas irakien, assez similaire, cf. K.A. Chaudhry, « On the way to market. Economic liberalization and Iraq's invasion of Kuwait », *Middle East Report*, mai-juin 1991, pp. 14-23.

(56) J.-F. Bayart, « Entre "dirigistes" et "libéraux" : la République islamique » in F. Adelkhah, J.-F. Bayart, O. Roy, *Thermidor en Iran*, Bruxelles, Complexe, 1993, pp. 34 et suiv. et H. Pesaran, « The Iranian foreign exchange policy and the black market for dollars », Genève, novembre 1990, multigr.

(57) P. Raynaud, *op. cit.*, pp. 194-196.

rio de l'accumulation, ni les lignes de l'inégalité. Ambivalence sociale, aussi, parce que les privatisations dans l'ordre de l'économie sont inséparables de l'évolution des rapports entre la sphère du public et celle du privé, au sens anthropologique de la distinction. A cet égard, il est frappant de constater que la plupart des mouvements de réforme économique, dans les sociétés qui retiennent notre attention, semblent se traduire par la renégociation des relations qui articulent ces deux champs. Ainsi, en Chine, le phénomène des *gaogan zidi*, des enfants de cadre, ne peut s'interpréter comme la simple résurgence d'une structure familiale originelle qui aurait résisté au communisme et qui prédisposerait à l'appropriation privée de la *res publica*, en même temps qu'à l'obéissance politique. Il s'agit plus plausiblement d'une manifestation de ce remodelage de l'institution familiale, au point de rencontre entre l'argent et le pouvoir, que Jean-Luc Domenach et Hua Chang-Ming avaient très tôt signalé (58). De même, au Moyen-Orient et au Pakistan, le néo-fondamentalisme revient sur la mobilisation sociale et l'étatisme économique qu'avait entrepris l'islamisme, notamment en Iran : il compose sans complexe avec l'économie de marché, tout en lui donnant une coloration musulmane, en particulier dans le secteur bancaire ; et dans le même temps, il cherche à rétrécir l'espace public au profit du champ privé de la famille et du champ religieux de la mosquée, non sans remettre en cause les acquis sociaux des femmes (59). Dans une situation très différente, les hommes d'affaires bamiléké du Cameroun ont relevé la chefferie dite « traditionnelle » que la révolte des jeunes avait mise à bas, à la faveur de la rébellion nationaliste (1958-1964) : dynamisme économique, affirmation patriarcale et autoritarisme politique font derechef bon ménage, au risque de réveiller la colère des cadets exclus du marché des biens et des femmes, comme en témoignent les « opérations villes mortes » et les émeutes de 1991, ou les résultats de l'élection présidentielle de 1992 (60).

Il se confirme de la sorte que les structures sociales et les représentations culturelles héritées d'une histoire étrangère au capitalisme ne lui sont pas forcément hostiles. De ce point de vue, plusieurs des hypothèses de Max Weber mériteraient d'être reconsidérées à la lumière des conclusions récentes de l'anthropologie. Il

---

(58) J.-L. Domenach, Hua Chang-Ming, *Le Mariage en Chine*, Paris, Presses de la Fondation nationale des sciences politiques, 1987.

(59) O. Roy, *L'Échec de l'islam politique, op. cit.*

(60) J.-P. Warnier, *L'Esprit d'entreprise au Cameroun*, Paris, Karthala, 1993 ; C.H. Pradelles de Latour, *Ethnopsychanalyse en pays bamiléké*, Paris, EPL, 1991.

n'est pas sûr, par exemple, que « hors des régions où le christianisme est en vigueur, la domination de la magie (soit) (...) l'un des freins les plus puissants à la rationalisation de la vie économique », dans la mesure où elle « implique une *attitude stéréotypée face à la technique et à l'économie* » (*HE*, 378). Il n'est pas plus certain que la sortie de cet univers — la fameuse *Entzauberung der Welt*, le « désenchantement du monde » — soit une condition préalable au capitalisme (*HE*, 379). En Afrique noire, la sorcellerie — que Weber aurait sans doute assimilée à la magie — peut être un moyen de penser le marché, sur un mode plus ou moins critique, et elle coexiste d'ailleurs avec la Révélation des « grandes prophéties *rationnelles* », en l'occurrence celle du christianisme (61). De même, les pages d'*Économie et Société* sur l'incompatibilité entre l'éthique de caste et l'esprit du capitalisme ont beaucoup vieilli (*ES*, 435 et suiv.).

En réalité, la transformation capitaliste de l'économie peut se couler dans des modes d'action « traditionnels », aussi « irrationnels » soient-ils. Cela vaut notamment pour les identifications les moins « universelles », tels les liens de parenté, de voisinage ou de « corps » (voir les chapitres de Peter Geschiere, Olivier Roy, Jean-Louis Rocca, Fariba Adelkhah). Mais l'erreur serait de faire de cette association entre le particulier de la parenté (ou de la néo-parenté) et l'universel du marché une spécificité du *limes* du capitalisme. Le rayonnement des diasporas indienne et chinoise au cœur des sociétés industrielles, nouvelles et anciennes, la croissance vertigineuse des *direct selling organizations* aux États-Unis ou l'élargissement de l'espace privé au détriment de l'espace public au Japon nous disent qu'il n'en est rien (62). On ne s'en étonnera pas outre-mesure si l'on se souvient du long travail d'accumulation opéré en Occident par des lignées familiales : « Les réussites individuelles doivent presque toujours s'inscrire à l'actif de familles vigilantes, attentives, acharnées à grossir peu à peu leur fortune et leur influence », écrivait Braudel. Écartant l'interprétation de Max Weber dans *L'éthique protestante*, il voyait précisément dans la stabilité de ces lignages accumulateurs un trait distinctif de l'Occident, qu'il ne retrouvait que chez les dynasties marchan-

---

(61) J.-P. Warnier, *op. cit.* ; P. Geschiere, « Kinship, witchcraft and "the market". Hybrid patterns in Cameroonian societies » in R. Dilley, ed., *op. cit.*, pp. 159-179 ; E. de Rosny, *Les Yeux de ma chèvre*, Paris, Plon, 1981 et *L'Afrique des guérisons*, Paris, Karthala, 1992.
(62) Y. Sinichi, « Le concept de public-privé » in H. Yoichi, C. Sautter, dir., *L'État et l'individu au Japon, op. cit.*, pp. 23-43 ; N.W. Biggart, *Charismatic Capitalism. Direct Selling Organizations in America*, Chicago, The University of Chicago Press, 1989.

des du Japon, mais ni en Chine, ni dans l'empire ottoman. Et de conclure en une belle formule : « (...) le capitalisme n'invente pas les hiérarchies, il les utilise, de même qu'il n'a pas inventé le marché ou la consommation. Il est, dans la longue perspective de l'histoire, le visiteur du soir. Il arrive quand tout est déjà en place » (63).

« Visiteur du soir », le capitalisme est aussi un visiteur qui sait à l'occasion être quelque peu crapuleux. C'est d'ailleurs souvent en tant qu'affaire de famille ou de corps qu'il le devient, éventuellement sous la forme paroxystique de l'État kleptocrate, voire mafieux, qui s'est développé dans certains pays d'Amérique latine, d'Afrique noire, du Proche-Orient, du Caucase et d'Asie centrale. L'angélisme des sciences sociales voudrait que le rapport du capitalisme au crime et à la violence soit contingent. Que l'on nous permette d'en douter. Les travaux de Richard Rapp ont montré comment les pays de l'Europe nord-atlantique ont usé, à partir du XVIe siècle, des procédés commerciaux les plus contestables, et souvent les plus brutaux, pour supplanter Venise et Gênes (64). Sans même parler des horreurs de la traite transatlantique entre l'Afrique et le Nouveau monde, le récit célèbre du navigateur portugais Fernão Mendes Pinto confirme qu'il n'en a pas été autrement de l'expansion marchande de l'Europe en Asie, au détriment des opérateurs mahométans et chinois (65). Péché de jeunesse du capitalisme ? Non point. De cette époque au début du XIXe siècle, le commerce de l'opium, notamment entre l'Inde et la Chine, est demeuré le nerf de l'hégémonie impériale britannique, et il a été maintenu *manu militari* quand cela s'est avéré nécessaire. Les États du Sud-Est asiatique, en particulier ceux de l'Indochine française, ont tiré une part substantielle de leurs revenus de cette rente narcotique, de la façon la plus institutionnelle qui soit, par le biais d'une Régie de l'opium (66). Cet « itinéraire d'accumulation » (67)

---

(63) F. Braudel, *La Dynamique du capitalisme, op. cit.*, pp. 72 et 78.
(64) R.T. Rapp, « The unmaking of the Mediterranean trade hegemony : international trade rivalry and the commercial revolution », *The Journal of Economic History*, XXXV (3), septembre 1975, pp. 499-525. F. Braudel rappelle pour sa part les liens qui existaient entre les cités et les pirates (et entre les seigneurs et les bandits) in *La Méditerranée et le monde méditerranéen à l'époque de Philippe II*, Paris, Armand Colin, 1966, volume II, pp. 88-89, et Frederic Lane a signalé la contribution de la guerre et de la piraterie à la protection économique à partir du cas de Venise (*Venise : une République maritime*, Paris, Flammarion, 1985).
(65) F. Mendes Pinto, *Pérégrination*, Paris, La Différence, 1991.
(66) A.W. McCoy, *The Politics of Heroin. CIA Complicity in the Global Drug Trade*, New York, Lawrence Hill Books, 1991, chapitre 3.
(67) Le terme est de plus en plus employé par les anthropologues. Cf. en particulier P. Geschiere, P. Konings, dir., *Les Itinéraires d'accumulation au Cameroun*, Paris, Karthala, 1993.

n'a rien d'aberrant. L'Iran dans les années cinquante, la Turquie jusqu'à la fin des années soixante-dix, la Colombie, le Pérou et, de manière de plus en plus claire, le Venezuela, le Nigéria, le Zaïre ou certaines Républiques de la CEI méritent eux aussi d'être considérés comme des États narcotiques. En outre, les relations qui se sont nouées au Japon entre le Parti libéral-démocrate, le monde des affaires et la pègre des *yakuza*, la prise de contrôle de l'économie du Mezzogiorno par la Mafia italienne et les activités des Triades à Hong Kong indiquent que le problème n'est pas, là non plus, circonscrit à la « périphérie » du capitalisme. Même la très sérieuse Allemagne découvre qu'elle sert de sanctuaire aux organisations criminelles de la CEI et de l'Italie. Et l'on aimerait pouvoir dire que « la démocratie de marché » lave « plus blanc » autrement que dans le sens très spécial que le « temps mondial » confère désormais à cette expression. Las ! La restauration de procédures électorales compétitives en Inde, aux Philippines ou en Afrique noire, dans les années quatre-vingt et quatre-vingt-dix, est allée de pair avec une criminalisation accrue du politique (68).

Une double clarification s'impose dès lors. En premier lieu, il convient de rappeler que l'appréciation morale de ce qui est économiquement licite et de ce qui ne l'est pas est toute relative. Il se trouve par exemple que la drogue est de nos jours criminalisée, comme le furent à une époque le café ou dans des temps plus lointains l'usure. Mais, sauf à considérer *The Economist* comme une feuille subversive, il n'est pas scandaleux d'envisager la légalisation des narcotiques pour dévaluer la rente que procure le trafic d'une denrée interdite et pour mieux lutter contre ceux qui en font profit (au même titre que l'on pourrait criminaliser la consommation de chocolat pour réveiller les cours du cacao). De toute manière, le crime, ou ce qui est considéré comme tel, se pare volontiers du manteau de la vertu. Les milieux qui le pratiquent s'organisent toujours en fonction d'une éthique rigoureuse et s'attachent à l'observer : celle, par exemple, du *fotowwat* chez les « cous épais » du marché des fruits et des légumes de Téhéran (voir le chapitre de Fariba Adelkhah), ou celles, mieux connues, de Cosa Nostra en Italie, des Triades en mer de Chine, des *yakuza* au Japon. A cet égard, rien n'est plus instructif que l'évergétisme. Pablo Escobar le pratiquait à grande échelle dans sa bonne ville de Medellin, et, en Birmanie, Sao Gnar Kham, l'un des premiers leaders de la Shan National Army, qui vit de l'opium, était un ancien moine bouddhiste qui jadis recueillait les fonds des fidèles

---

(68) J.-F. Bayart, « Conclusion », *ibid.* et J.-F. Bayart, *The State in Africa. The Politics of the Belly*, Londres, Longman, 1993 (Préface à l'édition anglaise).

en vue d'abriter les orphelins, avant de les détourner pour sa nouvelle cause (69). Déjà, Démosthène offrait à Athènes une partie de ses remparts, mais tendait à considérer comme siens les trésors d'Harpale (70). Ce que l'on nomme la corruption relève de cette ambivalence. L'appropriation privée de la chose publique, choquante au regard de l'ethos weberien de la bureaucratie, répond à la nécessité morale de servir la parenté ou le « corps » auquel on appartient, en même temps qu'elle rassasie la cupidité personnelle ; et il n'est pas aisé de démêler les parts respectives de ces motivations (voir les chapitres de Peter Geschiere, Olivier Roy et Jean-Louis Rocca).

Cependant — et en second lieu — le crime, quelle que soit son ambivalence morale, doit faire l'objet d'un « compte de capital », pour reprendre le vocabulaire de Max Weber. S'il peut être, aussi bien que la vertu, un vecteur du capitalisme, il ne suffit naturellement (ou malheureusement) pas à l'épanouissement de celui-ci. Pour être un bon capitaliste, ce n'est pas tout que d'être un bon criminel, de même qu'un homme vertueux n'est pas un patron forcément remarquable (71). Et sur un plan macro-économique, le pourrissement d'une société n'est pas non plus le gage de sa croissance. Pour une Thaïlande et une Colombie qui ont extrait à des fins productives des ressources non négligeables du commerce de la drogue et — dans le premier cas — de la prostitution, combien de Birmanie et de Pérou qui se sont adonnés à ces activités en s'enfonçant dans un processus de désaccumulation (72) ? De même, la « corruption » semble avoir nui au capitalisme en Afrique noire, dans la mesure où elle n'a été qu'une forme particulière de la rente de la dépendance dans laquelle s'est enfermé le sous-continent ; elle ne paraît pas le gêner quand elle s'associe à une conception productive de l'économie, comme au Japon ou dans les Nouveaux pays industriels d'Asie orientale. Quoi qu'en pensent les catéchistes de la Banque mondiale, on devine que cette différence doit peu à la morale, à la culture ou à la « good governance », si l'on tient celles-ci pour des registres désincarnés, mais

---

(69) A.W. McCoy, *op. cit.*, p. 344.
(70) P. Veyne, *Le Pain et le cirque, op. cit.*, p. 255.
(71) Sur les contradictions de la Mafia comme entrepreneur capitaliste, voir P. Arlacchi, *Mafia et Compagnies. L'éthique mafieuse et l'esprit du capitalisme*, Grenoble, Presses Universitaires de Grenoble, 1986.
(72) Sur la Thaïlande, cf. A.W. McCoy, *op. cit.*, et T.D. Truong, *Sex, Money and Morality : Prostitution and Tourism in South-East Asia*, Londres, Zed Books, 1990 ; sur la Colombie, voir C. Fonseca, « Les impacts des marchés de la drogue sur l'économie globale en Colombie » in M. Schiray, dir., *Penser la drogue, penser les drogues. Tome II : les marchés interdits de la drogue*, Paris, Editions Descartes, 1992, pp. 167-192 et « Colombie », *Nord-Sud Export*, 8 février 1993.

beaucoup plus au poids de l'histoire globale des régimes d'accumulation, dans la longue durée, et à l'habileté des stratégies macroéconomiques mises en oeuvre par l'ensemble des acteurs, privés ou publics. Russes et autres Tchétchènes, prenez-en de la graine — fût-elle de pavot — maintenant que vous vous jetez dans la grande aventure !

D'autant que vous ne tarderez pas, chers mafieux, à devoir résoudre le difficile problème du rapport que le capitalisme entretient avec la guerre. Celle-ci est susceptible d'être une activité « économiquement orientée » (*HE* : 7-8), qui permet la survie ou l'enrichissement des combattants, voire une vraie accumulation de la part de leurs commandants ou de leurs commanditaires. En Afrique noire, les conflits du Tchad, du Libéria ou de Somalie, par exemple, relèvent en partie de cette logique. Ils offrent aux jeunes — pris comme catégorie de l'inégalité sociale, et non seulement comme catégorie biologique — la possibilité de sortir de la condition de pauvreté et d'exclusion dans laquelle les avait cantonnés l'État autoritaire post-colonial. Vues sous cet angle, les opérations de démobilisation supervisées par la France ou les Nations Unies paraissent vouées à l'échec : la rentabilité économique d'une Kalachnikov restera toujours plus élevée que la prime de reconversion proposée aux soldats dont la guerre, au demeurant, est devenue le vrai « style de vie », au sens weberien du terme (73). Néanmoins, la dimension économique des conflits dépasse cette question de leur base sociale. Leur véritable enjeu peut avoir trait au contrôle des richesses nationales par certains entrepreneurs politico-militaires qui sont simultanément des entrepreneurs économiques, à l'image d'un Jonas Savimbi en Angola ou d'un Charles Taylor au Libéria, ou encore par certains groupes sociaux, tels que les marchands en Somalie. Ainsi, la guerre d'Angola est une guerre du diamant, de l'ivoire et du pétrole ; celle du Libéria une guerre des *royalties* des pavillons de complaisance, du fer, du bois et derechef du diamant ; celle du Tchad une guerre des douanes, du coton, de l'aide publique au développement et, plus récemment, du pétrole ; celle de Somalie une guerre de l'aide humanitaire et du *khât*... (74). De surcroît, la plupart de ces conflits ont engen-

---

(73) Sur les opérations de « déflation » de l'armée tchadienne, cf. par exemple *Jeune Afrique*, 19 novembre 1992, pp. 28-30.

(74) Sur l'Angola, cf. *Marchés tropicaux et méditerranéens*, 2 octobre 1992, pp. 2632-2633 ; sur le Libéria, voir *West Africa*, 15 janvier 1992, p. 1011 et 24 juin 1991, p. 1034 ; *Jeune Afrique*, 23 avril 1992, p. 12 ; *Africa confidential*, 6 novembre 1992 ; *Africa analysis*, 20 mars 1992 ; *Le Figaro*, 8 janvier 1992 ; *Marchés tropicaux et méditerranéens*, 19 juillet 1991, p. 1848 ; sur la Somalie, cf. *Libération* 20 janvier 1993, ainsi que L.V. Cassanelli, « Qat : changes in the production and consumption

dré en tant que tels des ressources en drainant des soutiens internationaux, dans le contexte régional créé par la Guerre froide et les antagonismes du Proche-Orient. Tout cela — faut-il le préciser ? — doit peu à la sauvagerie et à la cupidité supposées des Africains. Au lendemain de la Révolution chinoise de 1949, les armées en déroute du très confucéen Kuomintang se sont imposées militairement sur le fructueux marché de l'opium, dans le Triangle d'or, et, au nom du Djihad contre les communistes impies, Gulbuddin Hekmatyar a pareillement fait main basse sur le commerce de l'héroïne produite en Afghanistan, en n'omettant pas d'y intéresser les services spéciaux du Pakistan (75). Comme « corporation politique », la cité antique dépendait tout autant de Mars : « la guerre chronique était (...) la situation normale pour le citoyen grec de plein droit, et un démagogue tel que Cléon savait parfaitement pourquoi il poussait à la guerre : elle enrichissait la ville alors que les périodes de paix durable n'étaient pas supportées par la classe des citoyens » (*HE* : 350. Voir également *ES* : 1359 et suiv.).

En tant qu'activité « économiquement orientée » — et même si elle n'est pas à proprement parler une activité économique faute d'être, par définition, une activité pacifique (*HE* : 7-8) — la guerre pourrait donc, en théorie, être à son tour soumise à un calcul de rentabilité, faire l'objet d'un « compte de capital ». Pourtant, l'on voit bien que le rapport qu'elle entretient avec le capitalisme ne s'arrête pas là. Pour peu qu'elle constitue le mode de production du politique dans une région donnée, sous une forme plus ou moins stable, elle se trouve articulée d'une façon ou d'une autre à l'économie-monde capitaliste. Profondément enracinés dans le tissu social de terroirs historiques circonscrits, au point que les observateurs extérieurs sont enclins à les réduire à des avatars de l'ethnicité, du communalisme ou du confessionnalisme, les conflits contemporains sont simultanément insérés dans les dynamiques de marchés mondiaux, dont ils extraient leurs moyens de reproduction : marché du travail par le biais de l'émigration, dans le cas de Sri Lanka, de l'Erythrée, de la Somalie ; marché des échanges de biens ou des transactions financières dans les cas du Liban, de Sri Lanka ; marché de la drogue en Birmanie, au Laos, en Afghanistan, au Liban, au Pérou, en Colombie, en Somalie, au Sri Lanka et, de façon de plus en plus évidente, au Caucase, en Asie centrale ou dans les Balkans ; marché de l'ivoire en Angola et au

---

of a quasilegal commodity in northeast Africa » in A. Appadurai, ed., *op. cit.*, pp. 236-257 et *Africa Confidential*, 3 avril 1992.
(75) A.W. McCoy, *op. cit.*, passim.

Mozambique ; marché du diamant et des pierres précieuses au Cambodge, en Angola, au Libéria, en Sierra Leone ; marché du bois au Cambodge et au Libéria ; ici et là, mais pas partout, marchés de l'humanitaire et de l'information, sur lesquels la décence occidentale inspire un silence pudique ; et bien sûr marché du pétrole et des principaux minerais dans un bon nombre des situations que nous venons d'évoquer, encore qu'il convienne de faire la part des fantasmes tiers-mondistes habituels en la matière. Nombre des guerres contemporaines participent de la sorte au système économique mondial, ne serait-ce qu'en creux, à la façon dont le nomadisme, en Asie, ne fut pas seulement porteur de destructions et de massacres, d'invasions et de pillages, mais fut aussi une pièce motrice des échanges marchands (76). L'analyse devrait alors se porter sur les processus par lesquels certains conflits interviennent dans la « marchandisation » des biens et dans la circulation des capitaux à l'échelle internationale, selon des axes sud-nord (marché de la drogue entre l'Asie et l'Amérique latine, d'une part, et, de l'autre, le monde occidental, éventuellement *via* l'Afrique et la CEI), sud-sud (marché de l'ivoire et de la corne de rhinocéros entre l'Afrique et l'Asie) ou nord-sud (biens technologiques dont la guerre, rassurons-nous, n'a jamais empêché la distribution, fût-ce sur fond de famine, comme en Somalie et dans le sud du Soudan).

Par ailleurs, la guerre a de tout temps été un vecteur du changement social. Elle donne lieu à des innovations technologiques, elle transforme les rapports entre acteurs, elle redistribue la richesse, elle propage de nouvelles mentalités, elle est un instrument de protection et de compétition économiques. En Occident, l'État moderne a procédé d'elle autant que de la paix (77). Et là aussi les enchaînements de la causalité n'ont pas manqué d'être paradoxaux : pour partie, la démocratie est une fille de l'infanterie et de sa discipline (*HE* : 343-344). Les analystes des conflits contem-

---

(76) K.N. Chaudhuri, *Asia before Europe. Economy and Civilization of the Indian Ocean from the Rise of Islam to 1750*, Cambridge, Cambridge University Press, 1990, pp. 86 et 138 et suiv. ; P. D. Curtin, *Cross-Cultural Trade in World History*, Cambridge, Cambridge University Press, 1984.

(77) Randall Collins insiste sur le poids des facteurs internationaux dans la genèse du politique chez Max Weber (*op. cit.*, pp. 145 et suiv.). On sait que Perry Anderson et Theda Skocpol reprendront, chacun à leur manière, cette interprétation. De façon plus précise et systématique, cf. A. Giddens, *The Nation-State and Violence. Volume two of a Contemporary Critique of Historical Materialism*, Berkeley, University of California Press, 1987 et C. Tilly, « War making and state making as organized crime » in P.B. Evans, D. Rueschemeyer, T. Skocpol, eds., *Bringing the State back in*, Cambridge, Cambridge University Press, 1985, pp. 169-191 (pour une discussion des thèses de Frederic Lane et de Richard Rapp), ainsi que le cours de Michel Foucault au Collège de France en 1975-1976 (*Résumé des cours. 1970-1982*, Paris, Julliard, 1989, pp. 85 et suiv.).

porains, en Asie et en Afrique, corroborent de telles conclusions : les mouvements armés, plus que les partis politiques, généralisent le salariat, la monétarisation des échanges, la ponction fiscale, les services sociaux, ou, de façon peut-être plus aléatoire, la mobilisation des femmes dans un espace public (78). Or, il convient de ne pas traiter par la bande ces mutations. Certains auteurs pensent ainsi que la guerre — et non le confucianisme — fut au Japon la principale matrice du capitalisme : les *daimyo*, les dirigeants et les organisateurs d'armées plus puissantes que celles connues de l'Europe occidentale à la même époque, en furent les vrais précurseurs, à partir du XVIIᵉ siècle (79) ; et la construction de ce que l'on nomme « l'État-famille » et ses « entreprises-familles » est allée de pair avec la « samouraïsation » de la population à la faveur de la révolution de Meiji, au nom d'une identité japonaise, néo-traditionnelle et néo-confucéenne, fabriquée sous le Shogunat (80). Aujourd'hui encore, la structure du capitalisme nippon emprunte largement à celle de l'économie de guerre des années trente et quarante (81). Ce n'est donc pas seulement comme activité « économiquement orientée », sujette à calcul rationnel, ni comme rouage caché de l'économie-monde, mais également comme principe même de rationalité, que la guerre doit être rattachée à l'expansion du capitalisme.

Comme principe de rationalité ou, dirait Michel Foucault, comme technologie de pouvoir. Sur ce point comme sur d'autres, l'oeuvre de celui-ci converge avec celle de Max Weber (82). Tous deux reconnaissent dans les procédures d'organisation — celles de l'institution bureaucratique pour Weber, celles de la discipline du corps et de la surveillance chez Foucault — des ressorts fondamentaux de la modernité occidentale. La mort leur a interdit d'étudier sous cet angle l'organisation monastique du Haut Moyen-Age,

---

(78) Je dois beaucoup, sur ce point, aux travaux de chercheurs comme Olivier Roy, Christian Geffray, Roland Marchal, Yvon Le Bot, Daniel Compagnon, Christine Messiant, Christian Lechervy et aux entretiens que j'ai pu avoir avec eux, notamment dans le cadre du séminaire « Guerres contemporaines » du Groupe d'analyse des trajectoires du politique que dirige R. Marchal (Paris, CERI, 1991-1993).

(79) H. Ooms, « Les capitalistes confucéens » et « De la religion Tokugawa à l'idéologie Tokugawa », *Actes de la recherche en sciences sociales*, 80, novembre 1989, pp. 81-92 ; R. Bendix, *Kings or People, op. cit.*, chapitres 3 et 12.

(80) K. van Wolferen, *op. cit.* ; H. Ooms, art. cités ; R. Bendix, *Kings or People, op. cit.*, chapitre 12.

(81) C. Johnson, *MITI and the Japanese Miracle*, Stanford, Stanford University Press, 1982 ; K. van Wolferen, *op. cit.*, chapitre 15.

(82) Cf. l'article très éclairant de P. Pasquino, « De la modernité », *Magazine littéraire*, mai 1984, pp. 44 et suiv. ainsi que M. Foucault, *Résumé des cours, op. cit.* et C. Dandeker, *Surveillance, Power and Modernity. Bureaucracy and Discipline from 1700 to the Present Day*, Cambridge, Polity Press, 1990.

vers laquelle les menaient leurs recherches respectives (83). Mais l'esquisse de ce dialogue, de part et d'autre du XXᵉ siècle, témoigne que la genèse du capitalisme en Europe occidentale et sa réinvention contemporaine sur les autres continents ressortissent décidément à des logiques sociales, à des périodisations historiques, à des rebondissements de causalité autrement plus complexes que ce que donne à penser le discours néo-libéral ou néo-classique cher aux commentateurs de l'actualité.

*

* *

Admettons donc, avec Weber, que le capitalisme soit avant tout un ethos, lié à l'État rationnel, un « mode de pensée », comme il l'écrit en définitive dans son *Histoire économique* (*HE* : 369 et suiv.) ; ou, avec Karl Polanyi et Louis Dumont, qu'il suppose la différenciation d'un champ économique distinct des champs religieux et politique ; ou encore, avec Michel Foucault, qu'il appelle l'émergence d'une *Polizeiwissenschaft* facilitant la gestion du « problème population-richesse ». L'étude de situations historiques concrètes montre que ces changements se produisent le plus souvent de façon oblique, involontaire ou inconsciente, généralement selon la rythmique de la longue ou de la moyenne durée. Ce sont les islamistes qui ont introduit les catégories intellectuelles de l'économie dans le monde musulman (84). Ce sont les guérisseurs, les sorciers et les parents qui parlent de marché en Afrique centrale (85). Ce sont les familles de la diaspora chinoise qui unifient l'espace économique de l'Asie orientale. Mais ce sont les libéraux du XIXᵉ siècle qui sont responsables de la destruction du marché intérieur et de la régression de l'économie monétaire en Bolivie (86). En la matière, l'enfer est pavé de bonnes intentions, et les approches volontaristes du « développement » ou du passage à « l'économie de marché » conduisent aisément au désastre. A l'inverse, bien des phénomènes qui paraissent contrarier l'expansion du capitalisme, et dont l'Occident s'effarouche, peuvent avec le temps se

---

(83) On se souvient du projet d'*Histoire de la sexualité* de Foucault, qui initialement devait le mener à considérer le Moyen-Age. Max Weber, quant à lui, souhaitait reprendre ses remarques sur le christianisme médiéval qu'il n'a pas eu le temps d'approfondir, mais que Randall Collins s'est amusé à poursuivre (*op. cit.*, chapitre 3).

(84) O. Roy, *L'Échec de l'islam politique, op. cit.*, pp. 167-168.

(85) P. Geschiere, « Kinship, witchcraft and ''the market'' : Hybrid patterns in Cameroonian societies », in R. Dilley, ed., *op. cit.*, pp. 159-179.

(86) T. Platt, « Divine protection and liberal damnation. Exchanging metaphors in nineteenth century Potosi (Bolivia) », *ibid.*, pp. 131-158.

révéler propices à l'accommodement de ce mode de production et de pensée dans des sociétés auxquelles il était étranger. Aucune « idée rectrice », pour parler comme Troeltsch, ne se dégage de ce kaléïdoscope. Mais, dans leur contingence, ses images peuvent être décrites et interprétées. Les pages qui suivent n'ont d'autre ambition que de s'y essayer.

PREMIÈRE PARTIE

PARENTS, VOISINS, COPAINS... ET COQUINS ?

Il n'est pas sûr que la Chine et l'Asie centrale anciennement soviétique soient en passe d'entrer dans le capitalisme. Mais indéniablement leurs économies s'émancipent du vieux carcan du socialisme bureaucratique pour se lancer dans l'aventure de l'accumulation privée du capital ou tout au moins de la gestion privée des moyens de production. Or, cette mutation ne s'effectue pas par l'intermédiaire de la conception désincarnée du marché, de l'argent et de l'entreprise, chère aux économistes néo-libéraux qui règnent en maîtres dans les institutions financières internationales. En Chine les entreprises collectives — créées et contrôlées par les administrations locales ou par des institutions publiques, et qui cumulent rentes sociales ou politiques et méthodes capitalistes, en particulier dans les régions rurales de l'Est — sont les meilleurs agents de la modernisation économique ; et bon an mal an cette dernière doit composer avec l'exigence de solidarité communautaire qu'avaient reprise à leur compte les énormes unités de travail, les danwei, *notamment en milieu urbain. En Asie centrale, la réorientation du système kolkhozien, plus que la privatisation de la terre, permet de concilier l'extraction d'un revenu personnel, un minimum de sécurité sociale ou agraire et une amélioration des performances économiques. Dans les deux cas la transformation de l'appareil et des règles de production s'accompagne d'une permanence de certaines formes de réciprocité.*

Sommes-nous alors en présence d'une synthèse entre le maintien de solidarités traditionnelles et le développement d'une modernité capitaliste ? Pas vraiment, car les identités sociales sur lesquelles se fondent les circuits de la solidarité témoignent moins d'une perpétuation de groupes anciens que de leur redéfinition, sous les atours de la tradition. Des sinologues avaient déjà parlé du « néo-traditionalisme communiste », et l'on sait bien maintenant que les traditions, en Europe comme en Asie ou en Afrique, sont d'invention souvent récente. Mieux vaut donc admettre que le changement économique se réalise dans le creuset même des rela-

tions sociales que l'on perçoit à tort comme intangibles et passéistes. Certains anthropologues ont opposé l'« économie morale » ou l'« économie de l'affection » des paysans aux lois d'airain du marché. Mais l'exemple des Maka, au Cameroun — « les plus primitifs des primitifs », selon un officier allemand du début du siècle — montre qu'il n'en est rien et que les rites de la parenté sont des véhicules de la monétarisation. L'imaginaire de la famille, de la clientèle, du voisinage... ou du copinage peut faire bon ménage avec celui du capitalisme. La « privatisation » des économies, c'est aussi cette renégociation permanente entre la sphère du public et celle du privé qui est à l'œuvre dans les sociétés en quête du marché. Dans son ambiguïté, la dénonciation incantatoire de la « corruption » est éloquente de ce point de vue : ce qui apparaît comme corrompu au regard de l'ethos capitaliste ou bureaucratique weberien est vertu aux yeux de l'économie morale des parents, des alliés, des affidés ou des bureaucrates eux-mêmes.

2

La « mise au travail » capitaliste des Chinois

par Jean-Louis Rocca

> On ne crée pas une mentalité économique capitaliste avec une *politique* économique.
>
> Max WEBER

La Chine est-elle en passe de devenir un pays capitaliste ? Cette question en implique une autre, plus fondamentale : qu'entend-on par capitalisme ? Si l'on répond : le capitalisme industriel ou encore « la démocratie de marché », la Chine est loin d'être un pays capitaliste car elle ne connaît ni le salariat généralisé, ni la domination de l'échange marchand, ni la prépondérance de la propriété privée des moyens de production, ni une « organisation rationnelle capitaliste du *travail* (formellement) *libre* » (1), ni bien sûr un système politique représentatif. Si, par capitalisme, on entend le capitalisme marchand ou encore l'ouverture au marché mondial, sans nul doute la Chine est capitaliste car certains citoyens chinois comparent « un résultat exprimé en argent avec un investissement évalué en argent » (2), tandis que les échanges avec l'extérieur, bien qu'ils restent extrêmement modestes en proportion de la taille du pays, se sont accrus de manière spectaculaire ces dernières années.

Aborder la question par le biais du comportement économique n'est pas plus simple. S'agit-il de savoir si les Chinois ont adopté « l'esprit du capitalisme moderne » tel qu'il est défini par

---

(1) Max Weber, *L'éthique protestante et l'esprit du capitalisme*, Paris, Plon, 1964, p. 15.

(2) *Ibid.*, p. 13.

Weber, comme l'orientation du travail non vers la recherche du profit seul mais en tant que « vocation » ; l'entrepreneur ne tirant rien « de sa richesse pour lui-même, en dehors du sentiment irrationnel d'avoir bien fait sa besogne » (3) ? S'agit-il au contraire de comparer l'ethos économique chinois à l'ethos économique en vogue parmi les entrepreneurs occidentaux actuels, dont les motivations sont sans nul doute très différentes de celles de leurs lointains ancêtres méthodistes ? S'agit-il de prendre comme base de comparaison la réalité du capitalisme ou son *imaginaire* ?

Ces interrogations rappellent le vieux débat que les théoriciens des mentalités ont mené à propos des relations de la Chine avec le capitalisme. Rappelons que, pour Max Weber, « le Chinois serait, selon toute probabilité, aussi capable que le Japonais, peut-être même davantage, de *s'approprier* le capitalisme » (4). Mais qu'il est « difficile de ne pas admettre que les caractéristiques fondamentales de la "mentalité" *(Gesinnung)*, en l'occurrence de la prise de position pratique à l'égard du monde, ont contribué fortement, par leurs effets propres, à freiner le capitalisme, même si de son côté le développement de ces caractéristiques a été certainement conditionné par des facteurs politiques et économiques » (5). Cette « mentalité » chinoise se caractériserait par une absence de relation éthique avec le monde divin et une volonté constante de s'adapter rationnellement au monde : les Chinois n'ont pas l'ambition de changer le monde pour le rendre conforme à un idéal religieux ; bien au contraire, l'idéal pour eux est de se conformer au monde tel qu'il est. D'où la domination de la tradition dans l'espace culturel et économique chinois et en particulier une importance déterminante accordée aux relations de parenté. Il s'agit de « lier intérieurement l'individu aux membres de sa parenté *(Sippe)* et aux personnes liées à lui sur le mode de la parenté ; à des "personnes" dans tous les cas, et non à des tâches objectives ("entreprises") » (6).

Cette mentalité économique n'exclut ni le gain ni l'argent. Bien au contraire, dit Max Weber : pour les Chinois le bien-être matériel est le but suprême puisqu'il permet précisément de s'adapter aux exigences du monde. Le travail est donc un moyen d'accumuler richesse et prestige au profit de son groupe et non un élément d'éthique religieuse.

---

(3) *Ibid.*, p. 74.
(4) Max Weber, *Essai de sociologie des religions. 1*, Die, Editions à Die, 1992, p. 95.
(5) Max Weber, *ibid.*, p. 97.
(6) Max Weber, *ibid.*, p. 81.

Ainsi, lorsque Max Weber constate que l'on ne retrouve pas en Chine les traits essentiels du capitalisme industriel (capital privé, organisation rationnelle de l'entreprise, système monétaire rationnel, utilisation systématique de la science, droit commercial élaboré, système de comptabilité et de facturation, etc.), la question, pour lui, n'est pas de savoir comment inculquer l'appât du gain aux Chinois car « les tenants du capitalisme moderne ne sont pas animés par de plus fortes tendances au gain que, disons, un commerçant d'un pays oriental » (7). La question concerne au contraire l'absence de répression de « cette soif de gain qui caractérisait l'activité du petit boutiquier chinois mais qui détruit toute gestion rationnelle d'entreprise » (8).

En bref, le Chinois serait trop tourné vers la tradition, vers les relations personnelles, vers la pure recherche du gain au profit de buts *collectifs* et *matériels* et non *individuels* et *spirituels* pour entrer de plain pied dans le monde du capitalisme moderne.

Dans le cadre de la politique de réformes et d'ouverture *(gaige kaifang)*, les interrogations de Max Weber n'ont pas pris une ride. Que visait en effet cette politique si ce n'est de révolutionner de fond en comble l'organisation et « l'esprit » de l'économie chinoise, autrement dit de faire entrer la Chine dans l'ère du capitalisme industriel ? Les Chinois semblent (enfin) se résoudre à transformer le monde et non plus simplement à s'adapter aux principes intangibles qui sont censés le gouverner. Que l'on en juge par quelques exemples parmi les plus significatifs.

La loi de la valeur est dorénavant considérée comme le principe fondamental de l'activité productive et les entreprises sont encouragées à rechercher systématiquement le profit. La rationalité de la production doit être le principe essentiel de la politique économique. On assiste d'autre part à une véritable « marchandisation » de l'économie et de la société chinoises à travers une extension des échanges. De plus en plus de secteurs produisent pour le marché. C'est particulièrement frappant dans le secteur rural où, même si le marché est loin de dominer véritablement, une partie importante de la production est commercialisée. Dans l'industrie, les facteurs de production sont dorénavant traités comme des marchandises et l'abandon du système d'emploi à vie fait de la force de travail une simple source de profit. Enfin, à travers la légalisation de l'entreprise privée, le pouvoir central a donné légitimité à l'accumulation privée. Bien plus, le slogan « enrichissez-

---

(7) Max Weber, *Histoire économique. Esquisse d'une histoire universelle de l'économie et de la société*, Paris, Gallimard, 1991, p. 373.
(8) Max Weber, *Essai..., op. cit.*, p. 90.

vous » symbolise, en tout cas dans les phases les plus libérales de la politique de réformes, la nouvelle philosophie du régime.

Une différence essentielle sépare cependant les analyses de Max Weber des objectifs de la politique de réformes. Pour Weber, la régulation de l'appât du gain est conditionnée par des évolutions de la mentalité économique : « On ne crée pas une mentalité économique capitaliste avec une *politique* économique » (9). En Chine, au contraire, c'est l'État qui décréterait le capitalisme. On est donc pour le moins éloigné du capitalisme comme invention spontanée de la société civile, et plus proche du modèle de la modernisation à la française ou à la japonaise, dans lequel l'État est « une force d'*institution du social* » produisant « de la cohésion en jouant le rôle tenu auparavant par les corps intermédiaires » (10). L'État est censé transformer les structures économiques et révolutionner les mentalités dans le cadre d'un vaste projet de modernisation.

Ce projet n'est pas sans rappeler la mutation des sociétés traditionnelles décrite par Polanyi. On sortirait alors du cadre strict de la réflexion sur l'économie ou le comportement économique pour aborder la question beaucoup plus large du passage à la modernité à travers des phénomènes aussi divers que l'individualisation ou la laïcisation du politique. Que recouvre de précis ce concept de tradition que nous avons déjà rencontré chez Weber ? La notion d'économie morale *(moral economy)* introduite par James Scott peut nous aider à le définir. Pour Scott, le fait que la plupart des membres des sociétés précapitalistes soient continuellement dans une situation de précarité alimentaire les conduit à éviter le risque et à développer une économie morale réglée par « la norme de la réciprocité et le droit à la subsistance » (11). Et il précise : « Il faut bien comprendre que l'obligation de réciprocité est un principe moral *par excellence* et qu'il s'applique aussi puissamment aux relations entre égaux qu'aux rapports entre inégaux. Dans les sociétés paysannes non encore pénétrées par les clivages de classe, ces relations prennent généralement la forme de liens patron-clients... Le patron est supposé protéger ses clients et satisfaire leurs besoins matériels ; réciproquement, les clients lui doivent travail et fidélité » (12).

La notion d'économie morale semble remettre en cause l'analyse de Weber décrite plus haut puisque Scott montre que, pour les

---

(9) Max Weber, *Essai...*, op. cit., p. 83.
(10) Pierre Rosanvallon, *L'État en France de 1789 à nos jours*, Paris, Seuil, 1990, p. 15.
(11) James C. Scott, *The Moral Economy of the Peasant. Rebellion and Subsistence in Southeast Asia*, New Haven et Londres, Yale University Press, 1976, p. 4.
(12) Scott, *The Moral...*, op. cit., p. 168-170.

paysans, la notion de gain est tout à fait secondaire. Mais c'est précisément sur ce point que les deux conceptions, loin de s'opposer, se complètent. Weber traite des caractéristiques du capitalisme marchand, tandis que Scott s'occupe des « masses paysannes » placées pour ainsi dire en marge de ce capitalisme marchand. Dans le premier cas, il s'agit de s'intéresser aux éléments qui pourraient conduire à une évolution vers le capitalisme moderne, dans le second, aux éléments fondamentaux de l'ordre social. Les conclusions sont différentes parce que le point de vue est différent.

La quasi-disparition du capitalisme depuis 1949 a rendu caduques les analyses de Weber depuis trois décennies tandis qu'elle a donné au contraire au modèle de Scott une indéniable actualité. Il semble aujourd'hui s'appliquer aussi bien au monde rural traditionnel qu'aux zones urbaines « modernes ». S'il est indéniable que l'économie morale a largement survécu au totalitarisme dans les campagnes chinoises (13), l'apparition dans les villes de ce qu'Andrew Walder appelle néo-traditionalisme (14) peut s'interpréter comme une transplantation spatiale et une réactualisation historique de la morale de la réciprocité et de la subsistance. L'industrialisation de la Chine a en effet donné naissance à d'énormes unités de travail *(danwei)* (entreprises, administrations, établissements scolaires) qui fonctionnent comme des « villages urbains » où dominent clientélisme et éthique de la réciprocité.

Toutefois, deux remarques s'imposent. D'une part, et cela rejoint les analyses de Scott, il ne faudrait pas avoir de ces unités une vision trop idyllique. L'attachement à l'entreprise ou aux collègues n'a souvent pas d'autre origine que la nécessité de survivre dans une société où, hors du groupe, il n'est point de salut. D'autre part, une différence essentielle subsiste, et de taille, entre le monde urbain et le monde rural. L'industrialisation n'a pas conduit à une « mise au travail » de la classe ouvrière. Élément clé de l'architecture du régime, tant sur le plan économique (l'industrialisation) que sur le plan politique (le prolétariat comme classe d'avant-garde), la classe ouvrière a échappé à tout véritable système d'exploitation. Les salariés des *danwei* jouissent d'un emploi à vie mais aussi de tout un ensemble d'avantages (couverture sociale complète, retraite, logement, fourniture gratuite de produits alimentaires, équipements de loisirs, embauche préférentielle pour les

(13) Jean C. Oi, *State and Peasant in Contemporary China : The Political Economy of Village Government*, Berkeley, University of California Press, 1989 et Vivienne Shue, *Peasant China in Transition : The Dynamics of Development toward Socialism 1949-1956*, Berkeley, University of California Press, 1980.

(14) Andrew Walder, *Communist Neo-traditionalism : Work and Authority in Chinese Industry*, Berkeley, University of California Press, 1986.

enfants d'employés, etc.) hors de proportion avec le niveau de développement du pays et l'effort productif demandé. Le surplus nécessaire à l'accumulation était fourni par la « mise au travail » de deux autres catégories de population : la paysannerie, par le biais de la collectivisation, et un sous-prolétariat urbain exploité sans vergogne par une multitude de petites entreprises collectives.

La modernisation de la société chinoise et le développement d'un capitalisme moderne impliquent une remise en cause de cette économie morale socialiste. Les réformes visent à la fois à libérer les « forces productives » dans les zones rurales grâce à la quasi-privatisation des terres agricoles et à « mettre en exploitation » la main-d'œuvre urbaine. Ainsi, les autorités tentent depuis une quinzaine d'années, sans succès jusqu'ici, de remettre en cause les privilèges exorbitants de la classe des « employés et ouvriers » *(zhi-gong)*, notamment dans le domaine de la protection sociale et du logement. Notre interrogation de départ prend ici un tour plus précis : la Chine est-elle en train de quitter l'économie morale ?

Mais à cette première question doit s'en ajouter une seconde. La légitimité accordée dorénavant à la recherche du gain et, plus important encore, à l'accumulation privée conduit à une réactualisation du propos de Max Weber. Quel est le statut du profit individuel et de l'enrichissement privé dans une société qui les a toujours regardés avec suspicion et qui, voici encore quelques années, les pourchassait avec détermination ? Quelles sont les formes de « régulation de l'appât du gain » qui se mettent en place dans la Chine des réformes ?

Vers un ethos modernisé ?

Essayer de répondre à ces questions c'est sortir d'une réflexion sur l'imaginaire au sens étroit du terme pour aborder le problème sous l'angle des rapports entre représentation de l'activité économique et réalité sociale. Il s'agit de s'intéresser aux pratiques réelles des individus et des groupes comme signe d'une évolution de l'ethos économique. Prenons comme exemple l'évolution du concept de corruption. En raison de la volonté des autorités de remettre en cause les relations personnelles et d'instaurer une régulation sociale par la loi et par des procédures formelles, l'accusation de corruption s'étend aujourd'hui à tout un ensemble de pratiques de réciprocité.

L'auto-consommation collective des propriétés de l'entreprise est une norme fondamentale de la société néo-traditionnelle. Les biens appartiennent au « peuple tout entier », pourquoi le peuple ne pourrait-il pas en profiter ? Il est considéré comme légitime pour un ouvrier d'utiliser les outils ou les matières premières de son entreprise et, pour un cadre, de dépenser des fortunes pour organiser de « grandes bouffes et grandes beuveries » *(dachi dahe)* au profit de l'ensemble des employés, à l'occasion de la venue de supérieurs, afin de signer un contrat, ou en vue de la célébration d'un anniversaire quelconque. Ces comportements empêchent une claire délimitation entre la sphère économique et la sphère sociale, entre le domaine public et le domaine privé, entre ce qui tient à la raison culturelle et à la rationalité économique moderne. C'est à ce titre que le pouvoir central les considère comme des obstacles à la modernisation (15).

De même, le clientélisme, le recours à la porte de derrière *(houmen)*, la science des relations *(guanxixue)*, autrement dit, l'utilisation des réseaux de réciprocité sont régulièrement dénoncés par la presse et les autorités. Toutes les petites combines que les cadres utilisent à leur profit, notamment pour leur carrière, au profit de leur unité de travail ou de la zone rurale dont ils ont la charge, sont considérées comme des « tendances malsaines » *(buzheng zhi feng)* ou comme de la franche corruption qui corroderait, à la manière de la rouille, les rouages de la modernisation. Ces tendances « malsaines » constituent pourtant un élément fondamental de l'ethos de l'économie socialiste. Dans une nouvelle, souvent citée car exemplaire, de Jiang Zilong, le directeur Jin avoue :

> « Plus la société est complexe, plus elle produit de gens rusés... Notre secrétaire de cellule est vraiment un honnête homme. Mais il a obtenu moins de suffrages que moi. Comment peut-on être honnête, hein ? Si j'agissais à sa manière, c'est-à-dire en toute honnêteté, je n'arriverais pas à faire fonctionner l'usine. Et s'il n'y avait pas de bénéfices, je serais mal vu par les ouvriers, les camarades dirigeants, et enfin l'État » (16).

La malhonnêteté est donc une vertu qui permet de s'arranger avec sa conscience lorsqu'il s'avère nécessaire d'huiler les rouages de l'économie socialiste.

Comme le note Lucian Pye, la culture chinoise valorise la

---

(15) Voir Jean-Louis Rocca, « Pouvoir et corruption en Chine populaire », *Perspectives chinoises*, n° 11-12, janvier-février 1993, pp. 20-30.

(16) Jiang Zilong, « Le journal d'un secrétaire d'usine », dans *Les Meilleures œuvres chinoises 1949-1989*, Pékin, Éditions de la littérature chinoise, 1989, pp. 115-135.

loyauté à l'égard des groupes de parenté et, de manière plus générale, à son lieu d'origine, mais dans le même temps elle conditionne les individus à respecter le pouvoir public. Cette double exigence conduit à une culture de « l'obéissance apparente » : « Parfois l'obéissance consiste à agir en conformité avec les ordres supérieurs ; et parfois les gens se contentent de proclamer leur obéissance tout en poursuivant leur chemin selon leurs propres vues » (17). Le dirigeant local doit naviguer au plus près entre les exigences de ses supérieurs et les intérêts du territoire dont il a le contrôle. Dans ce cadre, les relations institutionnelles ne jouent qu'un rôle marginal. Ce qui compte avant tout ce sont les relations personnelles, relations de parenté bien sûr, mais aussi relations tissées au cours de la carrière. Chacun garde des liens avec ses anciens condisciples, ses anciens collègues, ses anciens camarades de régiment, etc. Les courants de réciprocité qui découlent de l'ensemble de ces relations *(guanxi)* jouent un rôle déterminant dans les actes de la vie publique. La société chinoise est donc très compartimentée tant sur le plan social que sur le plan géographique (18).

La remise en cause de l'économie morale socialiste nécessite, *en tout cas dans l'imaginaire de la modernisation*, la disparition de l'ensemble de ce système informel pour le remplacer par une contractualisation des relations sociales. D'où l'énorme effort de législation entrepris par le régime depuis une quinzaine d'années. Du domaine pénal au droit civil en passant par la gestion des entreprises, tous les secteurs de la vie sociale sont dorénavant régis officiellement par la loi. Les relations entre entreprises doivent être contractualisées, l'emploi à vie a été remplacé par le contrat de travail, jusqu'au livre de comptes dont la tenue est obligatoire pour toutes les entreprises, y compris individuelles.

Malgré son radicalisme affiché, cet effort de transparence est pourtant loin d'être couronné de succès. Pour s'en convaincre, que l'on observe le talent avec lequel les unités de travail détournent toute tentative de formalisation. Le contrat de travail ? On le fixe pour dix, vingt ou trente ans ; l'interdiction d'embaucher systématiquement des enfants d'employés ? On organise de faux concours de recrutement ; la fixation de limites aux distributions de primes, aux agapes bureaucratiques ? Quelques manipulations de

---

(17) Lucian W. Pye, *The Mandarin and the Cadre. China's Political Cultures*, Ann Arbor, University of Michigan, 1988, p. 51.

(18) Comme le remarque Vivienne Shue : « [La] structure parcellisée, [le] modèle « cellulaire » [qui] caractérisent la société et l'économie de la paysannerie chinoise » ont été renforcés par trente ans de socialisme (*The Reach of the State. Sketches of the Chinese Body Politic*, Stanford, Stanford University Press, 1988, p. 2-3).

comptes ou quelques fausses factures permettront de dissimuler les pratiques incriminées. Loin de reculer, celles-ci ont connu une considérable extension du fait de la multiplication des opportunités : pénurie de matières premières, croissance des exportations, augmentation de la consommation intérieure, cloisonnement de l'économie, « sous-développement » de l'administration fiscale, autant de phénomènes qui donnent toute latitude aux entreprises pour manipuler les mécanismes économiques, accroître indûment leurs revenus et, de manière générale, poursuivre leur logique de « petit groupe » (19).

Parallèlement, les réseaux clientélistes se sont considérablement étendus. Il ne s'agit plus de valoriser quelques connaissances familiales, amicales ou bureaucratiques, il ne s'agit plus de permettre à son entreprise de se procurer quelques matières premières rares ou de fournir à l'individu quelques produits de consommation difficiles d'accès. On assiste à une augmentation considérable du nombre de personnes impliquées dans les affaires de corruption. Certaines affaires concernent plusieurs dizaines voire plusieurs centaines d'individus répartis sur des aires géographiques étendues. Les sommes en jeu sont désormais énormes. En 1991, l'instruction des affaires de corruption a permis de récupérer 3 milliards de yuan (20). Dans la seule province du Guangdong, on a instruit, en 1991, 155 affaires concernant des sommes comprises entre 100 000 et 1 million de yuan et 22 portant sur des sommes supérieures à 1 million de yuan (21).

Les campagnes connaissent le même phénomène de renforcement des logiques localistes et clientélistes. Les transports d'engrais ou de matières premières sont pillés par des villages entiers avec le soutien de cadres locaux, des batailles rangées éclatent entre communautés à propos de la terre, de l'eau ou des récoltes. Les conflits ne se règlent qu'exceptionnellement par le recours à la loi et le plus souvent par la coutume ou la violence (22).

La même ambivalence entre tradition et évolution domine dans un autre secteur des réformes : la « marchandisation » de la société. Dans ce domaine, deux révolutions ont eu lieu : l'extension du rôle de l'argent et l'apparition d'un secteur privé. Il y a quelques années, Jiang Zilong notait : « Dans les pays capitalistes, on arrive à tout avec l'argent. Chez nous, c'est avec les relations » (23). Ce

(19) Voir Rocca, « Pouvoir et corruption... », art. cit.
(20) *Fazhi ribao* (Le Quotidien du droit) (ci-après *FZRB*), 10 avril 1992, p. 1.
(21) *FZRB*, 19 janvier 1992, p. 1.
(22) Jean-Louis Rocca, *L'Empire et son milieu. La criminalité en Chine populaire*, Paris, Plon, 1991.
(23) Jiang Zilong, *op. cit.*, p. 126.

n'est plus totalement vrai aujourd'hui : l'argent est devenu un intermédiaire essentiel aussi bien dans le cadre officiel que dans celui des pratiques illégales. Il apporte cet élément de formalité et d'abstraction indispensable aux échanges économiques. Ainsi les pots-de-vin en monnaie sonnante et trébuchante ont avantageusement remplacé le simple « troc » de biens et services. Ce phénomène tend à fragiliser les relations sociales informelles, à les dégager de la matérialité de la marchandise. L'objet d'échange n'est plus identifié à la personne qui le propose. Pour reprendre la distinction de Scott, la corruption de proximité *(parochial corruption)*, basée sur une connaissance mutuelle des individus, par le biais de la parenté ou de l'amitié par exemple, tend à reculer au profit de la corruption marchande *(market corruption)* qui exclut toute relation entre corrompu et corrupteur (24).

Quant à l'économie privée, elle introduit le ver de la modernité au cœur du fruit socialiste. De nouveau il est possible d'être un entrepreneur, guidé par le seul souci de ses intérêts. L'entrepreneur symbolise la rationalité économique, la recherche du profit, l'activité tous azimuts, l'investissement créateur d'emploi, l'ingéniosité technique et commerciale, toutes qualités qui, comme on l'a vu, doivent dorénavant servir de guide à l'ensemble du secteur productif. L'entrepreneur privé est donc un exemple pour tous, y compris pour les dirigeants modernistes des entreprises publiques, qui doivent se mettre à son école. D'après Zhu Rongji, un des principaux dirigeants de l'économie chinoise, il « doit avoir la volonté de travailler dur, de se battre avec âpreté et de partager joies et peines avec ses cadres et ses ouvriers... maîtriser les méthodes de gestion modernes et scientifiques, tant étrangères que chinoises ; savoir mobiliser son personnel, tirer le maximum du potentiel matériel et humain de son entreprise et produire les meilleurs résultats économiques avec le moins possible de main-d'œuvre... se tenir au courant des derniers progrès scientifiques et techniques ainsi que de l'évolution des marchés afin de prendre des décisions judicieuses »(25).

Dans la réalité, ni l'argent ni l'éthique des entrepreneurs individuels n'ont pourtant fait disparaître les relations informelles. L'irruption de ces nouveaux éléments a certes rendu plus fluide, plus complexe, plus dangereux aussi le recours aux réseaux clientélistes ; en raison de la multiplication des opportunités, on peut toujours trouver un meilleur patron ou un meilleur client. Mais,

---

(24) James Scott, *Comparative political corruption*, Englewoods-Cliff, Prentice Hall, 1972.
(25) *Survey of World Broadcast*, Far East/1449, B2/3, 3 août 1992.

pour une part importante, l'argent a été intégré à l'économie morale, notamment par le biais de l'augmentation des dépenses somptuaires collectives. L'argent est épargné par les familles ou les unités de travail en vue de dépenses sociales indispensables : cérémonies diverses, construction et réparation de temples, fonctionnement de l'école du village, etc. On assiste ainsi à l'apparition d'une « ostentation différée », qui tranche avec la prodigalité ostentatoire des entrepreneurs individuels. Comme le fait remarquer Antoine Kernen (26), chez ces derniers, il s'agit de « jouir sans entraves » à travers la consommation des symboles de la modernité : la moto, les filles, les bars voire la drogue. Mais cet imaginaire n'est pas partagé par toute la population, loin de là. Ainsi, ce qui ressort des propos tenus par les jeunes paysans venus en ville vendre leur travail comme ramasseurs de déchets, ouvriers à façon ou vendeurs à la sauvette, c'est l'attachement à leur communauté de départ. Ils envoient la plus grande partie de leurs gains à leur famille et ne conservent que le minimum pour survivre sur place (27).

Même si l'individualisation des comportements, à travers l'extension du concubinage, l'accroissement du divorce, l'avancée de la famille nucléaire, l'adhésion à l'imaginaire de la consommation individuelle, marque des points dans le secteur urbain, cette évolution ne concerne qu'une partie très restreinte de la population. Il suffit pour s'en convaincre de remarquer la prépondérance toujours écrasante de l'emploi public dans les grandes villes ou encore le mépris qui s'exprime dans les propos des privilégiés (ouvriers ou intellectuels) lorsqu'ils parlent de ces entrepreneurs individuels ou de ces paysans qui s'enrichissent « alors qu'ils n'ont ni culture ni talents » et dont les mœurs sont dissolues. La majorité de la population urbaine reste attachée à une vision néo-traditionnelle du travail. Il s'agit avant tout de produire, quels qu'en soient les coûts, en échange d'un certain nombre d'avantages dont le moindre n'est pas l'assurance de *vivre en sécurité*. N'oublions pas en effet que la plupart des ouvriers et employés d'État proviennent à une ou deux générations de distance des zones rurales, et de zones rurales qui, de guerres civiles en catastrophes naturelles, d'exactions japonaises en pillages mafieux, ont connu plusieurs dizaines d'années d'insécurité. La notion de sécurité fait donc partie intégrante de l'ethos de la classe salariale. Comme l'ont montré les

---

(26) Antoine Kernen, *L'Invention de la modernité en Chine*, mémoire de sciences politiques, Université de Lausanne, 1992.

(27) Jean-Louis Rocca, « A Pékin, ruraux et citadins en quête d'enrichissement », *Le Monde diplomatique*, septembre 1991, pp. 22-23.

revendications exprimées à l'occasion des événements de 1989, l'inflation, la spéculation, voire le simple commerce, tout ce qui peut être assimilé à l'instabilité dans une société quadrillée, planifiée, hiérarchisée, constituent le mal absolu. Certes, on veut bien s'enrichir mais sans prendre de risque, sans révolutionner sa vie. D'où par exemple la pratique très répandue du travail du dimanche qui consiste à mettre à profit ses moments de loisir pour valoriser ses « talents » dans le cadre d'une deuxième entreprise tout en continuant à profiter des avantages de l'emploi public. Mais cette pratique elle-même n'est pas totalement acceptable par l'ethos urbain, comme le montrent les accusations de corruption qui frappent ces travailleurs (28).

La remise en cause des privilèges de l'emploi public, si jamais elle a lieu un jour, conduira sans nul doute à de violentes réactions de la part de ce groupe de privilégiés. Dès aujourd'hui, ils ne se font pas faute de manifester leur identité et de montrer leur détermination à protéger leur statut. C'est ainsi que la plupart des mesures qui s'attaquent au système de l'unité de travail (sécurité de l'emploi, garantie de salaire, gratuité du logement, protection sociale, etc.) ont été phagocytées par la sainte alliance des ouvriers, employés et cadres de base (29) ; et que les tentatives de réforme de l'entreprise, qui avaient pour principal objet de donner l'essentiel du pouvoir aux *managers* et aux techniciens, ont lamentablement échoué (30). De même, les pratiques bureaucratiques de contrôle de l'économie privée dont nous verrons plus loin l'efficacité sont systématiquement soutenues par les privilégiés de l'emploi public. Déjà, ceux-ci s'organisent en vue de se protéger des nouveaux barbares. Dans les nouveaux quartiers de Pékin financés par les unités de travail, petits cadres, employés, ouvriers qualifiés et professeurs vivent en quasi-autarcie, entourés de hauts murs et protégés par des gardiens (31).

Mais la manifestation la plus frappante de ce phénomène d'assimilation paradoxale de la modernité par l'économie morale concerne l'attitude de la population et des autorités vis-à-vis de l'accumulation. Tout porte à croire que l'accumulation à titre privé reste très largement illégitime. Premier indice : la marginalité de l'entreprise privée. David Wank l'évalue à 2 ou 3 % de l'emploi urbain

---

(28) Voir Jean-Louis Rocca, « Pouvoir et corruption... », art. cit.

(29) Voir Andrew Walder, *op. cit.*

(30) Yves Chevrier, « Micropolitics and the Factory Director System, 1984-1987 » dans Deborah Davis et Ezra F. Vogel (dir.), *Chinese Society on the Eve of Tiananmen*, Cambridge (Mass.), Harvard University Press, Contemporary China Studies, Series 7, pp. 109-133.

(31) Jean-Louis Rocca, « A Pékin, ruraux et citadins... », art. cit.

total dans l'ensemble du pays avec des maxima de 7 à 10 % dans le Guangdong et le Fujian, les deux provinces de pointe (32). Dans les campagnes, le secteur privé occupait environ 38 millions de personnes en 1990, soit à peu près le dixième de la main-d'œuvre rurale (33). C'est l'économie collective, et non l'économie privée, qui obtient les résultats les plus spectaculaires. Pour comprendre ce phénomène, il est nécessaire de préciser la nature de ces deux secteurs. L'économie privée comprend d'une part les entreprises individuelles *(getihu)* qui ne peuvent employer plus de 7 personnes et d'autre part les entreprises privées *(siying qiye)* qui se distinguent des premières par le fait que le nombre d'employés y est supérieur à 7. Dans les deux cas, le capital est privé et les activités économiques indépendantes de l'économie publique. Les entreprises collectives sont créées et contrôlées par les administrations locales ou des institutions publiques (entreprises publiques, établissements scolaires, syndicats, etc.). La réussite de l'économie collective tient justement au fait qu'elle fonctionne dans un environnement particulièrement favorable. Que l'on en juge par l'exemple des entreprises collectives d'extraction et de transformation du magnésium de la région de Yingkou (province du Liaoning) (34). Les autorités régionales ont favorisé leur développement, notamment à travers la mise en place d'une politique fiscale particulièrement avantageuse. De fait, ces « petits poissons » sont en train de manger les « gros » (les entreprises publiques). A Haicheng (Liaoning), les villageois ont récupéré les anciennes entreprises des communes populaires. Les débuts ont été modestes : 10 000 yuan de capital et 10 personnes. La matière première locale était simplement vendue à des entreprises de transformation. Aujourd'hui, la production totale atteint 75 millions de yuan et les profits et taxes s'élèvent à 12 millions de yuan. Quatre autres usines ont été rachetées, dont une à l'État. L'entreprise s'est offert une mine pour 11,2 millions de yuan ; elle possède sa propre équipe de transport, une voie ferrée privée de 300 km (mais construite grâce aux deniers

---

(32) Cité par Andrew G. Walder, « China's evolving property rights and their consequences for social stratification and politics » dans *Towards the Year 2000 : Socio-Economic Trends Consequences in China*, colloque organisé par Asia Research Centre, Murdoch University, Perth (Australie), 29-31 janvier 1992. A la fin de 1990, il existait 13 283 000 entreprises individuelles commerciales ou industrielles employant 20 928 000 personnes dont 70 % d'origine paysanne, *FZRB*, 27 janvier 1992, p. 1.

(33) Chiffre fourni par Claude Aubert à partir de la dernière livraison de l'Annuaire des entreprises rurales. Sur ce thème voir aussi Claude Aubert, « Chine : petites villes ou grandes cités ? Les relations villes-campagnes, ou les voies détournées de l'urbanisation » dans *Les villes pourquoi faire, quelles villes ?*, à paraître.

(34) Liang Xuechu, « Xiaoyu chi dayu : suoyouzhi bianhua de qushi » [Les petits poissons mangent les gros : l'évolution du secteur de la propriété publique], *Jiushiniandai* (les années 1990), 1992, n° 11, pp. 36-39.

publics) qui la relie au port de Dalian, un restaurant et un hôtel pour loger ses clients. Ses activités se diversifient vers le textile et la chaussure.

Manifestement, cette réussite ne tient pas seulement aux avantages fiscaux mais plus largement à un favoritisme systématique de la part des autorités locales en matière de prêts à taux bonifiés, d'investissement en infrastructures (ponts, routes), de protection contre la concurrence, etc. (35). « On » leur construit des logements, des hôpitaux, des instituts, etc. « On » leur prête de l'argent afin d'étendre leurs activités. Nous sommes donc loin d'un capitalisme de marché dans lequel l'initiative des individus et le libre jeu de la confrontation des intérêts et des activités privés joueraient le rôle essentiel. Les relations que les entrepreneurs entretiennent avec les pouvoirs politiques sont déterminantes.

Et nous sommes loin d'un véritable marché du travail. Les 2 180 employés, cadres et techniciens qui font tourner l'entreprise sont essentiellement des anciens paysans de la région, tandis que les mineurs et terrassiers viennent de l'extérieur, essentiellement des provinces pauvres de l'Anhui et du Sichuan. Ils gagnent 300 yuan de salaire mensuel, soit deux à trois fois ce qu'ils gagnaient chez eux, plus des primes et un logement gratuit en dortoir. Mais les dirigeants et hauts techniciens ont un revenu de 1 000 yuan par mois plus les primes. Ce sont donc essentiellement le statut social et l'origine géographique de la force de travail qui déterminent la place de chacun dans l'appareil de production. Comme le note Flemming Christiansen :

> « Le marché du travail que l'on voit apparaître n'est nullement un marché libre et ouvert... [Il] est par essence fragmenté, car c'est le statut formel et informel des travailleurs à l'intérieur de leur collectivité et dans leur classification administrative qui détermine ce à quoi ils peuvent prétendre et qui restreint leur mobilité. Les salaires et autres éléments du revenu ne sont pas déterminés en fonction des qualifications et des capacités comparées des uns et des autres » (36).

Le secret des entreprises collectives est donc simple. Leur insertion politico-économique leur permet de cumuler rentes sociales et

---

(35) Jean-Louis Rocca, « L'État entre chiens et loups. Résistance anti-taxes et racket fiscal en Chine populaire », *Études chinoises*, vol. XI, n° 2, pp. 77-140.

(36) Flemming Christiansen, « The ambiguities of labour and market in periurban communities in China during the reform decade », dans Jorgen Delman, Clemens Ostergaard et Flemming Christiansen (ed.), *Remaking Peasant China. Problems of Rural Development and Institutions at the Start of the 1990's*, Aarhus, Aarhus University Press, 1990.

méthodes capitalistes. Elles n'ont pas à tenir compte des contraintes « stratégiques » de la puissance étatique : dans les entreprises rurales on ne s'occupe que d'économie. Elles n'ont à s'occuper de la « subsistance » que d'un nombre limité d'individus, et traitent en « marchandises » les travailleurs qu'elles sont contraintes de faire venir de l'extérieur. On envoie des rabatteurs signer des contrats avec des villages déshérités pour qu'ils s'engagent à fournir la main-d'œuvre de « bas de gamme ». On « débauche » les bons techniciens indispensables à la modernisation de la production. L'entreprise collective est aussi totalement libre d'utiliser ses profits comme elle le veut sans en référer à personne, en dehors du cadre local. Elle peut facilement s'adapter au marché. Ainsi, lorsque le prix mondial du magnésium a baissé, l'État a interdit aux entreprises publiques de baisser leurs tarifs et les sociétés de Yingkou ont pu augmenter leur part de marché à l'exportation (37).

A l'inverse, les réseaux bureaucratiques sont largement ouverts aux entreprises « bien en cour », et elles ne se privent pas de fournir commissions, petits cadeaux et pots-de-vin pour obtenir des marchés. En cas de « problèmes », avec les instances anti-corruption ou avec le fisc par exemple, on peut toujours ouvrir le « parapluie de protection » *(baohu yusan)* des autorités locales qui régleront l'affaire suivant les us et coutumes bureaucratiques (38).

Le plus frappant est que même dans les zones considérées comme dominées par l'économie privée, on s'aperçoit que la pesanteur du milieu politique local joue un rôle déterminant. A propos de la ville de Wenzhou (Zhejiang), on parlait voici encore peu de temps de l'émergence d'un « capitalisme spontané » (39). Or, après avoir noté l'influence de spécificités historiques (la région est de tradition commerciale), économiques, géographiques et politiques dans le miracle de Wenzhou, l'auteur d'une étude récente (40) remarquait :

> « Ces influences doivent être rappelées, mais ne suffisent pas à expliquer le développement de Wenzhou. Un autre facteur doit être ajouté : l'"esprit ouvert" des cadres locaux et leur volonté de

(37) *Jiushiniandai*, art. cit.

(38) Voir Jean-Louis Rocca, « Corruption and its shadow : An anthropological view of corruption », *The China Quarterly*, n° 130, juin 1992, pp. 402-416.

(39) Peter Nolan, Dong Furen (ed.), *Market Forces in China : Competition and Small Business. The Wenzhou Debate*, Londres, Z Books, 1990.

(40) Liu Yia-ling, « Reform from below : the private economy and local politics in the rural industrialization of Wenzhou », *The China Quarterly*, n° 130, juin 1992, pp. 293-316.

protéger les intérêts privés locaux des ingérences de l'État. Il semble bien que ce soit ce cinquième facteur qui explique pourquoi Wenzhou fut la *première* région en Chine à connaître une économie majoritairement privée... Il semble que ce soit la coïncidence des intérêts entre paysans et cadres locaux qui pousse ces derniers à tolérer les pratiques locales déviantes et le contournement des contraintes étatiques et à laisser l'industrie privée prendre la tête du développement local ».

En raison du potentiel économique de la région, les cadres ont tout intérêt à favoriser le dynamisme du secteur privé. Ils y gagnent en tant que groupe social grâce aux ressources fiscales induites par ces activités et en tant qu'individus, soit parce qu'ils créent eux-mêmes des entreprises par l'intermédiaire d'hommes de paille, soit qu'ils obtiennent des parts d'entreprises en échange de leur protection, soit encore parce que les entrepreneurs privés font généralement preuve d'une grande générosité à leur égard.

La situation est identique dans le delta des Perles, la région la plus dynamique de la province du Guangdong. L'entreprise privée n'y joue qu'un rôle tout à fait marginal. A Shunde, près des trois quarts de la production sont réalisés par des entreprises collectives. A Nanhai, les entreprises privées ne sont responsables que d'un peu plus de 10 % de la production, à Dongguan 15 % et à Zhongshan moins de 5 % (41). Dans les zones économiques spéciales, hauts lieux du capitalisme moderne à la chinoise, les bureaucraties ont la mainmise sur l'économie locale comme le démontre la gigantesque spéculation auxquelles elles se sont livrées lors de l'ouverture de la bourse de Shenzhen. Avant même l'ouverture de la bourse, les cadres locaux s'étaient déjà partagé la grande majorité des actions. Mais le jeu n'est pas réservé à la bureaucratie locale. La plupart des grandes entreprises chinoises sont présentes à Shenzhen et ne se privent pas de « faire des affaires » dans la légalité comme dans l'illégalité (42).

Certains auteurs font de ce phénomène de chevauchement entre public et privé une analyse inverse (43). Pour eux, ces phénomènes manifesteraient la capacité des entrepreneurs à manipuler le pouvoir politique. Ils sauraient avec habileté se mettre sous la pro-

(41) Zhou Weidong, *Zhujiang sanjiaozhou jingji fazhan moshi* (Les modèles de développement économique du delta des Perles), mémoire, Canton, Université Zhongshan, 1990.

(42) Caroline Lau et Véronique Imbernon, « Les sociétés de Chine populaire à Hong Kong », *Bulletin de Sinologie*, n° 82-83, août-septembre 91, pp. 16-28 ; Xu Jiwen, « Shenzhen : hunshui mo haoyu » [Shenzhen : on pêche de bons poissons en eaux troubles] *Jiushiniandai*, 1992, n° 10, pp. 51-55.

(43) Voir *Towards the Year 2000...*, colloque cité.

tection des dominants d'aujourd'hui pour jouer, demain, à visage découvert. Alors, finalement, qui manipule qui ? La facilité avec laquelle les cadres exploitent l'entreprise privée semble montrer que ce sont bien eux qui ont les choses en main. Extorsion de fonds et surcharges fiscales sont le lot quotidien des entrepreneurs individuels. Policiers, percepteurs et contrôleurs du ministère de l'Industrie et du Commerce sont considérés par la population comme des « loups » qui ne pensent qu'à « manger ». Certaines administrations locales dressent des barrières d'octroi pour arrondir leurs fins de mois et « rackettent » les entreprises florissantes au prorata de leurs profits. Tout cet argent vient grossir les « petits trésors » *(xiao jinku)*, ces trésors de guerre que constituent les bureaucraties en vue d'opérations futures. D'après le *Quotidien du droit*, il serait plus judicieux, devant l'ampleur du phénomène, de parler aujourd'hui de « petites banques » *(xiao yinhang)* plutôt que de « petits trésors » (44).

Toute affaire privée qui réussit doit profiter à la communauté sous forme de financement de services publics (45), à moins qu'elle ne soit tout simplement une « affaire de cadres ». Ole Odgaard remarque à propos d'une région du Sichuan que « les entrepreneurs les plus puissants soit étaient d'anciens cadres, soit avaient des relations, par l'intermédiaire de leur parentèle, avec des cadres occupant des positions élevées ». En effet, « le mariage permettait d'assurer la mobilité ascensionnelle locale en étendant la famille et en créant de larges réseaux d'alliances. Les alliances locales les plus puissantes semblent avoir été tissées de cette manière » (46).

Si l'affaire est vraiment trop juteuse ou si une entreprise ne « redistribue » pas suffisamment en emplois, en subventions diverses ou en monnaie sonnante, les autorités locales ont les moyens de la confisquer. Dans ce cas, le propriétaire n'a pas de recours sauf à posséder lui-même des relations. Il a tout intérêt à accepter la transformation de son affaire en... entreprise collective ; il pourra ainsi en rester le directeur. En refusant il s'expose à la confiscation, voire à la prison, comme cet entrepreneur qui erre depuis plusieurs années, poursuivi par la vindicte bureaucratique (47).

Cette affirmation des « intérêts communautaires » dans un

---

(44) *FZRB*, 17 mars 1992, p. 2.

(45) Ole Odgaard, « Collective control of income distribution : a case study of private enterprises in Sichuan province », in J. Delman, C. Ostergaard and F. Christiansen (ed), *op. cit.*, pp. 106-124.

(46) Ole Odgaard, « Entrepreneurs and elite formation in rural China », *The Australian Journal of Chinese Affairs*, n° 28, juillet 1992, pp. 89-108.

(47) Affaire relatée par *Minzhu yu Fazhi* (Démocratie et système légal), 1992, n° 10, pp. 2-5.

contexte de modernisation-unification des relations économiques cesse d'étonner dès que l'on remarque que la décentralisation est une donnée de la politique de réformes. Que ce processus tienne à la nature même de la structuration du pouvoir politique en Chine où dominent les logiques localistes, ce que je pense, ou soit le produit d'une incapacité de Pékin à assurer les exigences budgétaires de la modernisation comme le suggère Jean Oi (48), cela n'a finalement que peu d'importance pour notre propos. La véritable question concerne la façon dont la « société locale » a assimilé cette politique de décentralisation. Comme on l'a noté plus haut, la société locale est dominée par un imaginaire de l'identité communautaire. Or, ces dernières années, en donnant aux cadres locaux des pouvoirs étendus en matières fiscale et financière, les autorités ont laissé se développer une large autonomie des gouvernements municipaux et de districts. « La délégation, au profit des gouvernements locaux, de la responsabilité de l'administration fiscale a donné la possibilité à ces derniers de créer leur propre politique fiscale et de déterminer les taux de taxation » (49).

De ces prérogatives, les autorités locales ont usé et abusé au point que l'on parle en Chine de l'apparition d'une économie féodale *(zhuhou jingji)* formée de domaines quasi indépendants, « chacun ne s'occupant que de ses intérêts, chacun ayant sa propre politique » (50). Ainsi, « la société locale » répond aux exigences de la modernisation sur les bases de ses pratiques habituelles. Aux nouveaux mots d'ordre : développement de l'économie, recherche du profit, activités privées, elle répond : intégration des fruits du capital dans une logique de la prospérité collective, contrôle des activités par le pouvoir politique, protection à tout prix des revenus de la région. L'expression « à tout prix » est à prendre au pied de la lettre : les autorités locales installent des barrières douanières pour empêcher les produits « étrangers » de concurrencer les productions locales, déboutent systématiquement les entreprises de l'extérieur en cas de différends commerciaux avec des entreprises du cru, ou encore confisquent les marchandises non produites sur place sous des prétextes fallacieux. Autrement dit, elles protègent la prospérité des régions dont elles ont la charge au détriment de toute autre considération. De ce point de vue, elles ont une attitude à la fois « moderne » et « archaïque ». « Moderne », car tous les moyens sont bons pour gagner des parts de marché

(48) Jean Oi, « Fiscal reform and the economic foundations of local state corporatism in China », *World Politics*, n° 45, octobre 1992, pp. 99-126.

(49) *China : Revenue Mobilization and Tax Policy*, Washington D.C., Banque mondiale, 1990, p. 17.

(50) *Jingji gaige* (Les réformes économiques), 1990, n° 3, pp. 12-19 et 67.

et mieux profiter de l'économie marchande. « Archaïque », car tous les moyens sont bons aussi pour empêcher la concurrence sur « son » territoire. Cette attitude que l'on pourrait qualifier « d'autarcie conquérante » crée de nombreuses difficultés aux autorités centrales qui doivent, par exemple, arbitrer les « guerres » commerciales entre provinces à propos de l'approvisionnement en matières premières (coton, cocons de soie, thé, etc.) qui, transformées, seront source de devises. Mais le plus souvent, Pékin se contente de constater avec tristesse ou de réprouver verbalement la politique d'auto-suffisance de beaucoup de régions (51). On est donc loin, ici aussi, de la pure logique du marché, du libre jeu des prix et de la recherche de la compétitivité. Comme on l'a noté à propos des entreprises collectives, les relations avec le pouvoir constituent un avantage comparatif au moins aussi important qu'un bon niveau de productivité du travail par exemple.

Les nouvelles fonctions de « développeur », de *leading entrepreneur* qu'elles assument, ou la réactivation de ces fonctions si l'on se réfère à l'exemple de Wenzhou, conduisent les autorités locales à pressurer entreprises et individus (et en particulier les plus riches) pour obtenir un accroissement de revenus. Augmenter le nombre de fonctionnaires pour mieux encadrer les activités économiques, développer les infrastructures, améliorer l'éducation, autant de dépenses qu'il faut bien financer d'une manière ou d'une autre.

On voit donc resurgir ici un vieux conflit : celui qui oppose les intérêts locaux à ceux du pouvoir central. Certains auteurs mettent en parallèle le rôle des notables *(gentry)* sous l'Empire et celui des cadres locaux dans la Chine contemporaine, les uns et les autres étant des intermédiaires servant l'État, la communauté et... eux-mêmes :

> « Les notables locaux aidaient très ostensiblement l'État à extraire du surplus de leur localité : collecte des impôts et organisation des corvées... Mais bien souvent ils pouvaient aussi s'enrichir et défendre leur communauté contre certaines exigences de l'État... Leur identification à la communauté pouvait les conduire à participer aux mouvements de résistance aux impôts, parfois même à les diriger » (52).

---

(51) Jean-Louis Rocca, « L'État entre chiens et loups... », art. cit.
(52) Vivienne Shue, *op. cit.*, pp. 96, 97 et 102.

Contradictions sociales et comportement économique

Cette réactualisation des anciennes lignes de fracture sociales dans le cadre de la politique de modernisation ne concerne pas seulement les « macro-relations » entre paysans, notables et mandarinat. Il serait faux en effet de conclure à l'existence d'une opposition radicale entre « local » et « national », les groupes locaux ayant toujours besoin d'antennes nationales pour imposer des compromis favorables à leurs intérêts. Mais il serait encore plus faux de considérer la « société locale » comme un tout monolithique exempt de tensions sociales. Certes, l'éthique de la redistribution est partagée par les cadres comme par la population. Et, de la même façon que les cadres corrompus sont dénoncés parce qu'ils ont trop accumulé, on considère avec suspicion les entrepreneurs privés qui réussissent. Mais si, dans le cadre des relations clientélistes de l'économie morale, les cadres apparaissent comme des protecteurs de la population, il ne faudrait pas oublier l'envers de cette protection : la domination et l'exploitation qu'ils exercent sur cette même population. Pour James Scott, la façon dont les dominés perçoivent le comportement des dominants en milieu rural dépend de l'équilibre entre les avantages et les désavantages qui découlent de leur situation de client ; et il précise :

> « Toute modification sensible de l'équilibre des échanges entre paysans et propriétaires ou entre paysans et État... serait accompagnée d'une réévaluation correspondante de la légitimité de la relation... Pour le client ou le subordonné, l'élément clé de l'évaluation est le rapport entre les services dont il bénéficie et ceux qu'il fournit. Mais ce rapport tel qu'il le calcule et le rapport calculé par le propriétaire ne sont pas nécessairement symétriques » (53).

Or, comme nous l'avons vu plus haut, la bureaucratie tend à accroître sa pression sur son territoire, non seulement pour répondre aux contraintes économiques mais aussi pour s'assurer puissance et avantages matériels. Dans ce contexte, les débordements individuels vers la pure prédation se multiplient et il semble de plus en plus difficile de les contrôler.

Les réformes ont ouvert une autre brèche individualiste dans le mur collectif. En effet, si la prépondérance du rôle de la bureaucratie dans les « affaires » est affirmée, il est certain qu'un certain nombre d'individus issus de groupes marginaux (paysans pau-

_____
(53) Scott, *The Moral...*, *op. cit.*, pp. 170-172.

vres et jeunes notamment) ont pu aussi y réussir. Isabelle Thireau montre par ailleurs que bureaucrates et citoyens ne portent pas nécessairement le même regard sur la réussite économique : « La réussite économique est généralement considérée comme méritée si elle est perçue comme le résultat de la capacité à travailler dur ou comme favorable à la prospérité collective, ou les deux ». Pour les cadres, « si certaines activités sont estimées légitimes parce qu'elles servent le "bien commun", ce "bien commun" n'est souvent que la prospérité d'un certain groupe, et les activités en question peuvent en réalité nuire aux intérêts des gens qui n'en font pas partie » (54). Il semble que les conflits sociaux à l'intérieur des sociétés locales se cristallisent aujourd'hui autour des nouvelles possibilités d'accumulation ; différence essentielle avec le passé si l'on en croit l'argumentation de la *moral economy*. Du point de vue de la population, et en dehors de la contrainte redistributrice, apparaît aujourd'hui une deuxième forme d'accumulation illégitime : celle produite par la mobilisation des relations *(guanxi)*. A l'inverse, la réussite par le talent semble être devenue une nouvelle source de légitimité. Certes, la pression redistributrice domine encore largement, y compris lorsque le talent s'en mêle, mais il n'est pas impossible que cette nouvelle source de légitimité puisse, à terme, se révéler déterminante.

Si cela se vérifiait, les conditions d'équilibre des échanges telles que définies par Scott pourraient en effet en être modifiées. Mais il reste que, dans le contexte actuel de concurrence interrégionale, la « protection » de la prospérité locale par la bureaucratie est indispensable. La réussite économique d'une zone tient beaucoup plus à sa capacité de contrôle et de mobilisation de réseaux de relations qu'à ses performances strictement économiques (55). Bureaucratie active et prospérité régionale vont de pair.

Il semble donc que l'attitude de la population par rapport aux cadres dépende encore largement de la façon dont ceux-ci réussissent ou non à préserver un certain équilibre entre fonction de protection et position d'exploitation même si les conditions de cet équilibre changent. Sur ce plan, aucune généralisation n'est possible et les monographies manquent pour dresser un véritable état de la situation. Les exemples de parfaite entente entre cadres et pay-

---

(54) Isabelle Thireau, « From equality to equity : an exploration of changing norms of distribution in rural China », *China Information*, vol. V, n° 4, printemps 1991, pp. 42-57.

(55) Barry Naughton, « Implications of the state monopoly over industry and its relaxation », *Modern China*, n° 18, janvier 1992.

sans contrastent avec les cas d'opposition violente (56), sans que l'on puisse juger de la représentativité des affaires rapportées.

Conclusion

D'un projet de modernisation de la société chinoise, la politique de réformes est devenue un simple projet de croissance économique et d'enrichissement au profit d'un groupe de privilégiés sans que, pour autant, l'économie morale et la référence à la tradition aient été profondément remises en cause. C'est un peu en ces termes que l'on pourrait résumer les enseignements de cette réflexion sur l'évolution de l'ethos économique dans la Chine de l'ouverture. L'imaginaire de la modernité qui semblait guider les grandes ambitions de la fin des années 1970 semble s'être englué, mais non pas dilué, dans les réalités de la culture politique chinoise. Les propos de Weber sur l'incapacité de la politique économique à changer les mentalités semblent ici pleinement se justifier. Loin de promouvoir un ethos économique tourné vers le capitalisme industriel, les pouvoirs politiques utilisent les anciens registres pour s'adapter aux nouveaux rapports de pouvoir dans lesquels le contrôle des sources d'enrichissement joue un rôle fondamental. Mais ce qui est valable pour les cadres l'est tout autant pour l'ensemble de la population. Comme le note Lucian Pye : « Lorsqu'un changement est exigé d'eux, les Chinois ne sont pas obligés de guider leur conduite sur des forces sociales impersonnelles. Ils peuvent trouver des indications dans le comportement de leurs relations familiales, en sachant que ce faisant ils se conforment aux exigences des autorités nationales, mêmes s'ils ne les comprennent pas parfaitement... La logique des *guanxi* est que les gens feront appel à leurs relations personnelles précisément lorsqu'ils se trouveront en difficulté du fait d'un changement intervenu dans leur situation » (57). On retrouve donc aujourd'hui les limitations au capitalisme industriel que Weber mettait en relief à propos de la Chine impériale ; par exemple « le caractère personnel des formes d'organisation politiques et économiques, qui toutes (en pratique) n'avaient, d'une manière très remarquable, rien à voir avec des groupements utilitaires reposant sur une objectivité rationnelle et sur des relations abstraites, transpersonnel-

---

(56) *Survey of World Broadcast*, Far East/1381 B2/5 15 mai 1992.
(57) Lucian W. Pye, *op. cit.*, pp. 37 et 86.

les » (58). La référence à la modernité tient essentiellement à la prise de conscience du fait que les caractéristiques du monde ne sont pas définies par la Chine, mais par un ensemble plus vaste. Prise de conscience essentielle, mais qui ne remet pas en cause les fondements éthiques de la société chinoise. C'est ici que s'exprime avec le plus de force le célèbre pragmatisme chinois, dans la faculté de reconnaître l'existence d'une situation nouvelle et de s'y couler.

Dans ce cadre, il est nécessaire d'insister sur trois éléments autour desquels se cristallisent les évolutions actuelles de l'ethos économique d'une part, et l'action des pouvoirs politiques dans le domaine économique d'autre part. Le premier de ces éléments concerne la distinction entre modernisation et modernité économique dans l'action du pouvoir central. Que celui-ci ait mélangé inconsciemment imaginaire de la modernisation et modernité économique ou qu'il en ait rabattu par rapport à ses ambitions de départ, peu importe. L'important est qu'il ne s'agit plus tant aujourd'hui de changer la société que de rendre la Chine apte à la compétition économique. C'est ainsi qu'il faut comprendre la mansuétude avec laquelle le gouvernement traite les cas de cadres qui obtiennent illégalement de l'argent... mais qui en font gagner aux entreprises dont ils ont la responsabilité. Seuls ceux qui touchent des pots-de-vin au détriment de leur unité de travail ou qui auront accaparé de l'argent public à titre privé seront poursuivis. On réhabilite les cadres efficaces accusés de corruption. On « passe l'éponge » si le cadre a dépensé de manière excessive mais pour le bien de la collectivité (59). On édicte des règlements enjoignant aux responsables de la lutte contre la corruption de préserver avant tout les intérêts de l'entreprise et, par exemple, de laisser à leur poste de travail les cadres corrompus dont les qualités sont indispensables à la bonne marche de celle-ci. Ces règlements réduisent à tel point la différence entre la corruption et la simple « erreur » que les autorités locales ont toute latitude pour « pardonner » à tour de bras. Tous les moyens sont bons pour assurer un bon rythme de croissance.

Le deuxième élément a trait au contraste entre la célérité avec laquelle les zones rurales ont pris le virage de l'intensification du travail et la résistance à la « mise au travail capitaliste » dont font preuve les ouvriers de l'État. Les « archaïques » paysans se sont révélés beaucoup plus aptes que les modernes ouvriers à la greffe capitaliste. Ce phénomène se reflète avec clarté dans les chiffres : le secteur d'État, essentiellement urbain, ne fournit plus que moins

---

(58) Max Weber, *Essai..., op. cit.,* p. 87.
(59) *FZRB*, 25 juin 1992, p. 1.

de la moitié de la production industrielle. Cadres et paysans, en tout cas dans un certain nombre de régions rurales, ont su assimiler, à partir de leur propre registre, le langage de l'accumulation. La raison de ce paradoxe tient au fait que les notions de productivité du travail, d'intensification de la production ou de calcul économique ne sont pas des nouveautés pour le paysan chinois.

Toutefois, la déconnexion par rapport au monde urbain n'est pas aussi systématique qu'on pourrait le penser. Non seulement l'agriculture reste l'activité dominante dans les campagnes, non seulement l'essor de l'économie collective ne concerne que la partie orientale du pays, mais les écarts intra-provinciaux sont eux-mêmes très importants : au Zhejiang entre le riche sud et le pauvre nord, au Guangdong même entre les zones montagneuses et le delta des Perles. La fragmentation des phénomènes d'accumulation semble recouper les fragmentations issues de l'espace et de l'histoire. La prospérité des régions est fonction des capacités de la bureaucratie locale à mobiliser les ressources locales.

Enfin, le troisième élément de recomposition de l'ethos économique concerne l'attitude de la population et des pouvoirs politiques vis-à-vis de l'accumulation et de la redistribution ; pour l'essentiel, et même si l'on sent apparaître de nouvelles formes de légitimité de la réussite sociale autour de la notion de talent personnel, seule l'accumulation en vue de la redistribution semble recevoir l'aval de la société locale dans son ensemble. Ainsi, si l'on assiste bien en Chine à l'apparition de quelques éléments d'une nouvelle éthique économique tournée vers la réussite individuelle, celle-ci n'est nullement en voie de domination hégémonique, sans doute parce que les forces sociales qui s'y identifient ne sont pas en mesure de s'imposer politiquement. Cadres, ouvriers et paysans communient dans une même éthique de la redistribution *à l'intérieur* d'un espace territorial déterminé tandis que les représentants de l'économie privée se révèlent incapables de calcul stratégique au sens de Michel de Certeau : ils ne font preuve que de tactique, « un calcul qui ne peut pas compter sur un propre, ni donc sur une frontière qui distingue l'autre comme une totalité visible. La tactique n'a pour lieu que celui de l'autre. Elle s'y insinue, fragmentairement, sans le saisir en son entier, sans pouvoir le tenir à distance. Elle ne dispose pas de base où capitaliser ses avantages, préparer ses expansions et assurer une indépendance par rapport aux circonstances » (60). Les entrepreneurs individuels des vil-

---

(60) Michel de Certeau, *L'invention du quotidien. 1 : Arts de faire*, Paris, Union Générale d'Éditions, 1980, p. 21.

les *n'agissent* pas, ils se contentent de *réagir* à d'éventuelles agressions d'un agent extérieur. Ainsi, les manifestations de résistance aux ponctions fiscales illégales opérées par l'administration locale ne donnent jamais naissance à une affirmation *offensive* des intérêts des contribuables (61).

La tentation est grande de voir dans ce phénomène un élément récurrent. Comme sous l'Empire, comme à l'époque républicaine, le capitalisme semble confisqué par le pouvoir politique. Lucian Pye note à ce propos que le fait que l'économie soit guidée par le politique tient, pour les Chinois, de l'évidence culturelle. Pourtant, cette récurrence, qui renverrait de nouveau la Chine à une trajectoire culturelle spécifique et déterminée, n'est qu'apparente. Aujourd'hui, la confiscation n'est pas le fait de la bureaucratie centrale mais de la bureaucratie locale ou, plus précisément, *des* bureaucraties locales. Les conditions de la confiscation en sont nettement modifiées. Dans un contexte de concurrence acharnée entre régions, la proximité du pouvoir « confiscateur » rend par exemple plus instable l'équilibre entre prédation et protection dans l'action de la bureaucratie locale. Il est indéniable que le volet prédateur s'est renforcé dans les années récentes en raison de la prospérité qu'ont connue certaines régions, de l'exacerbation de la concurrence, de l'accroissement de l'avidité des bureaucrates et de l'affaiblissement de la capacité de la bureaucratie à contrôler les ponctions de ses membres sur la richesse locale. Beaucoup de cadres semblent considérer que dorénavant « tout est possible ». Le sociologue dirait que la bureaucratie chinoise fonctionne en état d'anomie.

Tout est donc question d'équilibre entre exploitation et fonction ; équilibre solide si l'on remarque que le statut des autorités locales dépend après tout de la prospérité des régions qu'elles dirigent ; équilibre fragile si l'on se rappelle que la réinvention du capitalisme en Chine dépend pour une grande part de contraintes externes, ouverture économique oblige, sur lesquelles les autorités locales n'ont pas de contrôle.

Ces contraintes externes constituent une autre limite aux analyses de Weber dans le contexte actuel. Weber a toujours eu en tête un modèle précis de capitalisme. Pour lui, l'entrepreneur capitaliste moderne possède notamment « une aversion pour le capitalisme illégal, politique, colonial, prédateur, monopolistique, en quête de faveurs princières ou humaines ; à l'opposé de tout cela, un légalisme strict et sobre et une énergie rationnellement maîtrisée dans une activité quotidienne, une évaluation rationaliste des

---

(61) Jean-Louis Rocca, « L'État entre chiens et loups... », art. cit.

meilleurs moyens techniques, de la cohérence et de l'opportunité pratiques » (62). Qui pourrait affirmer sans rire que cette image est encore d'actualité ? A l'heure où la régulation de l'économie mondiale pose tant de problèmes et où tous les coups semblent permis, le capitalisme pragmatique à la chinoise pourrait bien apparaître comme parfaitement doué pour la modernité. Il s'agit moins aujourd'hui de transformer le monde que de s'y adapter.

---

(62) Max Weber, *Essai..., op. cit.*, p. 94.

3

En Asie centrale : kolkhoziens et entreprenants

par Olivier Roy

L'étude qui suit appelle quelques précautions. D'une part, nous ne disposons d'aucune enquête générale sur les kolkhozes d'Asie centrale (1). Ensuite l'évolution des législations (qui par ailleurs restent souvent floues) ne nous apprend pas grand-chose sur l'orientation réelle de la vie économique. Le choix, en effet, n'est pas entre le maintien d'un système collectiviste centralisé et la privatisation généralisée des terres, comme les débats juridiques pourraient le laisser croire. La question n'est pas celle d'un choix idéologique à faire d'abord au niveau de l'État et à traduire ensuite en un corpus législatif cohérent, capable d'être l'instrument de la transformation du système économique dans les mains de nouveaux acteurs, qui seraient les paysans indépendants ou les entrepreneurs. Les acteurs n'attendent pas une nouvelle législation pour agir : l'évolution des structures économiques se fait *in situ*, dans le cadre des kolkhozes. Il y a en Asie centrale, contrairement à la Russie, une société civile, avec son tissu social, ses notables, ses modes de conflits et d'échanges. La transition économique se fait à partir d'une structure sociologique originale, qui est le produit d'une re-traditionalisation du système soviétique.

Au sommet, aucune évolution n'est sensible. Ce qui frappe en Asie centrale, c'est le conservatisme aussi bien politique qu'idéologique. Les apparatchiks communistes se sont partout maintenus au pouvoir, mais n'ont pas fait l'effort, comme en Russie, en

---

(1) La seule analyse en profondeur d'un kolkhoze en Asie centrale est celle de Bertrand Bouchet, « Tribus d'autrefois, kolkhozes d'aujourd'hui », in *Des Ethnies aux nations en Asie centrale* (sous la direction d'Olivier Roy), *Revue du Monde Musulman et de la Méditerranée*, n° 59-60, janvier 1992, Aix-en-Provence, Edisud.

Ukraine ou en Lituanie, de changer de références idéologiques. Au Tadjikistan, le parti s'appelle toujours communiste et a maintenu les statues de Lénine et le drapeau rouge. A ce conservatisme politique correspond un apparent immobilisme social et économique : on ne voit pas émerger une classe de *businessmen*, comme c'est le cas en Russie (où ils sont d'ailleurs plus mafieux qu'entrepreneurs).

Est-ce à dire que cette région est le dernier conservatoire d'un soviétisme partout en mutation ? Non, en ce sens que le maintien des symboles et des apparences cache en fait une originalité profonde de l'Asie centrale rurale par rapport au modèle russe, originalité qui était déjà à l'oeuvre à l'époque soviétique.

On n'observe pas en Asie centrale cette rupture entre les kolkhoziens et la paysannerie pré-soviétique qui est la marque de la collectivisation en Russie. On trouve encore des vieux pour parler de la période d'avant la collectivisation ; la mémoire des noms de groupes, clans, tribus se maintient ; les villages ont gardé leur individualité, et l'habitat ses caractéristiques traditionnelles. Certes, il y a eu des guerres, des purges et des déplacements de population. Mais la collectivisation plus tardive, la nécessité d'indigéniser au plus vite les partis communistes locaux, le fait que ces partis ont recruté avant tout parmi les ruraux et non dans un prolétariat urbain inexistant, tout cela a permis une préservation des campagnes plus grande qu'en Russie. Il y a en Asie centrale de vrais paysans, qui ont maintenu un savoir-faire individuel, ou plutôt familial. Or, aujourd'hui, la majorité de la population est toujours rurale, et le monde rural domine la vie politique, car le pouvoir des apparatchiks repose sur des réseaux d'origine rurale.

Mais cet apparent conservatisme peut cacher des facteurs d'évolution économique plus positifs qu'en Russie. Je caractériserai cette originalité en parlant de « re-traditionalisation » des campagnes, aussi bien sur le plan politique (relations de clientélisme autour d'un corps de notables locaux, stable et ayant accès à l'appareil d'État) que social (glissement de l'institution kolkhozienne vers des formes de « groupe de solidarité ») et économique (instauration d'un rapport de métayage ou de fermage entre les paysans et le kolkhoze). Cette re-traditionalisation peut aussi bien être le cadre d'un immobilisme économique, garant du conservatisme politique, que d'une évolution « capitaliste », où les notables des kolkhozes se comporteraient en directeurs de coopératives à l'occidentale, capables de mobiliser la paysannerie pour la modernisation des cultures et leur commercialisation, en profitant certes de leurs liens avec l'appareil d'État, mais aussi en transformant leur clientèle paysanne en base d'influence politique dans le jeu national, en électorat *(constituency)*.

Kolkhoze et « groupes de solidarité »

L'habitat kolkhozien est fait de petites maisons entourées de lopins privatifs, selon un modèle « musulman » : la maison, d'un seul niveau prolongé par une terrasse, elle-même protégée par un auvent, ouvre sur une cour, l'ensemble étant entouré d'un jardin clos. On trouve éventuellement plusieurs maisons sur un même enclos privatif, chacune destinée à un fils marié. L'extension de cet habitat se fait dans le cadre de la famille étendue tradition-nelle : on construit la maison des fils mariés soit sur le lopin du père, soit, en cas d'une saturation vite atteinte, sur de nouvelles terres. Cela ressemble au système dominant en Afghanistan, où les frères restent longtemps en indivision sur les terres du père décédé, la division nouvelle se faisant en même temps que l'appa-rition d'une troisième génération en âge de mariage. Les maisons sont aujourd'hui propriété privée, soit rachetées au kolkhoze (pour des sommes, semble-t-il, peu élevées), soit récemment construites par leur propriétaire sur un terrain donné en pleine propriété par le kolkhoze.

La famille étendue reste un élément clé du kolkhoze, mais ces familles sont regroupés, à différents échelons, en groupes de soli-darité : un village est souvent divisé en factions. Ces factions (glo-sées *qawm, mahalla, tayfa, tire, awlad* selon les lieux, les langues et les origines du factionnalisme) peuvent avoir des fondements historiques ou sociologiques fort variés (par exemple, tribalisme et clanisme pour les Turkmènes, les Kirghizes et une partie des Ouzbeks ; simple généalogie de familles étendues pour les Tadjiks ; ou pur localisme géographique de quartier — *mahalla* — ou de village). Il ne faut pas nécessairement chercher, dans ces solidari-tés de groupes, la permanence d'une identité traditionnelle, anté-rieure à la soviétisation : cela peut être le cas, par exemple en ce qui concerne la rémanence du tribalisme turkmène, ou bien dans des villages tadjiks de montagne encore divisés en *qawm* (2) ; mais les brassages de population ont souvent introduit de nouvelles for-mes de groupes de solidarité purement territoriales (les habitants d'un quartier ou *mahalla*) ou ethniques. Certains kolkhozes se sont créés par déplacement et concentration d'une population ethnique-ment différente de la population majoritaire, comme par exemple

---

(2) Ainsi des *qawm* tadjiks du sud vont se gloser selon une terminologie religieuse (*qâzihâ*, « les Qazis », *hajjihâ*, « les pèlerins », *ghazihâ*, « ceux qui ont vaincu l'infi-dèle », *khwajahâ*, « les descendants du calife Omar », etc.) : il ne s'agit évidemment pas d'une origine historique, mais du choix, parmi une liste de termes « nobles », d'étiquettes pour donner un nom à des factions (observation personnelle, juillet 1991).

le kolkhoze « Nasir Khosro » dans le district de Kabadyan au Tadjikistan : il est exclusivement peuplé d'Ismaéliens déplacés du Badakhshan dans une vallée où la population ouzbèke est majoritaire. On trouve ainsi des kolkhozes coréens autour de Tachkent, tadjiks dans la région kazakh de Keles etc.

Même divisé en factions, le village peut fonctionner lui-même comme groupe de solidarité par rapport aux autres villages, et le kolkhoze par rapport à d'autres kolkhozes. Cette solidarité culmine dans l'identification à un district et une province : c'est ce qu'on appelle le « localisme » (*mahalgera'y* en tadjik). On voit donc que, si le kolkhoze est bien un « groupe de solidarité », il n'est pas exempt de divisions, de hiérarchies et de conflits, et s'insère lui-même dans un jeu plus général d'antagonismes et d'alliances. Mais, comme nous le verrons, la solidarité kolkhozienne fait sens sur le plan économique et social, sinon toujours sur le plan politique.

Le factionnalisme interne des kolkhozes est souvent manifeste dans la géographie des mosquées, dont la construction n'est pas déterminée par le nombre de pratiquants mais par le jeu des groupes de solidarité : en général, une mosquée correspond à un groupe. Pendant les soixante-dix ans de soviétisme, toutes les mosquées étaient fermées, mais chaque village et chaque kolkhoze avait son (ou ses) mollah parallèle, en général enregistré comme ouvrier ; le kolkhoze protégeait ses membres et ne relayait pas la politique antireligieuse de l'État. Aujourd'hui chaque kolkhoze a construit sa mosquée kolkhozienne, mais il y en a d'autres. En fait, la présence des mosquées est un bon indicateur de la segmentation en factions : à la mosquée kolkhozienne peut s'opposer une mosquée indépendante, contrôlée par des mollahs plus critiques du pouvoir communiste. Mais en général, ces mosquées « contestataires » expriment aussi l'existence de factions (ensemble de familles étendues se réclamant d'une même mémoire identitaire) qui se considèrent comme exclues ou marginalisées par les factions et les grandes familles qui détiennent toujours le pouvoir dans le kolkhoze parce qu'elles ont joué la carte soviétique au moment de la collectivisation. Les factions contestataires ont donc tendance à se réclamer de l'islam pour s'opposer aux autres, tout le monde s'affirmant, bien entendu, musulman.

Un kolkhoze peut rassembler plusieurs villages qui avaient une réalité historique antérieure. Le village n'est pas créé par le kolkhoze, il a son nom propre, alors que le kolkhoze, comme ailleurs, s'appellera « Lénine », « Le Travailleur du coton », « Octobre » etc. Le village proprement dit n'a souvent pas d'instance administrative ; certes, on trouve une cellule du parti et un soviet du village, mais ces institutions représentent moins l'État que les communautés villageoises et les nouveaux notables. L'organisation étatique n'apparaît qu'à l'échelon administratif supérieur : soviet d'un ensemble de villages (*shura yé dehât* en tadjik), plus proche du kolkhoze, soviet de district, soviet de villes... Les instances étatiques (milice, KGB) n'existent souvent qu'au niveau du district (*rayon* en russe, *nahye* en tadjik). Le kolkhoze est donc souvent, pour le paysan, la première instance où il rencontre l'appareil d'État.

Or le kolkhoze, interface entre l'État et le paysan, n'est pas une collection de paysans encadrés par des apparatchiks. Il a une réalité propre, qui en fait une instance de socialisation, une communauté autonome qui étend ses ramifications vers la ville et l'État, et non le point d'application des forces de l'État dans la paysannerie.

Le kolkhoze Lénine à Douchambé est situé dans la banlieue même de la capitale du Tadjikistan ; 24 000 personnes en dépendent, mais, ajoute le président, 7 000 doivent travailler à la ville (il y a 1 300 ha de terres irriguées et 4 000 non irrigués). Pour lui, les milliers de gens qui travaillent à la ville sont toujours membres du kolkhoze. Pourtant ce kolkhoze n'est pas, contrairement à ceux du Turkménistan, l'expression d'un groupe de solidarité antérieur. Il a été fondé en 1931 dans une zone dépeuplée par la guerre contre les Basmatchis (rebelles musulmans) et repeuplée par des populations venues d'ailleurs, en particulier des Ouzbeks de Ferghana : le président fondateur, Abdul Fâteh Otanazarof, vit toujours en 1990 (date de l'enquête) sur les terres du kolkhoze avec les 58 petits-enfants nés de ses quatre fils et cinq filles. Toute rencontre avec le nouveau et jeune président, Hamdanof (qui n'est pas de la même famille), suppose une visite protocolaire chez l'ancêtre. Bénéficiaire et agent de la soviétisation, l'ancêtre se comporte en notable traditionnel : il tient table ouverte et prononce la prière de bénédiction après le repas, il se dit musulman et ne se réfère ni au parti, ni au communisme. Une « identité kolkhozienne » s'est ainsi créée, mais sur le mode traditionnel du groupe de solidarité. Dans d'autres kolkhozes éloignés de la capitale, les familles qui se sont établies en ville reviennent au kolkhoze faire le plein de vivres en cas de pénurie ou s'y réfugier en cas de menace politique. Elles hébergent et aident les jeunes du kolkhoze qui montent à la ville chercher du travail. L'enfant du kolkhoze qui a réussi à la ville est supposé caser les candidats de son kolkhoze dans l'administration où il a une autorité.

Que cette identité kolkhozienne exprime la permanence d'un factionnalisme ancien (par exemple le tribalisme au Turkménistan) ou au contraire la reconstitution de modes de pouvoir traditionnel à partir d'un bouleversement sociologique et d'élites nouvelles (comme au Tadjikistan) importe peu pour notre sujet. Ce qui compte, c'est ce qu'elle implique pour l'évolution économique du monde rural en Asie centrale. En effet, dans le sud de l'ex-URSS, sous-industrialisé, faiblement urbanisé et en croissance démographique rapide, le kolkhoze est le lieu de toute évolution économique en profondeur. Or les modes de structuration sociologique que nous venons d'indiquer ont permis l'émergence d'une catégorie de notables qui sont de véritables acteurs économiques.

De l'apparatchik au notable, du notable au dirigeant d'entreprise

En Russie, les présidents de kolkhozes, ainsi d'ailleurs que tous les apparatchiks, appartiennent à une caste séparée de la population qu'ils encadrent. Le *turn-over* des cadres est important ; le poste n'est qu'une étape et toute promotion suppose un déplacement, parfois à l'autre bout du pays. Le réseau de pouvoir auquel l'apparatchik est lié n'est pas territorialisé. Bref, le président de kolkhoze russe n'a pas besoin du soutien des paysans, il attend sa prochaine promotion en cultivant les relations horizontales avec ses pairs ; la relation verticale avec les membres du kolkhoze n'a pas de sens politique, elle est temporaire et administrative.

En Asie centrale au contraire, les présidents sont généralement originaires du district où est situé le kolkhoze. Le *turn-over* est faible : on fait carrière dans son district. Les postes de direction restent au sein des mêmes factions locales, voire des mêmes familles. Si un président quitte son kolkhoze et son district, c'est pour aller à la capitale, où il devra sa carrière aux gens de son district ou de sa province, et où il sera de toute façon perçu comme représentant les intérêts de sa région d'origine. En cas de conflit, on mobilise ses partisans dans son district d'origine, où l'on se réfugiera en cas d'échec. C'est le schéma qui a dominé la guerre civile au Tadjikistan en 1992 : les manifestants des deux camps en présence (« islamistes » et « communistes ») montaient à la capitale dans les camions de leurs kolkhozes respectifs, avec leurs apparatchiks et leurs mollahs, ce qui donnait le spectacle insolite d'un « kolkhoze Octobre Rouge », fier de son nom, mais arborant le drapeau vert orné de la profession de foi islamique.

Un responsable de kolkhoze d'Asie centrale est en prise directe avec la population du kolkhoze. Il soigne cette relation, car son pouvoir politique repose sur les réseaux de solidarité tissés à partir du district. Les réseaux sont donc d'abord verticaux : du kolkhoze aux sommets de l'État. La solidarité horizontale, de caste, entre apparatchiks ne peut ignorer l'importance de l'implantation territoriale. Le kolkhoze est une base territoriale de pouvoir, branchée sur un appareil d'État. La rupture entre monde paysan et monde urbain, qui marque si fortement la Russie, n'existe pas.

Cette importance politique du kolkhoze et de la campagne explique pourquoi le président ne peut se comporter ni en simple bureaucrate, ni en prédateur. La reconnaissance de son pouvoir par les paysans repose sur une réciprocité : le président doit assurer l'approvisionnement et les débouchés, il doit fournir du travail aux gens, négocier avec l'État le prix des cultures industrielles, etc. Cette exigence politique a une conséquence économique évidente : devant l'effondrement de l'économie planifiée, devant les carences de l'État, le notable de kolkhoze doit se transformer en agent économique.

Cette transformation est nécessaire pour des raisons de sociologie politique, mais elle est aussi possible, car le kolkhoze est un acteur économique relativement autonome. Certes, dans les républiques d'Asie centrale, le plan n'a pas disparu : les kolkhozes sont tenus de fournir à l'État, à prix fixé, une quantité déterminée de certaines récoltes (coton, céréales, pommes de terre en particulier). Mais, paradoxalement, ces contraintes incitent de nombreux présidents à favoriser l'exploitation familiale de la terre pour augmenter la production, au détriment de la production collective dont le rendement est évidemment bien plus faible : comme nous le verrons, ces exploitations familiales, liées au kolkhoze par un bail de quasi-métayage, lui versent une part de leurs produits ; celui-ci peut donc beaucoup plus facilement remplir les quotas imposés et commercialiser ensuite à son compte le surplus. De même, ces contraintes de quota poussent le kolkhoze à diversifier sa production (en particulier dans le domaine des petites industries de transformation agro-alimentaire) pour commercialiser directement des produits qui ne figurent pas dans les livraisons obligatoires (conserves de fruits et légumes, bois de menuiserie...). Une fois les quotas remplis, le kolkhoze est libre de fixer ses prix et de négocier directement avec les « clients » de son choix. Il est vrai que, dans bien des cas (céréales par exemple), le client reste la firme d'État à laquelle le kolkhoze avait préalablement livré la quantité imposée. Mais ces firmes n'ont pas la puissance que semblerait leur conférer leur monopole : la paix sociale exige que les magasins soient pleins, et imposer trop de contrainte aux kolkhozes reviendrait à en faire baisser la production. Cette autonomie n'est pas contestée, au moins pour le moment, par la bureaucratie urbaine, justement parce que le pouvoir des apparatchiks est ancré dans le monde rural. L'appareil étatique ne s'est pas autonomisé par rapport à la chaîne des notables de kolkhozes : il en constitue le dernier maillon.

En sens inverse, ce sont les relations du président dans l'appareil d'État ou dans le réseau des autres présidents qui vont lui permettre de trouver l'*input* nécessaire à la vie du kolkhoze, que des paysans indépendants seraient bien en peine de trouver sur un marché libre encore très limité : engrais, pesticides, carburant, pièces détachées pour les machines agricoles. Le président du kolkhoze procède à des opérations de troc avec ses homologues directeurs d'usine, mais il va surtout tenter d'obtenir l'aide des ministères concernés, en jouant de ses connexions. En Asie centrale, si la corruption est développée, l'appareil d'État s'est maintenu, car il se confond avec les réseaux d'influence : il n'y a pas de mafia indépendante de l'État.

Le pouvoir des apparatchiks suppose le maintien de la structure du kolkhoze en tant que telle. Or les paysans ne souhaitent pas son démantèlement : ils ont besoin de la structure communautaire pour avoir leur part d'*input*, mais aussi parce que c'est leur forme d'accès au politique, d'articulation sur l'appareil d'État et de protection contre lui et contre les ambitions d'autres groupes symétriques (clans, factions, district voisin), que ces rivalités s'expriment ou non sous des bannières idéologiques différentes. L'appartenance au kolkhoze est également la garantie d'une certaine sécurité, à la fois sociale et économique. L'État, en particulier en Ouzbékistan, assure la distribution des produits de base (huit en mai 1993) à un prix subventionné. On les obtient dans les magasins d'État en échange de coupons distribués exclusivement par l'unité de production à laquelle on appartient : à la campagne, c'est le kolkhoze. Celui-ci dispose aussi de certaines facilités sociales : dispensaire, cantines, maisons de thé etc. Enfin, c'est par le réseau du kolkhoze que le paysan se procure, plus ou moins légalement, ce qui est nécessaire non seulement à son activité de production, mais aussi à la construction de sa maison. Le paysan est donc partisan du maintien de la structure kolkhozienne, en tous cas dans les régions, majoritaires, où le kolkhoze fonctionne bien comme groupe de solidarité. La situation est peut-être différente aux abords des grandes villes, comme Tachkent, où le contrôle de l'État est plus tatillon.

La réforme du statut de la terre n'est donc pas une question clé. La situation est mouvante et ce statut reste peu clair. En Ouzbékistan et au Tadjikistan, il en coexiste trois en 1993 : pleine pro-

priété collective, pleine propriété privée et enfin concession par bail
en vue de l'exploitation privée d'une terre kolkhozienne. La pleine
propriété collective est ce qui reste de l'ancien système collectiviste.
La pleine propriété privée concerne, on l'a vu, la maison individuelle et l'ancien « lopin kolkhozien » : elle est cessible et transmissible. Aujourd'hui, après la privatisation des maisons existan-
tes, les kolkhozes donnent en pleine propriété le terrain nécessaire
(une dizaine d'ares) à l'édification des maisons des nouveaux ménages, d'où un boom de la construction individuelle impressionnant
en Ouzbékistan, surtout quand les immeubles collectifs inachevés
dressent un peu partout leurs carcasses encadrées de grues immo-
biles. La concession par bail (*ijara* en ouzbek et en tadjik) maintient la propriété formelle du kolkhoze sur une terre concédée à
une famille de paysans qui l'exploite en toute indépendance, sur
un mode qui ressemble soit au fermage soit, le plus souvent, au
métayage. Le bail porte sur une superficie donnée (en général de
un à quinze hectares) et une durée précise (de cinq à dix ans).
Le paysan reçoit l'eau, les semences, les engrais et le droit d'utiliser le tracteur. Il donne en échange, dans la plupart des cas que
nous avons observés, la moitié de la récolte et commercialise le
reste aux prix du marché. Dans des cas plus rares, le paysan verse
un loyer en argent. Selon la loi, le système est censé être une exception en principe précaire, mais dans la pratique il est beaucoup
plus répandu et est considéré comme un acquis irréversible. Nous
avons vu de nombreux kolkhozes, dans la vallée de Ferghana, où
plus de la moitié des terres a été ainsi concédée : en général cela
représente la totalité de la production de cultures vivrières, l'exploitation collective restant la norme pour le coton (mais nous avons
observé aussi des kolkhozes où les terres à coton sont concédées).
La résistance et le refus absolu de cette privatisation rampante sont
parfois le fait d'apparatchiks locaux qui craignent une perte de
leur pouvoir (district de Sukh au Ferghana) : mais, même dans
ce cas, on trouve un système de contrats de production entre paysans et kolkhozes où les premiers sont payés au prix du marché
pour l'excédent de production. De toute façon, le système d'*ijara*
est en pleine expansion.

Trois questions se posent ici : comment les paysans pensent-ils
ce nouveau système ? Comment les apparatchiks se retrouvent-ils
en position d'extraire un revenu personnel ? Ce système favorise-
t-il, enfin, l'émergence d'une volonté entrepreneuriale ou fige-t-il
le kolkhoze dans la routine et la faible productivité ?

Pour les paysans, qui approuvent en général le système kolkhozien ainsi repensé, la question n'est pas celle de la propriété
des terres, mais celle de l'usufruit, d'un droit stable et garanti

d'exploitation. Cette position s'applique aux terres collectives du kolkhoze, mais aussi quand un paysan se propose de mettre en valeur une terre jusqu'ici non cultivée pour s'en approprier le produit, sans nécessairement en demander la propriété formelle. En fait le maintien d'un droit kolkhozien sur la terre est pour le paysan le signe de son appartenance personnelle à un groupe de solidarité qui lui fournit le cadre d'un système d'échanges économiques, mais aussi de protection sociale et politique, tout en le laissant libre de sa production.

La réticence à remettre en cause la propriété formelle collective ne vient pas d'une mentalité collectiviste forgée par les années de soviétisme ; au contraire, dès qu'ils le peuvent, les paysans s'efforcent de travailler la terre dans le cadre de la famille étendue. Cette réticence n'a pas non plus une cause strictement financière : le salaire fourni par le kolkhoze représente en général seulement 10 % du revenu de ses membres. Mais le maintien de la fiction collective permet de constituer le kolkhoze en groupe de solidarité. Le paysan bénéficie ainsi du poids politique du kolkhoze, de son branchement sur l'appareil étatique et sur le réseau des usines et des autres kolkhozes, non pas dans le cadre d'une planification qui a disparu, mais dans celui d'un réseau de pouvoirs et d'échanges. D'abord, le paysan considère comme une nécessité le fait d'appartenir à un groupe de solidarité ; c'est, nous l'avons vu, sa conception de l'accès au politique. Deuxièmement, seul le kolkhoze peut fournir l'*input* nécessaire à la production, mais aussi des services tels que transports, écoles... Troisièmement, une privatisation des terres jetterait vers la ville toute une population en excès, alors que le kolkhoze permet de maintenir cette force de travail sur la terre, préservant ainsi la cohésion des groupes de solidarité. Enfin, les paysans ont une conception de la propriété plus proche du droit coutumier, marqué par la *chariat*, que de l'individualisme possessif cher à l'Occident. Certes, cette lecture « coutumière » de l'usufruit n'est peut-être pas une rémanence des temps pré-soviétiques mais, plus vraisemblablement, un effort fait par certains mollahs ou notables pour repenser et légitimer le kolkhoze dans un cadre « musulman », sans en changer l'essentiel ; en tout cas, elle permet de comprendre la « transition », c'est-à-dire comment le système kolkhozien s'autonomise par rapport au cadre idéologique qui lui a donné naissance, et donc se pérennise tout en se transformant. Nous avons rencontré de pieux paysans qui nous parlent par exemple de l'*ihyâ*, concept chariatique de « vivification des terres » (la mise en valeur par un individu de terres jusqu'ici non irriguées lui donne une forme de droit de propriété), pour expliquer comment ils se sont approprié des parcelles de terres sèches qu'ils ont irriguées eux-mêmes ; alors que le responsable du kolkhoze parlera, lui, pour la même opération, de « concession ». L'initiative privée peut donc se concilier avec le maintien de l'identité kolkhozienne, grâce à la double lecture d'une même opération. Le fait que la propriété formelle de la terre échappe aux paysans ne les inquiète pas outre-mesure : la stabilité du droit d'usage vient de la continuité dans l'exploitation d'une parcelle par une même famille et de la reconnaissance par le groupe de solidarité de cette continuité (par exemple droit de transmission héréditaire), le tout garanti non par des lois, mais par la coutume, non dite, qui repose sur la stabilité de ces groupes et sur la re-traditionalisation des relations personnelles avec les dirigeants kolkhoziens. L'arbitraire des dirigeants reste pour le moment improbable car leur enracinement et leur pouvoir viennent précisément de la structuration du kolkhoze en groupe de solidarité. C'est la re-traditionalisation du rapport à la terre qui en assure la stabilité.

Quatre lectures d'un même droit transmissible et permanent d'exploitation des terres dans le cadre de la famille étendue sont donc possibles : la concession accordée par le kolkhoze (c'est le point de vue des dirigeants), l'usufruit transmissible sur une parcelle cultivée en famille, souvent couplé avec un travail salarié sur les parcelles consacrées aux cultures industrielles (c'est en général la lecture que font les paysans), l'*ihyâ* chariatique (c'est la thèse des paysans qui mettent en valeur des terres non exploitées par le kolkhoze), ou, en dernier lieu et jamais dit,... le fermage et le métayage.

Le terme *dehqân*, commun à toute l'Asie centrale au point d'être utilisé en russe (transcrit en *dekhan*), signifie « paysan pauvre », mais aussi « métayer ». Traditionnellement, les métayers sont liés aux propriétaires par une relation qui dépasse largement le cadre économique et qui se traduit dans une forme de clientélisme et de groupe de solidarité. Or les dirigeants actuels des kolkhozes ont tendance à retrouver ce cadre de rapport socio-économique avec les « paysans ». Sur le plan économique, le kolkhoze fournit l'*input*, le paysan travaille une terre dont il n'est pas propriétaire. Le partage se fait souvent en nature, ce qui est typiquement une relation de métayage. Parfois la relation est plus proche du fermage, avec location en roubles de la terre et du tracteur du kolkhoze. Mais, comme nous l'avons vu, la faiblesse de la circulation monétaire fait que la relation de métayage domine.

Quel est alors le mode d'enrichissement des dirigeants du kolkhoze ? Les choses ne sont évidemment pas toujours très claires. La richesse des notables kolkhoziens est évidente, et souvent ostentatoire. Ils habitent, dans les villages, de grandes et belles maisons, ils disposent de voitures et ils se livrent à des dépenses somptuaires à fonction sociale : il s'agit essentiellement des *tuy*, banquets et fêtes donnés à l'occasion des « rites de passage » des enfants de la famille (circoncision et mariage surtout). Parents, amis et voisins sont invités ; un notable se doit de régaler tout le village : on tient table ouverte avec des plats riches en graisse et en viandes, contrastant avec la frugalité de l'ordinaire, et la vodka (aujourd'hui chère) coule à flots. Le notable kolkhozien musulman consomme et étale sa richesse dans le cadre du village, contrairement à l'apparatchik russe qui aime les datchas éloignées, les clubs privés et les restaurants à portes closes. Cette dépense ostentatoire fait partie de la relation de pouvoir clientéliste qu'il entretient avec ses administrés.

Pourtant les dirigeants du kolkhoze aiment à se présenter comme de simples salariés élus par leurs pairs, ce qui est formellement vrai. Mais, comme dans les coopératives agricoles françaises, le jeu du pouvoir (et de la richesse) ne se lit pas dans le texte des statuts. La richesse des notables n'a rien à voir avec les salaires officiels que leur verse le kolkhoze : comme pour le paysan, le salaire est plus une marque d'appartenance au groupe que la distribution d'une richesse. Est-elle alors fondée sur la prédation (commissions, pots-de-vins, revente des biens collectifs), comme en Russie ? Dans ce cas, les dirigeants auraient un rôle anti-économique. Mais, si l'on ne peut exclure la corruption, il y a une différence fondamentale entre le notable des kolkhozes d'Asie centrale et son homologue russe : le premier a intérêt à ce que les paysans travaillent, produisent et s'enrichissent. C'est de là qu'il tient sa richesse et il sait que les privilèges dont il dispose ne sont pas contestés par la majorité des paysans dans la mesure où il remplit bien sa fonction de notable : défendre le kolkhoze en l'articulant sur l'appareil d'État, assurer l'*input* et la commercialisation, redistribuer une partie de sa richesse sous forme de dépenses ostentatoires qui renforcent en retour son prestige. La première source de richesse est bien ce que le kolkhoze produit et non ce que l'on peut prélever sur un appareil d'État exsangue depuis l'indépendance. L'État n'est plus une vache à lait. Je ne suis pas encore en mesure d'analyser exactement les formes de prélèvements que les dirigeants kolkhoziens effectuent sur la production, mais il est clair que leur objectif reste son amélioration.

Ces notables ne sont plus nécessairement membres du parti communiste, mais ils rejoindront n'importe quel parti unique gouvernemental. Idéologiquement, ils n'ont rien de communiste, et se comportent plus en *khân* (notables terriens en Afghanistan) qu'en apparatchiks. Mais le passé soviétique fait partie de leur légitimité.

Ils ont deux registres de signes extérieurs de notabilité : les soviétiques, qui s'affichent aux murs (médailles, titres, photos et diplômes de commémoration des voyages officiels à Moscou), et ceux issus du monde traditionnel, qui se déploient sur les tapis (gestuelle et tenue vestimentaire, position des personnes et des corps dans la salle d'hôte où le notable reçoit). Ils sont à la fois des notables traditionnels soucieux d'ostentation et de bien-vivre (tenir table ouverte, épouser de jeunes femmes, avec retour discret de la polygamie), mais aussi des dirigeants d'entreprise soucieux de la prospérité de leur kolkhoze. Leur fonction économique est d'insérer celui-ci dans un système de semi-marché, où les fonctions clés reviennent toutes à d'anciens apparatchiks, qu'ils se soient ou non autonomisés par rapport à l'appareil d'État. Le rôle politique du notable est inséparable de son rôle économique.

Un marché à l'ombre de l'État

L'effondrement du système économique centralisé amène le dirigeant de kolkhoze à réinventer un marché, en jouant sur la solidarité d'apparatchiks aux intérêts convergents : on achète du carburant, de l'électricité, des pièces détachées etc., soit aux ministères concernés, soit aux lieux de production. Mais aussi, et c'est nouveau, le kolkhoze va investir pour pallier la disparition des débouchés et des relais. Ainsi le kolkhoze Lénine de Douchambé met en place, en 1990, une conserverie artisanale, pour traiter sur place ses tomates et ses fruits qui pourrissaient sur des quais de gare aux trains de plus en plus rares. Ces notables entrepreneurs sont prêts à négocier directement avec les pays voisins et les étrangers. Ils sont soucieux d'investir, de moderniser, de remplacer les cultures industrielles obligatoires, dont les prix sont fixés par l'État, par des cultures vivrières plus rentables.

L'incitation à la commercialisation vient avant tout du besoin d'assurer leur statut de notable. Dans quelle mesure l'État peut-il encourager ou au contraire entraver cette capacité d'entreprise des notables locaux ? D'abord l'État a partie liée avec eux. Comme nous l'avons vu, dans toute l'Asie centrale, le pouvoir des régimes en place repose avant tout sur des élites et des réseaux d'origine rurale. De plus l'État n'a pas les moyens de reprendre en main une économie centralisée. Le problème pourrait venir d'un conflit d'élites dans les cercles dirigeants : une séparation entre la bureaucratie urbaine et corrompue, avant tout prédatrice, et les notables ruraux. La réaction conservatrice, à laquelle on assiste dans toute l'Asie centrale et qui remet en selle un parti unique, centralisateur et étatiste, n'est pas de bon augure. Mais, pour le moment, les deux élites sont liées. Cette réaction conservatrice a besoin de relais dans les campagnes et renforce, dans un premier temps, les pouvoirs des notables kolkhoziens, tout en permettant une reprise en main à moindres frais : les paysans, qui restent pour l'essentiel loyaux à leur village et à leur kolkhoze, ne suivent pas l'intelligentsia « démocrate » de la ville contre les régimes néo-soviétiques. Seuls les mollahs ont pu, au Tadjikistan et dans la vallée de Ferghana, mobiliser des paysans contre le parti communiste, mais leur influence est restée régionaliste.

Il est donc possible que la reprise en main néo-communiste ne s'oppose pas à l'autonomisation des notables kolkhoziens comme acteurs d'une certaine économie de marché, mais au contraire, dans un premier temps, s'appuie sur eux pour contrôler les campagnes sans grand déploiement de force et pour assurer l'approvisionnement des villes, voire pour permettre un développement économique qui serait source de stabilité politique et d'enrichissement de la nomenklatura au pouvoir. Bref, un modèle plus chinois que russe.

4

Parenté et argent
dans une société lignagère*

par Peter Geschiere

Le travail de terrain chez les Maka, dans les forêts du sud-est du Cameroun, a ses moments pénibles. Mais je n'y ai jamais éprouvé les symptômes du mal que la littérature anthropologique nomme « choc culturel ». Non seulement cela m'a un peu déçu (on aspire, après tout, à passer par toutes les étapes de l'initiation professionnelle), mais cela démentait les mises en garde de mes collègues, tant européens que camerounais, qui m'avaient prédit des jours difficiles parmi ces gens indociles. Le plus surprenant, c'est que les rares occasions où j'ai été vraiment stupéfait et furieux (signes possibles de choc culturel) furent celles où les villageois faisaient preuve inopinément d'un comportement « moderne » (à mes yeux) : à savoir se livraient à des marchandages féroces sur des questions d'argent, mais dans des circonstances de la vie privée qui me paraissaient peu propices à cette activité.

Durant les premiers mois, il m'est arrivé bien souvent d'être scandalisé par le fait que les grands rites de l'organisation de la parenté — mariages, funérailles, danses de deuil — étaient « défigurés » (comme je le notai dans mon cahier) par des marchandages prosaïques et par un comportement ouvertement vénal. J'en ai été d'autant plus surpris que je savais que l'argent, du moins dans sa forme occidentale, était quelque chose d'assez nouveau dans la région. Dans les travaux publiés à leur sujet, ces groupes sont

* Cyprian Fisiy et Roy Dilley ont fait des commentaires très utiles sur une première version de ce travail. J'ai aussi tiré grand profit des discussions avec les autres contributeurs du présent ouvrage, au sein du groupe de travail du CERI.

qualifiés de « sociétés sans marché ». Avant la conquête coloniale (1905), il n'y avait aucun marché institutionnalisé dans toute la région. Les échanges entre villages étaient formulés en termes de liens de parenté et portés par une idéologie de la réciprocité. Dans les rapports des administrateurs coloniaux revient sans cesse la constatation navrée que ces peuples sont imperméables aux lois du marché. Je ne m'attendais donc pas à observer une pénétration si profonde et apparemment si rapide de l'argent dans les domaines les plus intimes de la vie.

Rétrospectivement, je suis aujourd'hui plutôt étonné de la vivacité de ma réaction (1). Mais je rassure le lecteur : le but de ce chapitre n'est pas de me livrer au genre d'« autocritique » auquel certains courants idéologiques nous ont habitués, y compris à l'intérieur de l'anthropologie. Si je mentionne ces expériences personnelles, c'est parce que les raisons de mon indignation peuvent présenter de l'intérêt pour notre discussion générale, notamment pour répondre à cette question : pourquoi les anthropologues et autres chercheurs en sciences sociales ont-ils tant de difficulté à percevoir des formes d'ethos économique différentes des leurs et à saisir l'influence de ces formes différentes sur la « réinvention du capitalisme » ?

Apparemment, si j'ai été abasourdi par le rôle ostensible de l'argent dans les rituels de la parenté chez les Maka, c'est parce que ce rôle s'accordait mal avec certaines distinctions fondamentales dans la pensée occidentale :

— la distinction, au moins formelle, entre la sphère de la parenté et celle de l'argent et du marché (2) ;

— la distinction entre les sociétés dominées par « le marché », dont l'Occident est censé être le meilleur exemple, et les sociétés dans lesquelles « le marché » (ou « l'économie ») est encore enclavé et bridé par des principes socio-culturels différents.

C'est surtout la seconde distinction qui fonde, dans l'anthropologie et les autres sciences sociales, la manière de concevoir l'ethos économique dans les sociétés « autres » (« non occidentales »). Dans la vision libérale classique, elle est la marque d'un retard : ces sociétés ne sont pas aussi avancées que l'Occident, mais l'impact que le marché exercera sur elles y libérera inévitablement les mêmes principes économiques. Pour beaucoup (mais pas pour

---

(1) D'autres anthropologues, par exemple Bloch (1989) et Harris (1989), disent avoir observé de tels comportements lors de leur travail sur le terrain.

(2) Certes, dans l'ouest, l'argent joue aussi un rôle essentiel dans les noces et les funérailles, mais il fait l'objet de négociations privées, qui ne sont jamais exposées au grand jour comme point culminant du rituel.

les économistes), cette vision est aujourd'hui complètement dépassée. Toutefois elle semble bien continuer à fixer les paramètres du débat. L'anthropologie économique a piétiné pendant des décennies à cause de l'interminable controverse entre « formalistes » et « substantivistes » (3). Comme les formalistes appliquaient plus ou moins le credo libéral aux « sociétés anthropologiques » (l'*homo economicus* et les principes du marché seraient présents dans ces sociétés, fût-ce, parfois, sous une forme cachée), les substantivistes furent bien obligés d'adopter l'opinion inverse : ils élaborèrent une opposition radicale entre les sociétés dominées par le marché (par exemple l'Occident) et celles qui seraient gouvernées par la réciprocité ou la redistribution, dans lesquelles l'économie serait si enserrée dans des institutions culturelles spécifiques que les lois des économistes ne pourraient pas s'y appliquer.

Cette opposition radicale, posée en axiome par les substantivistes, créa des problèmes. L'un d'eux fut que l'on n'accorda qu'une attention insuffisante à l'enveloppe culturelle du marché en Occident. Quand il s'agissait des sociétés occidentales, la domination du « marché » (notion pas toujours définie) allait de soi (4). Allait de soi aussi l'idée, pourtant problématique, que les sociétés fondées sur la réciprocité résisteraient à la pénétration du marché par toutes sortes de dispositifs socio-culturels.

On peut se demander si la différence entre « formalistes » et « substantivistes » était si grande que cela. Pour les uns comme pour les autres, le passage à une domination du marché semblait inéluctable. Les uns et les autres divergeaient à partir d'un même point de départ : la distinction fondamentale entre comportements marchands et non marchands. Une telle façon de voir laisse peu de place à l'exploration des trajectoires très variées qu'empruntent différentes sociétés pour articuler traditions locales et influence du marché mondial. Même problème pour l'opposition tranchée

---

(3) Pour un aperçu récent de cette controverse et des problèmes qu'elle soulève, voir Dilley (1992).

(4) Voir l'ensemble d'articles rassemblés par Dilley dans *Contesting Markets* (1992), résultat d'un colloque qui a réuni à St Andrews des anthropologues, des historiens et des économistes. Au cours de ce colloque, plusieurs participants ont proposé l'idée que l'image du marché, pierre angulaire de la pensée économique, était fondée sur un « *folk model* » européen et qu'elle n'était jamais réalisée en pratique. Les anthropologues auraient bien dû dévoiler plus hardiment les prémisses culturelles de ce modèle, au lieu de continuer à respecter la frontière entre les sociétés « anthropologiques » et l'Occident (voir la préface de Dilley au volume en question). Voir aussi d'autres contributions récentes au « débat sur la marchandisation » *(commoditification)* ; par exemple, Appadurai (1986 : 12) attire l'attention sur le fait qu' « une partie de la difficulté de l'analyse comparative est que... l'anthropologie est excessivement dualiste : "nous et eux"..., "échange marchand et réciprocité", etc. ». Voir aussi Parry et Bloch (1989).

entre valeur d'usage et valeur d'échange chez Marx, encore rigidifiée par ses épigones : elle aussi laissait peu de place à l'exploration des formes hybrides de « réinvention du capitalisme » (5).

Ces vieux débats restent intéressants à rappeler (fût-ce schématiquement) parce que des oppositions et des questions similaires semblent hanter certaines approches nouvelles en dehors de l'anthropologie économique. La notion d'« économie morale » chez Scott apporte un correctif très utile aux prétentions universalistes des économistes. Il semble toutefois que, là encore, on ait affaire à une dangereuse discontinuité. Scott lui-même est assez nuancé sur la relation entre son « économie morale » et le marché ; mais cette notion elle-même peut être comprise (et l'a été) comme l'affirmation que les paysans sont enfermés dans un raisonnement particulier qui, par définition, leur rend le marché suspect (6). C'est plus flagrant dans les réflexions de Hyden sur la « paysannerie non capturée » d'Afrique qui est supposée pouvoir se replier sur son « économie de l'affection » (c'est-à-dire de subsistance), se rendant ainsi « invisible » aux acteurs extérieurs tels que fonctionnaires, agents des organismes de développement ou entrepreneurs (Hyden 1980). Pour Hyden, cette économie de l'affection est régie par une rationalité différente qui semble à l'opposé du capitalisme. Elle est synonyme d'une tendance à se retirer du marché.

Mon expérience avec les Maka et leur conduite mercenaire était troublante parce qu'elle n'entrait pas du tout dans ces schémas. C'est surtout avec les interprétations de Hyden que la différence est frappante. Dans les villages maka, l'« économie de l'affection » ne fonctionne pas comme un filet de sécurité qui permettrait aux paysans de se retirer du marché et de l'économie monétaire. Au contraire, elle est transformée de l'intérieur par la pénétration de l'argent au cœur même des rites, forçant ainsi les villageois à participer à l'économie monétaire. C'est notamment pour tenir sa posi-

---

(5) Voir l'utilisation stérile de l'opposition entre valeur d'usage et valeur d'échange dans le livre de Taussig de 1980 (à cet égard, il y a un contraste net avec son livre de 1987). Il conclut que l'imaginaire de l'argent dans les sociétés latino-américaines exprime un refus du marché. Certaines notions de l'anthropologie économique française, notamment dans sa variété marxiste, incitent davantage à étudier les formes hybrides qui accompagnent la pénétration du marché mondial (voir Rey 1973, Meillassoux 1975). En particulier la notion d'« articulation » (rendue peu maniable par le fait qu'elle traînait inutilement derrière elle le concept de « modes de production ») a attiré l'attention sur la façon dont les rapports de production et les formes d'échange locaux s'articulaient aux formes modernes de l'argent et des relations marchandes. Je reviens plus loin sur la pertinence de ces notions pour la question que nous discutons ici.

(6) Scott 1976. Il est à remarquer que cette approche a immédiatement suscité une réaction (Popkin 1979), qui est son inverse libéral et insiste sur l'universalité des principes économiques, qui balayeraient les particularités culturelles.

tion dans la sphère de l'« affection » qu'un homme est obligé de gagner de l'argent. Sans argent, il ne peut faire ses preuves dans le marchandage qui constitue le point culminant des rites de la parenté.

Le fait que le marchandage en de telles occasions scandalise l'Occidental — « Ces gens transforment leurs funérailles en marché », s'exclame un prêtre français de la région — éclaire la distinction, fondamentale semble-t-il pour nous, entre marché et parenté. En Occident, les principes qui dominent le marché — la recherche du profit, l'échange quantitatif — n'ont rien à faire dans le monde de la parenté, en tout cas pas ouvertement. Le seul fait d'avoir à discuter d'argent entre parents suscite, dans notre société, du malaise ou même de la honte.

Il y a déjà plusieurs siècles que l'Occident éprouve l'impression que le marché empiète de plus en plus sur le domaine de la parenté. Une longue tradition sociologique — depuis l'opposition *Gemeinschaft/Gesellschaft* de Tönnies jusqu'à nos jours — est fondée sur ce sentiment teinté de nostalgie. La tendance concomitante consiste à se faire des sociétés non occidentales l'idée inverse : là, les rapports de parenté sont censés brider et informer le marché. Ainsi ces sociétés peuvent être tenues comme une sorte de miroir de l'Occident. Ce schéma gouverne des notions récentes comme l'« économie de l'affection », tout comme la vieille opposition conceptuelle des substantivistes entre sociétés dominées par le marché et sociétés fondées sur la réciprocité et la parenté.

Les marchandages féroces qui ont lieu au cours des rites nuptiaux et funéraires chez les Maka montrent que la parenté et un discours sur la réciprocité peuvent très bien se combiner avec une monétarisation rapide. Plutôt que d'opposer « leur » ethos économique au « nôtre », il serait plus juste d'explorer les articulations possibles et souvent originales de structures locales avec l'économie marchande moderne. L'équation paresseuse, mais apparemment très convaincante

Occident = marché ; non-Occident = parenté

occulte la variété des trajectoires suivies dans ces processus d'articulation, très pertinentes pour comprendre les relations qui ont cours aujourd'hui. Contre la tendance occidentale à opposer marché et parenté, l'exemple maka surprend par l'aisance avec laquelle les rites de la parenté se sont associés à la monétarisation. On peut se demander quel rôle joue cette facilité d'interpénétration dans des phénomènes contemporains tels que le problème très discuté de la « corruption ».

Les sociétés segmentaires du Cameroun du Sud et le marché (7)

Pour les sociétés des forêts méridionales du Cameroun contemporain, marché et monnaie sont, du moins dans leur forme moderne et généralisée, relativement nouveaux. Ce n'est qu'au cours du XIXᵉ siècle que le commerce européen pénétra progressivement cette zone. Dans l'intérieur, les lieux d'échanges marchands et le paiement en argent ne furent imposés, brutalement d'ailleurs, qu'après la conquête coloniale, dans les années 1890-1910. Cela ne signifie pas qu'antérieurement les sociétés concernées vivaient dans une sorte de *Naturalwirtschaft*. Les échanges et les formes locales de « monnaie » (à usage restreint) étaient très importants dans les relations entre groupes familiaux. Mais ces échanges s'exprimaient en termes de parenté.

Dans les temps précoloniaux, les formations sociales de la zone des forêts correspondaient à bien des égards au modèle classique des « sociétés segmentaires ». Un bon exemple en est fourni par les Maka dans les forêts écartées du sud-est, où je fais du travail de terrain depuis 1971. Avant 1905, les Maka vivaient dans de petits villages autonomes, théoriquement constitués par un segment patrilinéaire, auquel étaient associés en pratique un certain nombre de parents du côté maternel (*mita*, « neveux ») et de clients *(miloua)*. Chaque village était dirigé par un conseil d'aînés qui avaient autorité sur les jeunes hommes et sur les femmes de leur famille. Il n'y avait pas d'autorité centrale au-dessus du niveau du village et, même entre villages voisins, les relations étaient marquées par l'hostilité et la constante menace de la violence. Mais il y avait aussi des échanges réguliers, particulièrement entre villages liés par des mariages. Ces échanges portaient d'abord sur les femmes et les biens de prestige, qui étaient contrôlés par les aînés : petites barres de fer liées ensemble *(mimbesj)*, autres objets de fer, sacs d'un sel produit localement. Lorsqu'ils racontaient le passé, mes informateurs maka parlaient toujours de ces échanges en termes de réciprocité. Deux groupes pouvaient ainsi se rencontrer pour mettre fin à une vendetta ; le groupe qui recevait devait offrir une fille par homme tué, afin de « restituer une vie » à l'autre groupe et, quelques semaines plus tard, celui-ci rendait l'invitation et fournissait à son tour une fille par homme tué. De même, en cas de mariage, l'aîné du marié devait offrir une série de

---

(7) La section qui suit est une version développée et adaptée d'une partie de mon chapitre « Kinship, Witchcraft and the Market — Hybrid Patterns in Cameroonian Societies » dans Dilley (1992), pp. 159-180.

cadeaux de noces à celui de la mariée ; mais ce dernier avait la stricte obligation d'utiliser ces biens pour « acheter » à son tour une femme pour son propre groupe (Geschiere 1982).

Tout un réseau d'échanges, particulièrement entre alliés par mariage, tissait des passerelles entre les villages patrilinéaires. Lorsque, au cours du XIXᵉ siècle, le commerce des comptoirs européens de la région côtière pénétra de plus en plus profondément dans les forêts de l'intérieur, il emprunta les voies de ce réseau d'alliance et de parenté. Wirz (1970 : 100) décrit ce processus en détail. Lorsqu'un négociant voulait établir des contacts dans une région de lui inconnue, le moyen évident était de marier une de ses filles à un homme de la région en question. Alors il pouvait user des réseaux de parenté et d'alliance de son gendre pour étendre son réseau commercial. Plus le négoce pénétrait à l'intérieur, plus ces concaténations de relations personnelles s'allongeaient. Ainsi, les nouvelles marchandises entraient automatiquement dans les circuits existants d'échanges de femmes et de biens de prestige. Près de la côte, le prix des épouses s'exprimait en marchandises européennes dès la fin du XIXᵉ siècle.

Après 1905, les Maka furent soumis par les Allemands, puis, en 1914, la région fut conquise par la France : Allemands et Français partageaient l'opinion qu'elle était particulièrement arriérée. Les Allemands, qui avaient eu beaucoup de mal à assujettir les Maka, les appelaient *die Primitivsten aller Primitiven*. L'une des raisons de ce mépris était que les Maka semblaient imperméables aux forces du « marché ». Selon les termes d'un des premiers administrateurs français, ces « primitifs imprévoyants » ne réagissaient pas à « la loi de l'offre et de la demande qui est un puissant levier pour l'action productive chez les peuples civilisés ». Et il formulait sans ambages ce qui constituait, pour les Français comme pour les Allemands, la solution à cette insensibilité : « L'unique remède est l'obligation au travail » (8). Jusqu'en 1940, les efforts, d'ailleurs assez vains, des administrateurs coloniaux successifs pour stimuler la « mise en valeur » de la région furent tous fondés sur la coercition : travail obligatoire, « cultures forcées » de produits destinés aux marchés extérieurs, et bien d'autres méthodes visant à contraindre les villageois à produire plus.

Mais, après 1945, les Maka se montrèrent subitement moins « réfractaires au marché ». Une fois que furent abolis le travail forcé et les autres mesures coercitives, et lorsque la hausse des prix rendit manifestement avantageuses les cultures industrielles, ils se

---

(8) Chef de région Briaud, Abong-Mbang, au Commissaire de la république, Douala, 16/12/1920. Archives nationales, Yaoundé, APA 111643.

mirent de leur propre initiative à étendre rapidement leurs plantations de café et de cacao. Depuis lors, la pénétration du marché
et de l'économie monétaire a progressé de manière moins spas-
modique. Depuis les années cinquante, presque chaque chef de
famille tire un revenu monétaire de la vente de ces produits. Les
champs vivriers dont s'occupent les femmes assurent la subsistance
de base du village. Mais de nombreuses femmes gagnent aussi un
peu d'argent en vendant de leurs produits. En outre, beaucoup
de jeunes gens, garçons et filles, trouvent un emploi salarié en ville,
pour des périodes plus ou moins longues. L'argent est devenu une
partie intégrante de l'économie domestique dans pratiquement tous
les ménages (9).

Marché et parenté

Lorsque j'ai commencé mon travail de terrain dans cette région,
je connaissais déjà l'histoire coloniale des Maka et les difficultés
que les Français avaient rencontrées pour les mobiliser en vue de
la « mise en valeur » de la zone. J'avais lu les longues lamentations des administrateurs coloniaux à propos de leur insensibilité
à « la loi de l'offre et de la demande ». Je n'en ai été que plus
étonné par le comportement mercenaire des villageois et la vénalité qui marquait les moments cruciaux de la « mise en scène »
de l'organisation familiale. Ma première expérience date du lendemain de mon arrivée au village : je fus invité à une veillée en
l'honneur d'un homme qui était mort un an plus tôt. Un groupe
de femmes allaient célébrer l'occasion en dansant toute la nuit.
Leur danse, très « traditionnelle » et qui me fit forte impression,
fut toutefois grossièrement interrompue au bout d'une heure à
peine. L'une des femmes avait repéré une pièce de dix francs CFA
(vingt centimes) dans la coupe où tous les assistants étaient censés placer leur offrande. Elle m'accusa à grands cris d'avoir déposé
cette somme ridicule. Toutes les femmes se joignirent à sa protestation. Leur meneuse ajouta que, de toute façon, personne n'avait
donné assez pour la danse et, cinq minutes après, tout le groupe
s'en alla. On ne réussit pas à les faire revenir. J'étais indigné, non

---

(9) Toutefois, depuis 1988, le marché des cultures industrielles s'est effondré. En
1988, la coopérative qui avait le monopole du cacao et du café dans la région a cessé
de payer les planteurs. Les années suivantes, ceux-ci furent payés en retard et à des
prix plus bas. Les conséquences en ont été dramatiques pour la plupart des ménages
(voir Losch et autres, 1992).

seulement parce que j'avais été injustement accusé — ce n'était certes pas moi qui avais mis cette misérable pièce dans la coupe — mais aussi parce que je trouvais qu'une veillée funèbre n'était pas une circonstance adéquate pour pareille attitude.

J'allais rencontrer bien d'autres exemples de tels comportements, dont certains plus structurels. La deuxième semaine de mon installation, j'assistai pour la première fois à des funérailles. Pour les Maka, les rites funéraires sont le point culminant de la représentation de l'organisation familiale. Lorsque le défunt était un homme ou une femme important, les gens viennent de tous les villages voisins. Les Maka disent qu'un mort est un lien essentiel dans les réseaux entre les familles (c'est-à-dire les groupes patrilinéaires). Aussi tous les groupes concernés doivent-ils assumer leur rôle propre dans le rite afin de réaffirmer ces liens. Cela conduit à des représentations théâtrales dans lesquelles est « joué » l'équilibre délicat des solidarités et des hostilités entre les groupes concernés, surtout entre les membres de la famille paternelle du défunt et les autres parties impliquées : « frères de la mère », « brus », « gendres » et « fils de sœurs », qui tous sont soutenus par leurs propres parents du côté paternel (10).

Les brus surtout jouent un rôle spectaculaire. En général, leurs rapports avec la famille de leur époux sont très ambivalents : elles doivent être ostensiblement obéissantes, surtout vis-à-vis de leur beau-père, mais elles peuvent aussi se permettre de petits « rituels de rébellion », en se moquant du vieux et en lui chantant des chansons aguicheuses. Les obsèques de leur beau-père ou de l'un de ses « frères » sont une occasion spéciale de manifester ces « rébellions ». Dès que le tam-tam de deuil résonne, les brus commencent à « animer » la scène : elles doivent danser et chanter toute la nuit et railler les membres de la famille paternelle du défunt en les attirant dans des « duels dansés » et en les humiliant ouvertement. Plus leur jeu est agressif, plus cela est censé satisfaire l'esprit du mort, car c'est la preuve que ce dernier a acquis des femmes nombreuses et « dynamiques » pour son groupe.

Le moment le plus fort est le *kombok*. Les brus apparaissent soudain revêtues des habits du mort. Aidées par les gendres en costume de guerrier, elles attaquent sa maison et la secouent dangereusement. La parentèle paternelle du défunt oppose une résistance symbolique. Après quelques escarmouches, les brus s'empa-

---

(10) Évidemment, tous ces termes sont utilisés dans un sens très « classificatoire ». Les « brus » incluent toutes les femmes qui se sont mariées dans la lignée paternelle du défunt, les « fils de sœurs » sont tous les fils de femmes nées dans la lignée paternelle du défunt mais qui se sont mariées à l'extérieur, etc.

rent de la bière, la mettent sur leurs épaules et bondissent, faisant sauter le cadavre. Elles « se cachent » dans les buissons qui bordent le village en chantant gaiement et en dansant. La première fois que j'assistai à ce spectacle, je ne pouvais m'empêcher de penser que tout cela n'était pas une manière bien convenable d'« honorer » un mort. Mais je fus bien plus choqué par la suite de la cérémonie : l'aîné du groupe du défunt doit « racheter » le corps aux brus, ce qui ne va pas sans marchandage. Par exemple, il va arguer que la récolte de cacao n'est pas encore vendue, qu'il n'y a pas d'argent. Il compte quelques billets de banque, mais les femmes le repoussent, elles disent qu'elles devraient être mieux payées de tous les soins qu'elles ont prodigués au défunt. Le vieux ajoute encore des billets, mais les femmes continuent à refuser avec de nouveaux arguments, et ainsi de suite. En général, elles finissent par accepter lorsque l'ancien a encore augmenté son prix. Surtout au début, ces scènes me rappelaient tout à fait le marché aux puces près de chez moi en Hollande. Je trouvais un tel comportement absolument déplacé.

En plus, ce n'est pas le seul moment des funérailles où l'on marchande. Juste avant l'enterrement, les aînés du groupe du mort doivent encore « racheter le corps », mais cette fois aux frères de la mère. Contrairement aux brus, ces derniers disposent d'une arme puissante : le tombeau, en effet, ne peut être creusé que par eux, et ils peuvent s'en aller sans en rien faire s'ils ne sont pas satisfaits du prix offert. Aussi cette tractation-là a-t-elle une tonalité plus sérieuse. Les aînés des deux groupes se font face sur le lieu de la tombe en déployant beaucoup d'éloquence. Il y a force claquements de billets de banque, accompagnés à nouveau d'arguments assez plats : l'argent manque parce qu'on a eu à payer les impôts quelques semaines avant, la partie adverse n'a toujours pas remboursé une dette, etc. Les montants payés lors de cette seconde négociation sont aussi nettement plus élevés (dans les années soixante-dix, plusieurs dizaines de milliers de francs CFA, soit jusqu'à 500 FF) ; en outre, ils sont très variables.

Ces deux occurrences constituent les marchandages les plus spectaculaires, mais dans les coulisses se déroulent encore bien des échanges entre d'autres groupes de parents. Ces rites s'enrichissent d'ailleurs sans cesse, semble-t-il, de nouvelles « inventions ». En 1973, tandis que j'assistais aux funérailles d'une jeune femme, je remarquai que la route qui traversait le village avait été barrée avec une corde et des branches. Apparemment, la corde avait été tendue par les femmes de la même génération que la défunte. Tous les hommes qui voulaient passer devaient leur donner quelques pièces. Cela conduisit à des complications inattendues lorsqu'un prêtre français, qui visitait régulièrement les villages et qui était connu pour son caractère irascible, arriva en voiture à toute vitesse. Il parut d'abord qu'il avait l'intention de forcer le barrage, mais au dernier moment il s'arrêta. L'une des femmes lui expliqua qu'il lui fallait payer quelque argent, à quoi il répondit qu'il n'avait jamais entendu une chose pareille. La femme insista, il se fâcha tout rouge et se mit à hurler que c'était une coutume païenne, qu'ils transformaient leurs funérailles en marché avec toutes ces histoires d'argent, etc., etc. Il remit en marche son moteur et les femmes eurent tout juste le temps d'abaisser la corde, sinon il l'aurait cassée. Je fus particulièrement surpris par le commentaire de mon assistant, lui-même catholique convaincu : « Le père a raison, c'est nouveau ça, les femmes exagèrent. Elles ont pris l'idée à Yaoundé. Ces femmes, *elles font marché de tout* ».

L'organisation de la parenté chez les Maka offre de nombreuses autres occasions de marchandage. Il en est ainsi lors de la conclusion d'un mariage, au moment où le groupe du fiancé vient au village de la fiancée pour offrir un prix. Là encore les aînés des deux groupes doivent s'affronter avec de grands discours, et là encore les arguments sont souvent très prosaïques. Le père du fiancé offre une longue liste de cadeaux : bouteilles de whisky, caisses de bière, dames-jeannes de vin rouge, couvertures, pagnes, etc. Mais le moment le plus tendu est celui où l'on compte l'argent et où l'on discute sur le prix de l'épouse. Le père du fiancé compte solennellement les billets, l'un après l'autre, tandis que tout le monde regarde dans un silence complet. Quand il s'arrête, la famille de la fiancée — surtout les femmes — exprime son indignation à grands cris et l'aîné déclare majestueusement que cette offre est une insulte à sa famille et qu'il n'est pas disposé à donner sa fille pour si peu. Son adversaire réplique avec les arguments usuels — tout le monde sait qu'il n'y a pas d'argent en ce moment, c'est la saison morte, etc. Et, à nouveau, on n'arrive à un arrangement qu'après une dure négociation.

Là aussi, tout n'est pas joué d'avance. Je connais des cas où l'aîné de la jeune fille a rejeté l'offre et où le fiancé est reparti chez lui sans épouse. Lorsqu'on parvient à un accord, c'est sur un montant assez variable. Il y a une certaine norme : ainsi, dans les années soixante-dix, les prix fluctuaient entre 80 000 et 100 000 francs CFA (1 600 à 2 000 FF) mais, dans le village où je vivais, il y eut aussi des cas où l'on paya des sommes plus importantes (jusqu'à 120 000 francs CFA) ou plus faibles (60 000 francs CFA) (11). Parfois une partie seulement de la somme

(11) Dans les années quatre-vingt, les prix sont montés à 150 000 francs CFA (30 000 FF) mais toujours avec de grandes variations. On ne peut pas encore mesu-

convenue est effectivement versée, avec la promesse d'apurer plus tard. Cela conduit toujours à de sérieuses complications, surtout après la naissance des premiers enfants, car alors la famille de l'épouse réclame toutes sortes de paiements supplémentaires.

Tout cela a bien sûr un aspect rituel : les négociations entre le père du fiancé et la famille de la fiancée suivent des formes fixées ; mais l'affaire peut quand même conduire à des conflits qui ne sont que trop réels. Lorsque, notamment, une partie de la somme est à payer plus tard ou en cas de litige sur des paiements supplémentaires pour les enfants, il n'est pas rare que l'une des parties porte l'affaire en justice, c'est-à-dire devant le chef de village ou, plus grave, devant les tribunaux officiels en ville. Dans ce dernier cas, il arrive que des amendes ou des peines de prison soient infligées.

Les Maka ne constituent certainement pas une exception. Leurs voisins les Beti, par exemple, ont acquis une certaine réputation pour les marchandages qui ont lieu durant leurs cérémonies nuptiales. Ces Beti, groupe important dans le Cameroun contemporain, ont des formes d'organisation voisines de celles des Maka (12). Mais, du fait de leur position centrale dans le pays (Yaoundé, la capitale, est située sur leur territoire), ils furent plus tôt et plus profondément impliqués dans l'évolution politico-économique moderne. Chez eux, la pénétration de l'économie monétaire dans les rites de parenté semble avoir pris des formes encore plus spectaculaires. L'une des dernières modes durant leurs noces est, par exemple, que le groupe du marié doit payer un supplément pour acheter le « billet d'avion » de la mariée. C'est seulement lorsque suffisamment d'argent s'empile sur la table que la mariée, qui se cachait tout ce temps dans une maison voisine, « décolle » et arrive. Après cet intermède, elle peut choisir une bouteille de whisky parmi les cadeaux de noces et l'offrir à son père, ce qui signifie qu'elle est disposée à accepter le fiancé. Mais ce dernier n'est pas au bout de ses peines. Les assistants vont prétendre qu'il a vu la

---

rer l'influence du récent effondrement des cours des produits agricoles (et des difficultés à trouver de l'argent qui en découlent) sur le prix des épouses dans les villages.

(12) Voir Laburthe-Tolra (1977). Le terme Beti, très en vogue aujourd'hui au Cameroun, couvre plusieurs groupes ethniques du Centre-Sud, les Eton, les Ewondo, les Bene et même les Bulu. Dans les années soixante-dix, il était moins largement usité ; les différents groupes étaient encore indiqués par des noms spécifiques, et les Bulu n'étaient certainement pas comptés parmi les Beti. Mais après 1982, année où le président Biya (lui-même bulu) succéda à Ahidjo, les différents groupes du Centre-Sud — très fortement représentés, dès l'époque coloniale, dans la fonction publique — renforcèrent encore leur mainmise sur l'État. La tendance récente à les réunir tous (et notamment les Bulu, groupe du président) sous le vocable de « Beti » reflète cette évolution.

« nudité » de la femme lorsqu'elle s'est penchée pour saisir la bouteille (en réalité, elle était, bien sûr, correctement vêtue). Encore une occasion de féroce marchandage : le marié doit payer en compensation de son « regard indécent ». Il est intéressant de noter que les groupes d'autres parties du Cameroun, qu'ils soient de l'ouest ou du nord, se disent outrés par cette extrême vénalité. « Avec ces gens, un mariage devient une vente aux enchères », m'a dit l'un de mes informateurs.

Par ailleurs, cette monétarisation de la parenté et des relations personnelles n'est pas limitée aux occasions formelles telles que les noces ou les obsèques. Beaucoup (surtout des hommes) se plaignent aussi de la monétarisation des relations sexuelles. « Aujourd'hui les femmes se mettent elles-mêmes sur le marché », remarquait amèrement l'un de mes voisins. Les jeunes hommes se plaignent tout particulièrement qu'il leur devient impossible de conclure un mariage correct. Ces plaintes portent tout spécialement sur les femmes des forêts du sud.

On peut bien sûr citer des exemples parallèles dans d'autres parties de l'Afrique. Il semble que cette tendance de l'argent et du marchandage à pénétrer les sphères intimes de la vie soit particulièrement forte dans les sociétés qui, naguère encore, pouvaient être définies comme des « sociétés sans marché » : apparemment, cette situation n'a pas empêché la diffusion rapide de l'argent et du comportement marchand dans le cœur même de leurs institutions.

La « réciprocité » est-elle l'opposé du « marché » ?

Ce qui peut surprendre dans ces exemples, c'est la facilité apparente avec laquelle le discours local sur la parenté s'accommode de formes de comportements mercenaires qui semblent plutôt correspondre à notre image de la société occidentale, dominée par le marché. C'est cette « reconnaissance » dans un contexte inattendu qui peut choquer l'observateur occidental (13). Apparemment,

---

(13) L'une des conséquences de ce choc, que nous ne traiterons pas ici, est qu'il illustre la force de certains a-priori culturels dans la pensée occidentale concernant la séparation de l'argent et de la parenté. A cet égard Maurice Bloch, dans un article récent « The Symbolism of Money in Imerina » (1989), avance des interprétations intéressantes. Chez les Imerina (Madagascar), l'argent est et était très présent dans les sphères personnelles de la vie (relations sexuelles, mariage, rites funéraires) tout comme dans les exemples que nous étudions ici. Pour Bloch cela soulève la question

d'autres « ethos économiques » peuvent se développer, qui ne sont ni celui de l'Occident, ni son image inversée.

Une question évidente est : est-ce que ces pratiques de marchandage sont quelque chose de nouveau ? Doivent-elles être considérées comme la conséquence de la pénétration de l'économie monétaire à l'époque coloniale, comme une perversion des rituels locaux par l'impact du « marché » ? Ou bien ne sont-elles que la continuation de comportements plus anciens ?

La littérature scientifique sur ce thème propose deux réponses diamétralement opposées. Certains auteurs insistent sur les énormes conséquences de la pénétration de la monnaie et de l'économie marchande dans ces sociétés. Dès 1947, Furnivall proposa une sorte d'inversion du paradigme libéral classique en remarquant que les formes les plus effrénées de capitalisme apparaissaient non dans les pays où il a pris naissance, mais à sa périphérie, là où le marché a été introduit de l'extérieur, souvent brutalement, et où par conséquent il était moins entravé par les contraintes sociales (14). Selon cette vision, l'argent et le marchandage auraient réussi, chez des peuples comme les Beti ou les Maka, à s'introduire d'autant plus aisément dans les sphères personnelles de la vie que le marché y était quelque chose de nouveau. Les féroces tractations monétaires seraient une corruption des traditions locales sous l'impact du capitalisme.

Les anthropologues, surtout ceux qui sont influencés par les idées substantivistes, feraient plutôt remarquer que de nombreux exemples de ces comportements s'observent dans des contextes « traditionnels ». On en trouve dans des monographies anthropo-

---

de la raison pour laquelle, en Occident, l'argent est devenu, dans les relations personnelles, quelque chose d'« amoral », quelque chose qui doit rester caché. Renouant avec certaines idées marxiennes, il avance que la séparation de l'argent et de la parenté (ou des relations morales) est essentielle au capitalisme : elle confirme en effet une division symbolique fondamentale entre le privé et le domestique d'une part, le public et l'économique de l'autre, division qui fonde « l'illusion que les gens sont doubles » : citoyens privés et salariés. Ce n'est que grâce à cette division qu'il est possible de séparer conceptuellement le travailleur en tant qu'acteur domestique (moral) et en tant que salarié qui doit vendre sa force de travail comme une marchandise. Une question intéressante soulevée par cette interprétation est de savoir à quand remonte la distinction conceptuelle entre l'argent et la parenté en Occident. Certains aspects « traditionnels » de la dot, par exemple, qui survivent à la périphérie de l'Europe, montrent l'importance des nombres et du comptage en public dans le transfert de biens qui a lieu lors d'un mariage. La distinction entre argent et sphère personnelle/réciprocité, qui a si fortement influencé le discours anthropologique, serait-elle liée à l'émergence du capitalisme et à l'apparition du prolétariat et serait-elle donc, en Europe aussi, relativement nouvelle ?

(14) Furnivall (1947) a développé ce point de vue en comparant ce qui s'est passé dans la Birmanie sous régime colonial britannique, où les forces du marché étaient omniprésentes, avec l'évolution de Java, où les Hollandais ont tenté de contrôler strictement l'impact de l'économie marchande.

logiques classiques, y compris dans leur archétype : « Les Argonautes » de Malinowski. Dans cette perspective, le marchandage chez les Maka ne serait rien d'autre que le prolongement de comportements plus anciens ; il ne serait pas l'expression d'une attitude marchande, mais ressortirait plutôt à l'échange de dons, au prestige social et à la réciprocité (15).

Un survol rapide de quelques données historiques pourra nous éclairer. Il ne fait pas de doute que, dans ces sociétés, l'argent a pénétré dans les sphères personnelles de la vie presque immédiatement après la conquête coloniale. Dans la région des Maka, l'argent a fait son apparition dans la dot dès 1930 environ. Au début, il ne faisait que compléter les *mimbesj*, ces ligatures de petites barres de fer qui étaient le bien de prestige traditionnel. Mais dès 1935, ces derniers semblent avoir totalement disparu de cet usage ; disparition fort précoce car, à cette date, la monnaie devait très peu circuler dans les villages (16).

Un exemple plus spectaculaire encore vient de la région des Beti. En 1913, Paul Rohrbach, journaliste à la *Frankfurter Zeitung*, se rendit par la route de Kribi, sur la côte, à Yaoundé, dans l'intérieur. Cette route venait d'être construite pour faciliter le commerce du caoutchouc alors en plein essor. Dès 1903, selon certaines estimations, un millier de porteurs la parcouraient chaque jour (Wirz 1972 : 136). Rohrbach eut la surprise de voir des groupes de femmes chantant gaiement au bord de la route. Sur sa demande, son boy lui traduisit les paroles dans son anglais approximatif :

Nous sommes contentes de coucher avec les étrangers qui passent
Mais il faut qu'ils nous paient bien
Sinon nous nous sauvons quand ils veulent nous prendre.

A quoi le boy ajouta : « Oh, ces gens de Yaoundé, ils aiment trop l'argent » (17).

Le commentaire du boy est frappant. Il y a là un remarquable contraste avec les plaintes des administrateurs français qui, plus

---

(15) Comparer avec Polanyi (1957 : 263) qui parle de « marchandage à prix fixes » - apparemment pour l'opposer à de véritables situations de marché. Comparer aussi les critiques adressées à Malinowski pour son opposition rigide entre l'échange de cadeaux (= prestige) et le commerce (= profit) dans son analyse du *kula* (voir Hart 1986 et Bloch 1989 : 169).

(16) Jusqu'à la fin des années trente, les administrateurs français devaient vraiment extorquer l'argent des impôts aux villages. Presque tout le peu que les villageois gagnaient en argent — le plus souvent en travaillant sur les plantations des Européens dans la région — ressortait ensuite des villages sous forme d'impôt. Ce n'est qu'après 1945 que l'argent commença à circuler plus largement (voir Geschiere 1983).

(17) *Frankfurter Zeitung*, 25/5/1913 — Staatsarchiv Potsdam, Reichskolonialamt, liasse 4, dossier 4226, p. 57.

tard, considéreront ces populations comme « insensibles à la loi de l'offre et de la demande ». Au contraire, ces villageoises aspiraient si fort à gagner de l'argent qu'elles usaient de moyens choquants pour l'Européen comme pour son boy de la région côtière. Cela laisse penser que ces sociétés opposaient étonnamment peu d'obstacles à la diffusion de l'économie monétaire.

Aujourd'hui, l'argent a pénétré toutes sortes de relations. On peut mentionner une exception : il existe un puissant interdit contre l'acquisition de terre par ce moyen. Chez les Maka du moins, toute rumeur sur quelqu'un qui tenterait de vendre ou de louer sa terre pour de l'argent suscite de violentes réactions de sa famille, qui lui reproche de porter atteinte au domaine commun. Mais il semble que ces réactions soient quelque chose de nouveau ; elles sont probablement liées au sentiment d'une pression croissante sur la terre. Au moins au début de la période coloniale, les « chefs » — en réalité, bien souvent des hommes de paille des autorités coloniales — « vendaient » de la terre aux Européens et à leurs auxiliaires contre des sommes d'argent, d'ailleurs généralement dérisoires. Apparemment les restrictions à la diffusion de l'argent et à la transformation de biens en marchandises peuvent se modifier rapidement. En général, ces sociétés semblent avoir été très promptes à inclure l'argent dans les contextes les plus divers.

Il reste que cette introduction a représenté un tournant important. Elle a dû grandement faciliter les pratiques de marchandage lors des occasions rituelles. Dans son analyse féconde de l'histoire des dots dans cette région, Guyer (1986) insiste sur le fait que, dès avant l'impact de la colonisation, le montant de la dot était l'objet de constantes négociations et de changements rapides. Il ne s'agissait pas d'un paiement plus ou moins symbolique, fixé par une idéologie de la réciprocité ; bien au contraire, ce prix était dicté par une « politique du mariage » changeante, en étroite interaction avec la pénétration du commerce et les nouvelles possibilités d'enrichissement de la région. Cela était facilité par le fait que le principal bien de prestige utilisé dans ces occasions, les ligatures de petites barres de fer (*mimbesj* ou *bikie*), étaient produites localement et pouvaient aisément être subdivisées (18). Des individus entreprenants pouvaient donc produire ou accumuler de nouveaux *mimbesj* de façon à accéder aux circuits des échanges de

---

(18) Guyer (1986) explique que la nature de la « monnaie » locale joue là un rôle important. Lorsque la dot était constituée de biens importants qui ne se subdivisent pas (par exemple les grandes enclumes de fer en usage dans le Congo d'aujourd'hui), la pratique de la négociation et du marchandage se développait plus difficilement. Si la monnaie locale était importée de l'extérieur (par exemple les cauris), cela avait d'autres implications pour l'articulation entre commerce et « politique du mariage ».

dots. En outre, les *mimbesj* reçus en paiement pour un mariage pouvaient être subdivisés et utilisés à d'autres échanges (par exemple contre des biens marchands ou même des produits agricoles) (19). C'est précisément parce que la dot était située au carrefour de la négociation, de l'initiative économique et de la politique d'accumulation dans les formes locales d'organisation, qu'elle devenait le point d'articulation avec les nouvelles formes de négoce qui pénétraient dans les forêts au XIXe siècle. Comme l'écrit Guyer (1986 : 605) : « L'interaction du commerce et de la monnaie évolue selon la politique du mariage et la logique du marché ».

Cela permet de supposer — plus ou moins en accord avec une perspective « substantiviste » — que les marchandages durant les rites familiaux que j'ai observés dans les villages maka n'ont rien de nouveau. Pourtant, la monétarisation de ces paiements a dû avoir d'importantes conséquences. L'argent se prête mieux au marchandage que ne le faisaient les *mimbesj* (même si l'on pouvait les subdiviser en défaisant les ligatures). En outre, il se prête plus facilement à des usages individualistes (20). Les aînés, principaux bénéficiaires de la dot, semblent en avoir rapidement tiré profit. Dans les archives françaises, des plaintes sur l'« escroquerie de la dot » ont commencé d'apparaître dès les années vingt. Des plaintes de femmes dont l'aîné avait « mangé » la dot — c'est-à-dire l'avait utilisée à des fins de consommation personnelle, souvent pour s'acheter des marchandises de luxe occidentales, au lieu de la garder pour acheter une épouse à son fils — apparaissent presque aussi tôt. Le fait que l'argent offrait de nouvelles possibilités d'enrichissement doit avoir grandement renforcé la propension à marchander lors des échanges entre familles.

Que conclure de tout cela ? Il est clair que l'évolution de ces sociétés des forêts ne correspond pas à l'idée que se faisait Furnivall d'une diffusion, sans entraves ni canalisation sociale, du « capitalisme » et de l'économie marchande dans les zones périphériques. Au contraire, il apparaît que cette diffusion a suivi des circuits bien précis qui étaient essentiels aux vieilles formes d'organisation. Les manifestations les plus spectaculaires de marchandage ont surgi dans les relations entre groupes de parenté, c'est-à-dire là où se réglaient déjà les échanges de biens de prestige et de femmes. D'après les récits anciens, ces rencontres entre groupes ont tou-

---

(19) Sur ce point, il y a une différence entre les informations sur lesquelles se fonde Guyer et les déclarations que j'ai moi-même recueillies auprès des anciens maka : ceux-ci m'ont tous dit que les *mimbesj* reçus en paiement d'une épouse ne pouvaient en principe servir qu'à l'achat d'une nouvelle femme pour le groupe.

(20) Il est vrai que les *mimbesj* pouvaient être employés à d'autres fins que les échanges rituels ; mais ce n'est pas certain dans le cas des Maka.

jours baigné dans une atmosphère de confrontation et d'intimidation. Les Maka disent : « Le mariage c'est la guerre », ce qui signifie que l'on ne peut épouser qu'un ennemi potentiel. Le mariage n'est possible qu'à l'extérieur de la famille, c'est-à-dire à l'extérieur de la zone de paix. Par conséquent, le fait même que le mariage est possible implique automatiquement qu'il existe un danger de « guerre ». Rien d'étonnant à ce que, dans ces relations d'alliance, on doive prouver ce qu'on vaut, et avec ostentation, à un partenaire qui peut toujours se transformer en ennemi.

Sous certains aspects, donc, les furieuses tractations aux noces et aux funérailles prolongent la vieille rivalité entre lignages liés par des alliances : elle correspond à cet équilibre précaire entre agression et solidarité que certains anthropologues appellent « une relation de plaisanterie ». En ce sens, on peut dire que les contacts avec l'économie marchande se sont exprimés dans un langage traditionnel d'échange. Mais il faut ajouter que les échanges se pratiquent aujourd'hui avec un moyen de paiement totalement nouveau, l'argent, et que cette innovation est de grande conséquence pour les effets pratiques du marchandage. L'argent a donné une nouvelle dimension aux relations entre aînés et cadets, qui sont le rapport crucial dans ces sociétés. Les jeunes ont commencé par exemple à déplorer que les aînés « mangent » les dots. De leur côté, ces derniers ont apparemment vu dans la monétarisation de la dot une possibilité d'accéder à l'économie monétaire d'une façon avantageuse pour eux : ils se sont considérés comme libres d'augmenter le montant des dots (la hausse a été continue) et d'utiliser au moins une partie de l'argent pour leur propre consommation.

La monétarisation des échanges lors des noces et des funérailles a aussi eu des conséquences directes sur la façon dont ces sociétés se sont insérées dans l'économie coloniale ou, plus largement, dans le marché mondial. Rey (1971) a essayé de montrer dans une région du nord-est du Congo que la monétarisation de la dot jouait un rôle important dans la solution du problème de main-d'œuvre que connaissaient les colons et les autorités coloniales. Cette interprétation s'applique aussi à la région des Maka : dans mes entretiens avec les premiers migrants du village où je vivais (ils l'avaient quitté jeunes gens dans les années trente), l'une des réponses fréquentes à la question du motif de leur départ était que leurs parents voulaient qu'ils gagnent de l'argent pour payer une épouse. Ainsi, l'apparition d'un « marché de la parenté » a joué un rôle essentiel dans la pénétration, chez les Maka, de formes capitalistes plus orthodoxes : le marché du travail et des marchandises.

Sur ce fond général, il semble clair que les pratiques de marchandage décrites plus haut ne peuvent s'expliquer ni par un simple prolongement des anciennes formes de rivalité, ni comme (interprétation de Furnivall) le résultat de l'influence corruptrice de l'argent. D'un côté, l'argent a ajouté de nouveaux aspects à cette rivalité, aspects qui jouèrent un rôle moteur pour l'insertion de ces sociétés dans l'économie coloniale ; mais d'un autre côté, la monétarisation emprunta les anciens circuits d'échanges entre groupes. Le « marché de la parenté » semble plutôt être une hybridation entre anciennes formes de rivalité et nouveau langage du marché.

A cette lumière, on comprend mieux pourquoi la vieille opposition conceptuelle de l'anthropologie entre « réciprocité » et « marché » n'est pas très utile pour explorer les formes variées que prend la « réinvention du capitalisme ». Certes, on peut reconnaître dans les exemples discutés ci-dessus des éléments de réciprocité et de « consommation ostentatoire » visant à rehausser le statut des intéressés. Aux funérailles et aux mariages dans les villages maka, le marchandage se déroule toujours en public et donne lieu à force pathos théâtral. Mais on a vu aussi que ces formes « traditionnelles » de rivalité et d'échanges s'articulent aisément à la pénétration du marché et que cette articulation a joué un rôle dans la façon dont ces peuples furent aspirés dans l'économie marchande capitaliste.

Conclusion

Que peut-on tirer de ces exemples camerounais pour notre discussion sur « les pratiques sociales de l'ethos économique » et sur la « réinvention du capitalisme » ?

On est frappé de la force du discours sur la parenté dans l'ethos économique de ces sociétés, en dépit des immenses changements modernes. Tout ce qu'on a dit plus haut laisse penser que ce fait n'est pas seulement à attribuer à la force propre de ces « traditions » mais aussi au fait que l'imaginaire de la parenté s'articule très facilement à l'imaginaire capitaliste (21). On en voit un reflet

---

(21) Il faut probablement nuancer. Dans certains domaines, l'articulation avec l'imaginaire capitaliste semble en effet très aisée (par exemple dans la monétarisation des rites de parenté cités plus haut). Dans d'autres, elle l'est moins : la transformation du travail en marchandise (le salariat) semble, du moins dans ces sociétés, moins facile à accepter. Mais il faut se garder de généraliser. Il pourrait être plus intéressant de comparer les profils d'ethos économique dans diverses sociétés, en particulier les domaines dans lesquels l'adaptation à l'impact du marché mondial et à des éléments de l'imaginaire capitaliste est plus aisée ou plus difficile.

dans plusieurs des expressions citées plus haut : la façon dont les gens parlent du « marché de la parenté » ou des phrases comme « ces femmes mettent tout en vente, y compris elles-mêmes » (22).

On peut remarquer une convergence analogue avec l'imaginaire de la sorcellerie, qui est à bien des égards le pendant — ou le côté noir — de celui de la parenté. Dans les mêmes régions, les gens croient que des formes « modernes » de la sorcellerie ont surgi depuis le XIXᵉ siècle, en étroite liaison avec les nouvelles possibilités d'enrichissement. Ces croyances peuvent être interprétées comme des tentatives de donner un sens aux nouvelles inégalités et d'agir sur elles (voir Fisiy et Geschiere 1990 et 1991). Ici aussi les notions « traditionnelles » se coulent aisément dans un vocabulaire capitaliste. Les gens parlent du « marché de la sorcellerie » dans lequel, par des moyens occultes, une personne peut accumuler des formes inconnues de richesses (mais aussi attirer malheurs et désastres). Des sorciers encourent des « dettes » qu'ils doivent « rembourser » (parfois en se sacrifiant eux-mêmes) et ils sont supposés « vendre » les membres de leur famille, au lieu de les « manger » comme dans les formes anciennes de sorcellerie.

Apparemment, la distance entre l'imaginaire « traditionnel » de la parenté et la notion « moderne » du marché peut se franchir plus aisément que bien des anthropologues ne le pensaient (23). C'est une des principales raisons pour lesquelles le discours de la parenté garde son influence, y compris sur les institutions moder-

---

(22) Commentant une version antérieure de ce texte, Jean-Pierre Warnier remarquait qu'il était dangereux de confondre « marché » et « argent ». Dans sa propre contribution au présent ouvrage, il propose une distinction entre « l'argent de la réciprocité généralisée ou de la dette », « l'argent du commerce » et « l'argent de l'industrie ». Cette distinction est certainement utile pour analyser l'action et l'ethos des entrepreneurs camerounais qu'il étudie. Mais je ne suis pas convaincu qu'elle apparaisse nettement dans les conceptions plus populaires des changements économiques. Pour les Maka, qui ne connaissaient pas de marché avant la conquête coloniale, argent et marché sont plus ou moins synonymes. Chez eux, du fait du faible développement de l'entreprise privée, ou plutôt de sa totale absence due à la position économique dominante des entrepreneurs bamiléké et hausa (groupes étudiés par Warnier), il ne semble guère possible de faire la distinction entre différents types de capital. Cela semble un contexte propice à ce que Jean-François Bayart nomme « la politique du ventre » (Bayart 1989).

(23) Dans la chevaleresque ambition de « développer une théorie de la valeur qui ne soit pas fonctionnaliste », M. Strathern (1992) tente de montrer, principalement sur la base d'exemples mélanésiens, que le marchandage durant les funérailles n'est pas un aspect marginal mais essentiel au rite, puisque c'est seulement par l'échange que se déterminent les valeurs équivalentes possibles. De tels échanges rituels ne sont donc pas fixés par une idéologie de la réciprocité, mais doivent être chaque fois renégociés. Dans une telle perspective, il est logique que ces échanges locaux offrent un bon point de contact pour la pénétration du marché et d'un imaginaire capitaliste. Voir aussi M. Strathern (1985) sur le caractère provisoire de toute distinction entre parenté et économie.

nes (24). Hyden (1980) décrit de façon évocatrice, dans son livre sur la « paysannerie non capturée » d'Afrique, comment les normes de l'« économie de l'affection » de ces paysans pénètrent et corrompent l'État. Selon lui, l'« économie de l'affection » non seulement constitue un refuge pour les paysans, où ils peuvent s'abriter du marché, mais aussi mine le fonctionnement de l'État et d'autres institutions « modernes ». Ses conclusions sur ce point sont très convaincantes, mais la facilité avec laquelle les normes de son « économie de l'affection » pénètrent les secteurs modernes peut avoir des raisons différentes de celles qu'il discerne. Les normes des paysans peuvent corrompre l'État non pas tant parce qu'elles sont radicalement différentes que parce qu'il existe toutes sortes d'articulations possibles entre l'imaginaire de la parenté et le monde capitaliste de la monnaie et de la marchandise. Cette articulation facile entre parenté et capitalisme semble, au moins dans certaines régions, constituer la base de cette « politique du ventre » qui, selon Bayart (1989), marque toujours plus profondément le fonctionnement de l'État en Afrique.

Toutefois, il faut se garder de généraliser. Le tableau esquissé ici peut s'appliquer à la plupart des sociétés des zones forestières du Cameroun du sud, bien qu'il existe, à l'intérieur même de cette zone, des variations importantes. Mais si l'on étend la comparaison aux régions voisines, les différences grandissent. Chez les Bamiléké et les Grassfielders des montagnes de l'ouest, qui sont souvent considérés comme les entrepreneurs par excellence au Cameroun, la pénétration de l'argent et des relations marchandes modernes dans l'économie domestique se fit selon des voies différentes, tant pour ce qui est de l'organisation de la parenté que de l'imaginaire de la sorcellerie (25).

Il est à l'évidence trompeur d'opposer deux types d'ethos économique, un type occidental, dominé par le marché, et un autre, caractéristique des sociétés « anthropologiques », informé par la parenté ou la réciprocité. Les formes créatives et très variées d'hybridation entre relations locales et impact de l'économie mondiale donnent une image plus dispersée, dans laquelle toutes sortes de trajectoires sont possibles.

---

(24) De ce point de vue, on peut regretter que l'étude anthropologique de la parenté ait été si fortement dominée par le structuralisme et ses épigones, avec leur prédilection pour les oppositions binaires. Cela n'a pas contribué à discerner les articulations créatives et hautement variables entre institutions locales de la parenté et processus de globalisation, ni à comprendre la persistance de la parenté comme principe d'organisation, en dépit de cette globalisation.

(25) Voir les commentaires cités plus haut d'habitants de ces régions sur le comportement vénal, très choquant à leurs yeux, qui caractérise les noces et les funérailles chez les Beti.

La question est alors : comment comprendre cette variabilité des processus d'hybridation ? Dans ses réflexions bien connues sur les processus mondiaux de « marchandisation », Appadurai (1986) insiste sur l'importance des constructions culturelles, non seulement en ce qui concerne la production et l'échange, mais aussi pour ce qui est de la consommation. Il conclut que de telles constructions sont « politiques » et doivent être étudiées comme telles (26). On ne saurait les analyser seulement en relation avec une logique culturelle ou symbolique spécifique, car alors on risque de surestimer leur stabilité et leur cohérence, mais il convient de les rapporter à des relations politiques changeantes. Toutefois, le mot « politique » insuffisamment explicité risquerait de devenir une étiquette inepte : il faut préciser comment les différentes conditions politiques de ces constructions culturelles doivent être analysées, et comment nous devons les relier à des luttes sociales particulières.

Au moins pour ce qui est des sociétés examinées ici, une piste valable peut être trouvée dans l'importance que Rey attache aux contradictions locales dans l'articulation de ces sociétés avec les nouvelles conditions marchandes (Rey 1971 et 1973). Pour lui, ces contradictions locales et les alliances entre autorités locales et groupes d'intérêts capitalistes ont constitué le point nodal de l'assujettissement des sociétés africaines au capitalisme (27). Toutefois, ces contradictions différaient selon les régions, tout comme la façon dont elles furent transformées et articulées avec les nouvelles inégalités politico-économiques. Pour mieux comprendre pourquoi et comment l'argent s'intégra si facilement aux rites de la parenté dans les sociétés forestières, il nous faut à l'évidence en savoir plus sur l'évolution de la position des aînés dans ces sociétés. Après tout, le fait qu'ils sont les maîtres de ces rites a bien dû jouer un rôle important dans cette adaptation. De même, les modes d'articulation au marché et à l'économie monétaire de l'économie

---

(26) Se référant à Marx, Appadurai (1986 : 57) remarque qu'il est grand temps de prêter attention non seulement à la « politique de la production » mais aussi à la « politique de la consommation ».

(27) Je reconnais qu'il faut un certain courage de nos jours pour ressusciter ces discussions des années soixante-dix sur les modes de production et leur articulation. Ce ne doit pas être par hasard que ces débats, avec leur pesant jargon et leur obsession de la définition et du classement des modes de production, aient abouti à un cul-de-sac. Ils se sont probablement trop focalisés sur la notion un peu encombrante de « mode de production » et ont négligé celle, plus ouverte et plus féconde, d'« articulation ». Il vaut donc sans doute encore la peine de poursuivre les explorations de Rey sur cette dernière notion ; voir Laclau et Mouffe (1985) et en général van Binsbergen et Geschiere (1985). Voir aussi Bayart (1979, 1989) qui, bien que sous un angle différent, insiste sur une comparaison des formes variables dans « le processus d'assimilation moléculaire des dominants anciens et nouveaux » comme dimension essentielle de l'étude de la formation de l'État dans l'Afrique post-coloniale.

domestique chez les Bamiléké doivent être marqués par les relations de pouvoir spécifiques à l'intérieur de ces sociétés (en l'occurrence le rôle des chefs et des notables). Les transformations modernes de ces contradictions locales peuvent constituer un bon point de départ pour l'analyse de différentes trajectoires de l'articulation des formes locales avec les nouvelles opportunités économiques (voir Rey 1973, Geschiere 1992).

La comparaison de ces trajectoires variables et des différentes formes d'ethos économique concernées ne présente pas qu'un intérêt scientifique. C'est aussi une urgence politique, car cela pourrait aider à comprendre et à démonter les oppositions ethniques, qui dominent de plus en plus la politique dans le Cameroun d'aujourd'hui, par exemple entre les Beti et les Bamiléké ou Grassfielders (28). Comme dans d'autres pays africains, les débats sur la démocratisation et le renouveau politique risquent ici de se dégrader en un discours ethnique, opposant en l'occurrence les entrepreneurs bamiléké ou grassfielders et les fonctionnaires beti. Selon les préférences du locuteur, il décrira les Bamiléké comme des gens économiquement dynamiques ou comme des profiteurs ; et les Beti comme ayant vocation à occuper une position importante dans la fonction publique, ou comme des budgétivores incapables d'initiative économique.

La profondeur et l'omniprésence de cette opposition conceptuelle me furent révélées durant une récente soutenance de thèse à l'université de Yaoundé (Mebenga 1990). Le travail portait sur les rites funéraires chez les Ewondo (groupe beti). L'un des membres du jury, vieux professeur appartenant à un autre groupe beti, félicita le candidat pour son analyse équilibrée de la situation précaire des membres de l'élite urbaine lorsqu'ils reviennent assister à des funérailles dans leur bourg d'origine. Il fit remarquer que, d'un côté, ces citadins ont un rôle essentiel à jouer dans l'organisation du rite, mais que, de l'autre, ils se sentent plus ou moins menacés. Et il résuma cette ambiguïté de façon frappante : « C'est comme ça chez nous : celui qui émerge doit s'excuser constamment auprès de ceux qui n'émergent pas ». Plus tard, un autre collègue, de l'ouest celui-là, me dit que lui aussi avait été frappé par cette phrase et ajouta : « C'est la différence avec les relations chez nous et c'est pour ça qu'il faut qu'ils mangent l'État. Sinon, comment pourraient-ils donner satisfaction aux leurs ? »

Ces deux citations illustrent les contrastes qui peuvent exister, à l'intérieur d'un même pays, entre les différentes « pratiques socia-

---

(28) Cf. Geschiere et Konings (1993) pour une vision comparative des « chemins de l'accumulation » dans différentes régions.

les de l'ethos économique ». Pour désamorcer ces caractéristiques ethniques qui peuvent facilement devenir des stéréotypes racistes, il est urgent de préciser comment ces différentes formes d'ethos économique peuvent évoluer.

Le contraste mis en lumière par mes collègues a des conséquences très complexes. La forte pression qui s'exerce sur ceux des Beti qui ont accédé à l'élite urbaine pour qu'ils partagent leur nouvelle richesse avec ceux qui sont restés au village semble en pratique avoir un effet inverse : ces citadins ont souvent peur de leur lieu d'origine et hésitent à y investir dans des projets économiques (29). Au contraire, les entrepreneurs de l'ouest seraient mieux protégés contre ces pressions égalisatrices de leur famille et par conséquent plus disposés à investir dans leur village. En principe, les nouvelles formes de richesse sont suspectes aussi chez eux. Mais les chefs, qui tiennent beaucoup à coopter les nouvelles élites dans leurs associations « coutumières » (bien souvent en créant des titres néo-traditionnels pour les vendre aux nouveaux riches) leur offrent la possibilité de « blanchir » leur enrichissement (30). Dans les sociétés « segmentaires » de la forêt, où les chefs sont, au mieux, des créations coloniales, ces points de cristallisation manquent.

Pourtant on peut se demander si, en dehors du rôle des chefs, ne sont pas à l'œuvre ici des différences plus profondes dans le fonctionnement de l'organisation de la parenté et l'imaginaire des relations personnelles. Warnier (1993), par exemple, a insisté sur les possibilités qu'ont les entrepreneurs bamiléké de se protéger contre les « stratégies de désaccumulation » de leurs réseaux familiaux, ce qui implicitement contraste avec ce qu'on observe chez les Beti (31).

Pour comprendre des différences comme celles que nous venons de souligner, il nous faut en savoir davantage sur les formes possibles de l'articulation entre la parenté (ou, dans un sens plus général, l'économie domestique) et les nouvelles formes d'accumulation. Le discours anthropologique a eu tendance à construire entre elles une opposition, alors qu'il serait peut-être plus utile de s'inté-

---

(29) Les Maka, par exemple, se plaignent toujours de « leurs évolués » et du manque d'intérêt qu'ils montrent pour leur village d'origine. Ils font souvent la comparaison avec les « évolués » bamiléké qui prendraient davantage soin de leur peuple. L'une de mes amies s'écria ainsi : « Ah, les Grands Maka ne font rien pour leur village. Ils n'investissent rien. Ils sont très riches mais ils dépensent leur argent pour boire et pour courir les femmes. Rien pour le village. Alors, comment peut-on avoir du développement chez nous ? » Cf. Geschiere (à paraître).

(30) Cf par exemple Goheen (à paraître).

(31) Cf. aussi Warnier et Miaffo (1993) et Rowlands (1993).

resser à ce qui les rapproche (32). Des comparaisons plus serrées de différentes pratiques sociales de l'ethos économique pourraient nous aider à désamorcer les stéréotypes qui risquent d'obscurcir les discussions sur la stagnation et le développement économique. Ces stéréotypes, qu'ils soient ethniques, comme dans les rumeurs locales, ou européocentristes, comme dans certaines approches « scientifiques », doivent être dépassés pour mieux comprendre les pratiques souvent surprenantes de la réinvention du capitalisme dans les différentes parties du monde d'aujourd'hui.

(Traduit de l'anglais par Rachel Bouyssou)

BIBLIOGRAPHIE

Appadurai, A., 1986, « Introduction : Commodities and the politics of value », in : A. Appadurai, ed., The Social Life of Things, Commodities in Cultural Perspective, Cambridge U.P.
Bayart, J.-F., 1979, L'État au Cameroun, Paris : Fondation Nationale des Sciences Politiques.
Bayart, J.-F., 1989, L'État en Afrique. La politique du ventre, Paris : Fayard.
v. Binsbergen, W.M.J. & Geschiere, P., eds., 1985, Old Modes of Production and Capitalist Encroachment, Anthropological Explorations in Africa, Londres : Kegan Paul Int./Leyde : Centre d'études africaines.
Bloch, M., 1989, « The symbolism of money in Imerina », in Parry & Bloch, eds., p. 165-191.
Dilley, R., ed., 1992, Contesting Markets, Analyses of Ideology. Discourse and Practice, Edinburgh U.P.
Fisiy, C. & Geschiere, P., 1990, « Judges and Witches, or How is the State to Deal with Witchcraft », Cahiers d'Études africaines XXX,2 : 135-156.
Fisiy, C. & Geschiere, P., 1991, « Sorcellerie et accumulation : Variations régionales », Critique of Anthropology 11,3 : 251-277.

---

(32) Bien sûr, on peut citer de nombreuses études anthropologiques qui traitent de ces processus d'hybridation. Deux exemples sur le Kenya indiquent des trajectoires très différentes. Dès 1972, Parkin montra comment les entrepreneurs giriama utilisaient l'islam pour se protéger des tendances partageuses à l'intérieur des réseaux de parenté, sans pour autant se couper de leurs relations familiales et notamment des aînés, dont le soutien leur était encore nécessaire. Une étude plus récente de Shipton (1989) sur les Luo montre un schéma très différent : dans son analyse, les Luo distinguent « l'argent amer » de formes plus acceptables de l'usage de l'argent, en vue d'intégrer l'économie monétaire dans leur ethos familial. Là encore, il semble que la texture différente du réseau de la parenté joue un rôle important. Un cadre comparatif plus systématique nous serait sans doute nécessaire pour mieux analyser ces variations.

Furnivall, J.S., 1948, *Colonial policy and practice*, Cambridge U.P.

Geschiere, P., 1982, *Village communities and the State, changing relations in Maka villages (S.E. Cameroon)*, Londres : Kegan Paul International/Leyde : Centre d'études africaines.

Geschiere, P., 1983, « European planters, African peasants and the colonial State : Alternatives in the "mise en valeur" of Makaland, Southeast Cameroon, during the interbellum », *African Economic History* 12 : 83-108.

Geschiere, P., 1988, « Sorcery and the State », *Critique of Anthropology* 8 : 35-63.

Geschiere, P., 1992, « Anthropologists and the crisis in Africa : Beyond conceptual dichotomies ? », La Haye : IMWOO.

Geschiere, P. & Konings, P., eds., 1993, *Les itinéraires d'accumulation au Cameroun/Pathways to Accumulation in Cameroon*, Paris : Karthala/Leyde : Centre d'études africaines.

Geschiere, P (à paraître), *La viande des autres. Sorcellerie et politique au Cameroun*, Paris, Karthala.

Goheen, M. (à paraître), *Men Own the Fields, Women Own the Crops*, Wisconsin U.P.

Guyer, J.I., 1986, « Indigenous Currencies and the History of Marriage Payments », *Cahiers d'Études africaines* XXVI,4 : 577-610.

Harris, O., 1989, « The earth and the state : the sources and meanings of money in Northern Potosi, Bolivia », in Parry & Bloch, eds., p. 232-269.

Hart, K., 1986, « Heads or tails — two sides of the coin », *Man* 21,4 : 637-656.

Hyden, G., 1980, *Beyond Ujamaa in Tanzania. Underdevelopment and an Uncaptured Peasantry*, Londres : Heinemann.

Laburthe-Tolra, P., 1977, *Minlaaba, histoire et société traditionnelle chez les Beti du Sud-Cameroun*, Paris : Champion.

Laclau, E. & Mouffe, C., 1985, *Hegemony and Socialist Strategy. Towards a Radical Democratic Politics*, Londres : Verso.

Losch, B., Fusillier, J.-L, Dupraz, P., 1992, *Stratégies des producteurs en zone caféière et cacaoyère du Cameroun. Quelle adaptation à la crise ?* Montpellier : CIRAD/DSA.

Mebenga, L.T., 1990, *Les Funérailles chez les Ewondo*, thèse de doctorat 3e cycle, Université de Yaoundé.

Meillassoux, C., 1975, *Femmes, greniers et capitaux*, Paris : Maspero.

Parkin, D., 1972, *Palms, Wine and Witnesses*, Londres : Intertext Books.

Parry, J., & Bloch, M., 1989, « Introduction : Money and the Morality of Exchange », in Parry & Bloch, eds., p. 1-33.

Parry, J., & Bloch, M., 1989, *Money and the Morality of Exchange*, Cambridge U.P.

Polanyi, K., 1957, « The economy as an instituted process » in K. Polanyi, C.M. Arensberg & H.W. Pearson, *Trade and Market in the Early Empires*, New York, Free Press.

Rey, P.-P., 1971, *Colonialisme, néo-colonialisme et transition au capitalisme*, Paris : Maspero.

Rey, P.-P., 1973, *Les Alliances de classes*, Paris : Maspero.

Rowlands, 1993, « Economic dynamism and cultural stereotyping in the Bamenda Grassfields », in Geschiere & Konings, eds.

Scott, J.C., 1976, *The Moral Economy of the Peasant : Rebellion and Subsistence in Southeast Asia*, Yale U.P.

Shipton, P., 1989, *Bitter Money, Cultural Economy and Some African Meanings of Forbidden Commodities*, Washington DC : AAA.

Strathern, M., 1985, « Kinship and economy : Constitutive orders of a provisional kind », *American Ethnologist* 12 : 191-209.

Taussig, M., 1980, *The Devil and Commodity Fetishism in South America*, University of Chicago Press.

Taussig, M., 1987, *Shamanism, Colonialism and the Wild Man. A Study of Terror and Healing*, University of Chicago Press.

Warnier, 1993, *L'Esprit d'entreprise au Cameroun*, Paris : Karthala.

Warnier, J.-P. & Miaffo, D., 1993, « Accumulation et ethos de la notabilité chez les Bamiléké », in Geschiere & Konings, eds.

Wirz, A., 1972, *Vom Sklavenhandel zum kolonialen Handel — Wirtschaftsräume und Wirtschaftsformen in Kamerun vor 1914*, Zurich : Atlantis.

DEUXIÈME PARTIE

DON ET MARCHÉ

Réciprocité et don vont de pair. Marcel Mauss faisait de celui-ci une propriété des sociétés « archaïques » et ne discernait dans les économies modernes que des « survivances considérables de ces traditions ». On en doute aujourd'hui, et tout un courant de l'anthropologie s'attache à démontrer que le don appartient aussi bien à la modernité des sociétés industrielles. Les cas de l'Iran et de l'Inde suggèrent en tout cas que les actes de libéralité ne sont en rien contradictoires avec l'esprit d'entreprise dans un contexte de libéralisation économique. Les deux pays ont décidé — respectivement en 1989 et en 1991 — de tempérer le dirigisme et le protectionnisme auxquels ils adhéraient et d'épouser à leur tour le mot d'ordre de la « privatisation » et de la transition à l'économie de marché. Or, dans les deux cas, les opérateurs économiques brillent volontiers par leur munificence et exercent leur générosité au profit de particuliers, d'œuvres pieuses, de mouvements politiques ou de la chose publique. L'hétérogénéité de ces pratiques interdit sans doute qu'on les confonde trop rapidement sous le terme générique de « don ». Mais quoi qu'il en soit, pour être entreprenant et « moderne », on n'en est pas moins prodigue. Il est deux manières de le comprendre. On peut mettre l'accent sur l'instrumentalisation de sa générosité par l'homme d'affaires : celui-ci donne par calcul, pour servir rationnellement ses intérêts propres, dans le cadre d'une stratégie mûrement réfléchie. On peut au contraire insister sur la dimension gratuite du don et considérer, avec Marshall Sahlins, que « c'est la culture qui constitue l'utilité » et que « le capitalisme est lui aussi un processus symbolique » : tributaire d'un imaginaire social, l'opérateur économique donne pour se conformer à un style de vie, à une éthique existentielle globale dont les manifestations ne sont pas seulement d'ordre matérialiste mais renvoient, par exemple, à une conception du corps et de la discipline physique, sous la forme de la pratique d'un art martial dans des gymnases, les zurkhan-e *en Iran ou les* akhara *en Inde. Raison utilitaire ou raison culturelle ? Le précédent célèbre des bourgeois protestants nous a déjà dit que cette ambivalence est inhérente au donateur capitaliste.*

5

L'imaginaire économique
en République islamique d'Iran*

par Fariba Adelkhah

Pour le voyageur occidental, l'un des lieux les plus étonnants de Téhéran est sans doute la Bourse des valeurs, qui a emménagé dans ses nouveaux locaux en 1990. Modernisme de l'architecture intérieure et du mobilier, ordinateurs, tableau électronique de cotation, courtiers dont la mise vestimentaire ne paraîtrait pas déplacée Palais Brongniart. Et même des femmes, certes en habit islamique mais dont le chic est évident : elles s'activent dans la salle des opérations ou, plus nombreuses, assistent au déroulement de celles-ci parmi le public.

Cependant, la surprise ne doit pas provenir du spectacle de la modernité technologique, ni même de celui du travail des femmes : la République islamique n'a jamais récusé ni l'une, ni l'autre. La nouveauté réside plutôt dans l'adhésion, au moins apparente, du régime au « temps mondial » de l'économie capitaliste (1). En effet, les idéologues de la Révolution de 1979 prétendaient rompre avec cette dernière, aussi bien d'ailleurs qu'avec le socialisme, selon le slogan « ni Ouest, ni Est ». Ils tentèrent de définir une économie islamique spécifique. Mais l'originalité de cette troisième voie a toujours été problématique. La conception que s'en faisaient le.Premier ministre, Mir Hossein Moussavi (1981-1989), et ses partisans fut vite suspectée d'être trop favorable au socialisme par quelques-uns des plus éminents soutiens de la Révolution — tel l'ayatollâh Beheshti — et par les plus hauts dignitaires du clergé. Le débat

* Cette recherche a été effectuée grâce à une subvention du ministère de la Recherche et de la Technologie de la République française.

(1) Z. Laïdi, *L'ordre mondial relâché*, Paris, Presses de la Fondation nationale des sciences politiques, 1992.

alimenta un nombre considérable de publications — un institut du ministère du Commerce a dénombré plus de 1 500 titres entre 1979 et 1989 (2) — et culmina lors de la discussion des lois sur le partage des terres et sur la propriété privée (3). Jusqu'à sa mort, l'ayatollâh Khomeyni garda une attitude assez équivoque sur ces questions comme sur bien d'autres et se contenta d'arbitrer entre les courants antagonistes pour apaiser les tensions.

Sous la pression des événements, la crédibilité de la ligne étatiste s'est progressivement érodée : en 1989 Hachemi Rafsandjâni, le nouveau président de la République, renvoya Mir Hossein Moussavi et entreprit une réforme économique d'inspiration libérale ; dans le même temps, l'aile droite du régime, qui avait critiqué les dérives socialistes et qui exprimait ses vues dans le quotidien *Resâlat* depuis 1986, n'a cessé de s'affirmer et a remporté les élections législatives de 1992. La grande question est maintenant de savoir si le projet d'ouverture au capital étranger, que poursuit H. Rafsandjâni, est compatible avec les attentes conservatrices de ceux que l'on nomme désormais les *resâlati*.

Quoi qu'il en soit, le rêve d'une économie islamique qui serait fondamentalement différente de l'économie capitaliste ou socialiste s'est évanoui, ainsi que l'a remarqué Olivier Roy (4). De l'aveu même d'un dirigeant du Mouvement de libération nationale, la définition d'un tel système n'avait pas été abordée de façon sérieuse avant la Révolution par les penseurs islamiques (5). Il n'empêche que des marchands du bazar avaient commencé à créer des caisses de prêt sans intérêt (*qarz-ol hasaneh*, littéralement « de bon prêt ») dès 1969 (6), comme pour rappeler qu'une société n'attend pas ses théoriciens pour exister. Ces mêmes caisses constituent aujourd'hui l'une des grandes composantes du courant des *resâlati*. Les rapports entre l'islam et l'économie sont donc plus complexes et plus fragmentaires qu'on ne le dit souvent. Plus encore, l'islam n'a pas le monopole de la pensée et des comportements économiques dans l'Iran contemporain. D'une part, les acteurs peuvent se référer au « temps mondial » de l'économie, à ses modèles occidentaux, japonais, voire sud-est-asiatiques. De l'autre, ils disposent de références idéologiques iraniennes autres qu'isla-

(2) Institut d'études et de recherches commerciales, *Eqtesâd-e eslâmi dar matbu'ât*, Téhéran, 1370/1991.

(3) A. Rahnema & F. Nomani, *The secular miracle. Religion, politics & economic policy in Iran*, Londres, Zed Books Ltd, 1990.

(4) O. Roy, *L'échec de l'islam politique*, Paris, Le Seuil, 1992.

(5) Source : entretien.

(6) Organisation de l'économie islamique, *Sandoqhâ-ye qarz-ol hasaneh der irân*, Téhéran, 1364/1985.

miques, telles que les héritages religieux et culturels anté-islamiques. Il n'y a pas nécessairement de contradiction entre l'islam et ces autres répertoires. Dans leurs pratiques quotidiennes, les acteurs ne cessent de les mélanger (7). Aussi est-il assez vain de chercher à faire la part de ce qui est islamique et de ce qui serait anté-islamique, par exemple en raisonnant en termes de survivances, de tradition ou même de culture. L'ethos économique, dans l'Iran d'aujourd'hui, ne peut être que moderne, car il est contemporain : même ses représentations ou ses pratiques les plus anciennes ne valent que par le contexte actuel, celui d'une République islamique qui n'a rien de traditionnel, et bien sûr celui d'une internationalisation croissante de l'économie.

Nous allons voir qu'il en est notamment ainsi du don, l'une des pratiques les plus communes de la société iranienne en même temps qu'elle a fourni aux anthropologues un thème privilégié de discussion. Comment ne pas commencer par nous reporter à l'*Essai sur le don* de Marcel Mauss ? Celui-ci faisait de « l'économie de l'échange-don » une propriété des sociétés « archaïques » et ne discernait, dans les économies modernes, que des « survivances considérables de ces traditions » (8). Le courant anti-utilitariste montre désormais que cette dichotomie est trop simpliste et que « le don est aussi moderne et contemporain que caractéristique des sociétés archaïques » (9).

Nous le constaterons, la remarque vaut pour la République islamique. Mais elle a également l'avantage d'amener à une deuxième observation. L'approche utilitariste nous empêche de saisir que le don est avant tout une relation entre donateur et donataire, et non pas un objet en soi. Il acquiert sa signification autant dans l'acte de donner que dans celui de recevoir (10). En bref, il participe d'un système de relations sociales. C'est dans ce sens que nous associerons la pratique du don à la notion du « dos » comme symbole d'un réseau de rapports sociaux qui « épaulent ». Mais il reste alors à trancher entre deux interprétations. La première voit dans le don un instrument qui permet aux acteurs de maximiser leurs gains : par exemple aux puissants de maximiser leur influence en mobilisant leurs clientèles. D'une certaine manière, Mauss adhère à cette explication quand il assimile le potlatch à « une lutte des nobles pour assurer entre eux une hiérarchie dont

---

(7) Comme le prouve par ailleurs l'usage chez les femmes du *hejâb*. Voir F. Adelkhah, *La révolution sous le voile. Femmes islamiques d'Iran*, Paris, Karthala, 1991.
(8) M. Mauss, *Sociologie et anthropologie*, Paris, PUF, 1983, p. 266.
(9) J.T. Godbout (en collaboration avec A. Caillé), *L'esprit du don*, Paris, La Découverte, 1992, p. 20.
(10) J.T. Godbout, *op. cit.*

ultérieurement profite leur clan » (11) et quand il écrit : « Donner, c'est manifester sa supériorité, être plus, plus haut, *magister* ; accepter sans rendre ou sans rendre plus, c'est se subordonner, devenir client et serviteur, devenir petit, choir plus bas *(minister)* » (12). La seconde interprétation conteste l'utilitarisme, refuse de réduire le don à la recherche purement rationnelle d'un profit et y trouve l'expression d'une « raison culturelle » (par opposition à « utilitaire »), ou si l'on veut d'un imaginaire social (13). Mauss n'est pas non plus étranger à cette deuxième lecture. Il présente le don comme un « fait social total », d'ordre politique, économique, religieux, mais aussi esthétique, dont l'« émotion » n'est jamais absente (14).

Notre intention n'est pas de choisir entre ces deux démarches qui renvoient chacune à des aspects indéniables de la réalité sociale. Nous analyserons plutôt la pratique du don comme procédure concrète de fabrication des rapports sociaux entre acteurs économiques dans l'Iran contemporain, des années soixante à aujourd'hui. Nous espérons ainsi suggérer qu'elle n'est pas seulement le legs d'un passé ou d'une tradition, mais une manière parmi d'autres d'inventer la modernité économique. A ce titre, elle n'est peut-être pas forcément incompatible avec l'économie de marché ou, tout au moins, avec la réouverture de l'économie iranienne sur l'extérieur.

Ali, marchand de voitures et intermédiaire de la modernité

Dans une avenue du centre huppé de Téhéran on peut voir un magasin de voitures luxueuses, importées d'Europe ou du Japon. Son propriétaire, que l'on appellera Ali, y revend des véhicules neufs que des particuliers lui confient à leur retour de leur séjour à l'étranger ou d'un déplacement commercial à Dubaï. Ali affirme que les voitures lui sont laissées en dépôt, mais il est plus vraisemblable qu'il a acheté au moins celles qui sont exposées dans son magasin. De la même manière, un marchand de tapis soutiendra toujours — ne serait-ce que pour déjouer la curiosité du fisc — que les pièces de sa boutique ne lui appartiennent pas. Ali

(11) M. Mauss, *op. cit.*, p. 152-153.
(12) *Ibid.*, p. 269-270.
(13) M. Sahlins, *Au cœur des sociétés. Raison utilitaire et raison culturelle*, Paris, Gallimard, 1980.
(14) M. Mauss, *op. cit.*, p. 274-275.

est donc un intermédiaire *(vâseteh, dallâl)*, il commercialise un bien de consommation qui reste l'un des plus prisés douze ans après la Révolution islamique. L'une des principales institutions du régime, la Fondation des Déshérités, en prit d'ailleurs acte en 1992 en annonçant son intention de construire une usine de montage de Mercedes-Benz, non sans susciter quelques critiques dans les journaux et pas mal de sourires dans l'opinion. En tant qu'intermédiaire, Ali est de plain-pied avec la « seconde économie » qui a bourgeonné depuis une dizaine d'années, du fait du marché noir des devises *(bâzâr-e dolâr)* (15). Cette « seconde économie » n'est pas à proprement parler un « secteur informel » qui se distinguerait complètement de l'économie officielle. La plupart des institutions économiques du régime y sont parties prenantes, en particulier les grandes fondations, les Gardiens de la Révolution et le réseau des banques islamiques, qui précisément sont très actifs dans l'importation des voitures étrangères. Ali y voit une concurrence qu'il n'est pas loin de juger déloyale en raison des appuis politiques dont elle dispose. Reste à savoir s'il ne commercialise pas lui-même certaines voitures importées par ces réseaux. Son irritation proviendrait alors de son déclassement : il se trouve maintenant à la fin de la chaîne et voit son pouvoir — mais non forcément ses profits — diminuer d'autant.

Ali est âgé de 61 ans, marié, père de quatre filles et d'un garçon. Mis à part son aisance matérielle, il est à la tête d'une famille représentative de la société iranienne contemporaine. Les parts de la « tradition » et de la « modernité », les opinions politiques, les intérêts économiques s'y mêlent, et il est difficile de qualifier les comportements des uns et des autres de façon trop rigide. Que l'on en juge. L'aînée de ses filles a fait des études supérieures en Angleterre, puis est rentrée au pays pour épouser un homme que la famille considère comme *hezbollâhi*, et dont elle a eu deux enfants ; mariée, donc, à un islamiste, elle enseigne depuis à l'Université. La seconde enfant, après avoir réussi le concours d'entrée à l'Université de Téhéran, s'est mariée à un *bâzâri* et a abandonné ses études avant leur terme. La troisième a suivi un cycle d'études court afin de devenir enseignante, métier qu'elle pratique toujours aujourd'hui. Elle s'est mariée et, la conception d'un enfant s'avérant délicate, elle a passé trois mois à Londres pour tenter

---

(15) H. Pesaran, « The Iranian foreign exchange policy and the black market for dollars », Genève, novembre 1990, multigr. ; H. Amirahmadi, *Revolution and Economic Transition. The Iranian Experience*, Albany, State University of New York Press, 1990 ; B. Hourcade et F. Khosrokhavar, « La bourgeoisie iranienne ou le contrôle de l'appareil de spéculation », *Revue Tiers Monde*, XXXI (124), octobre-décembre 1990, p. 877-898.

une insémination artificielle qui n'a pas réussi. Le fils n'a guère eu envie de prolonger ses études ; après l'obtention de son bac et deux années de service militaire, il s'est retrouvé dans le magasin de son père. Enfin la dernière fille vient de réussir l'examen d'entrée à l'une des universités islamiques de Téhéran, qui correspondent en réalité à des universités libres et payantes.

Le paysage familial dont est issu Ali est tout aussi contrasté. Il est le fils cadet d'une famille de neuf enfants, dont quatre filles. Son père était natif de Kermân et s'installa à Mashhad à la fin du siècle dernier. Il était notaire, ce qui veut dire, dans le contexte iranien, qu'il était un clerc et qu'il enregistrait, outre les ventes, les mariages. Il était devenu par la suite fonctionnaire au ministère du Trésor, reconversion qui n'avait rien de contradictoire ou d'exceptionnel compte tenu du fait qu'il était lettré. Il vouait aux religieux et aux *bâzâri* une haine prononcée, comme le prouve par exemple le fait qu'il donna ses filles en mariage à des fonctionnaires. Il répondit aux vœux du Shah dans les années trente et se présenta en public avec son épouse, tous deux vêtus d'habits modernes (costume et chapeau pour l'homme, chapeau et manteau long pour la femme). Nommé à Téhéran, il se logea dans un quartier qui devint l'un des fiefs du mouvement extrémiste des *Fadaïyân-e eslam*. Il revint alors à ses études cléricales, à son *'abâ* (sorte de burnous sans capuchon) et à son turban qu'il n'avait d'ailleurs jamais totalement délaissés puisqu'il allait ainsi vêtu à l'intérieur de sa maison. A sa mort, à la fin des années soixante, on découvrit dans son testament qu'il avait choisi l'Emâm Khomeyni comme « source d'imitation ». Quant à la mère d'Ali, elle était décédée quand celui-ci avait onze ans ; son père avait souscrit un « mariage temporaire » après les noces de sa dernière fille, non sans provoquer les critiques de ses enfants.

Ali et ses frères ont eux aussi migré, certains d'entre eux bien avant leur père. Ils se sont introduits les uns après les autres dans les milieux du bazar, malgré l'opposition de celui-ci. Quatre d'entre eux se sont ainsi installés à Téhéran ; le cinquième a préféré s'établir dans un bourg de la périphérie d'Ispahan pour les nécessités de son travail, la maçonnerie. Des quatre Téhéranais, l'aîné est devenu chauffeur de taxi après avoir conduit un camion dont il était propriétaire ; le second est devenu couturier et s'est spécialisé par la suite dans le vêtement de fourrure ; les deux derniers, Mohammad et Ali, ont acheté en commun un taxi, une Mercedes déjà... Mohammad est retourné à Mashhad où il a continué d'exercer son métier de chauffeur ; après la Révolution, il a rejoint les rangs de l'Organisation de la Croisade de la reconstruction pour affirmer sa qualité de parfait religieux *(mazhabi)*. Ali, quant à lui, devint vendeur de voitures, après avoir été apprenti chez un commerçant du bazar dont il épousa la fille quelques années plus tard.

Sa réussite professionnelle s'affirma peu à peu *(kar-o bâresh migireh)*. Il acheta son premier magasin avec un associé, puis il s'établit seul. Plusieurs signes témoignèrent de son ascension : il partit en voyage à l'étranger à la fin des années 60 et, au début des années 70, il s'acheta une maison au nord de la capitale. Ce succès se parait également des feux de la modernité : l'aînée abandonna le voile, ses autres filles n'en firent pratiquement pas usage jusqu'à la Révolution, sa famille le suivit dans ses déplacements à l'extérieur du pays où l'aînée — toujours elle — finit par aller achever ses études. Si l'on entrait dans l'intimité de ce foyer, on pouvait repérer d'autres éléments de cette modernité. Il y avait d'abord l'équipement de la maison : présence de fauteuils, existence d'une salle à manger. Ensuite des cours de danse classique, de musique et de langue anglaise étaient dispensés aux enfants. En 1971, deux des filles, à l'âge de 7 et 9 ans respectivement, ont même joué dans *Hasan Kachal* de Ali Hatami, un film qui, d'ailleurs, mettait en scène la tradition comme une période à jamais révolue, réduite à l'état de folklore ou de mythe féerique. Nous verrons que les choses ne sont pas si simples... Les habits de la famille étaient souvent confectionnés à partir d'une consultation attentive des magazines de mode occidentaux, qui parfois étaient commandés directement en Europe. Les occasions modernes de retrouvailles avec la famille élargie, comme les fêtes d'anniversaire ou les fêtes de fin d'études, coexistaient avec les fêtes plus traditionnelles, comme celles de la circoncision, ou encore avec les réunions religieuses des femmes.

On remarquera qu'Ali a exprimé son dégoût pour le monde du bazar d'une façon très différente de celle de son père : il a voulu donner à ses enfants une éducation moderne qui devrait leur permettre de gagner leur vie autrement que par le commerce, même si son fils a pour l'instant déçu ses espoirs — et plus encore peut-être ceux de son épouse — en rejoignant le magasin de voitures. Quoi qu'il en soit, le métier d'Ali ne doit pas faire illusion. Certes, il n'est ni épicier, ni marchand de tapis. Mais son commerce de Mercedes-Benz est une activité qui ne requiert aucune formation particulière, ni aucun signe vestimentaire spécifiquement moderne comme le port de la cravate. Ali est un intermédiaire *(vâseteh)*, mais un intermédiaire de la modernité en tant que vendeur de voitures luxueuses. Il n'appartient pas au groupe des métiers urbains qui se situaient au sommet de la hiérarchie sociale à la veille de la Révolution et qui restent aujourd'hui très valorisés, tout en ayant l'inconvénient majeur d'être mal rémunérés en raison de l'inflation : il n'est ni ingénieur, ni docteur, ni fonctionnaire et son propre fils, nous l'avons vu, n'a pas, lui non plus, obtenu ce statut enviable auquel il était destiné.

Devenu millionnaire dans les années 1970, Ali entreprit le voyage traditionnel à La Mecque et devint *Hâj Aghâ*, qualificatif qu'il conserve depuis, autant dans sa famille que sur son lieu de travail. En 1978, il soutint la Révolution avec l'ensemble de sa famille. Deux de ses filles devinrent d'ailleurs des militantes islamiques et se mirent à porter le voile avec zèle. Cependant, son commerce ne souffrit jamais de ces événements. Pendant longtemps, Ali fut l'un des seuls à détenir une licence d'importation de voitures étrangères. Depuis la libéralisation du commerce extérieur, en 1989, la concurrence est certes plus rude, mais la quantité des transactions compense financièrement la disparition de sa position privilégiée.

Aujourd'hui, ses affaires ont « pris », comme l'on dit en persan *(kâr-o bâresh gerefteh)* par comparaison avec le feu. Elles sont solides, on pourrait presque dire qu'elles sont impérissables, ou encore qu'elles sont en or *(sekkeh*, littéralement « en pièces »). Ali est perçu comme un possédant *(dârâ)*, il dispose d'argent *(puldâr)*, il est un homme riche *(servatmand)*, il a une bonne situation *(vaz'esh khubeh)*. Cependant, il ne faudrait pas se focaliser sur cette dimension matérielle. L'appréciation recouvre des contenus plus symboliques. Ali est également *sarshenâs*, expression qui a un double sens. Elle signifie d'abord qu'il connaît beaucoup de gens, et ensuite qu'il est reconnu par un cercle d'amis ou de relations proprement illimité. Il peut aller dans une banque, à la police, au sein du bazar, chez les Gardiens de la Révolution, dans une agence de voyages sans risquer l'anonymat. Ce n'est toutefois pas l'opulence qui constitue sa qualité fondamentale. Il est l'espoir *(omid)*, la fierté *(eftekhâr)*, l'ombre au-dessus de la tête de ses proches *(sâyeh-e sar)*. « Haj Aghâ — dit l'un de ses frères, au risque de commettre un anachronisme — est comme l'Emâm 'Ali, il obtient 20 sur 20 dans toutes les matières ». « Ali répond toujours à l'appel au secours *(faryâd-ras)* », renchérit l'une de ses sœurs qui a fini par le surnommer ainsi. « Haj Aghâ sème le bien autour de lui », poursuit un collègue. Ali s'impose malgré lui par une présence constante, liée à sa richesse, bien sûr, mais surtout aux usages qu'il en fait, à sa manière de se comporter, à sa façon d'être.

Ali est « de bon compte » *(khosh hesâb)* aux yeux des interlocuteurs qui sont en affaires avec lui. On pourrait presque dire qu'il est « réglo », mais l'expression persane ne relève pas de l'argot. Ali attire la confiance *(e'temâd)*, on peut compter sur lui et sur sa parole (*rush* ou *ru harfesh hesâb mikonand*). Mais il est aussi un philanthrope *(ensân-dust)*, il a bon cœur *(delsuz)*. La correction de sa pratique professionnelle va de pair avec la droiture de ses sentiments et de son tempérament empreint d'humanité. Toutes ces qualités se traduisent par l'aide matérielle qu'il apporte à qui de droit — par cercles concentriques, sa famille plus ou moins proche, ses employés, son voisinage — et sous diverses formes, du don personnel à l'occasion de cérémonies familiales au don religieux, notamment dans le courant du mois de moharram. Mais là encore la générosité d'Ali ne se réduit pas à sa seule dimension matérielle ou quantifiable. Il s'agit avant tout d'un ensemble de qualités qui forment un « style de vie » (Max Weber).

Les anciens auraient dit d'Ali qu'il est un *javânmard*, pour souligner son adhésion à une éthique sociale dont l'altruisme est le pivot. Ils lui auraient également reconnu la plénitude de sa qualité d'homme *(mardânegui)*, évoquant par là son courage, son honneur, sa modestie, son humilité, sa rectitude (16). Dans mon enquête, ces dernières expressions n'ont été utilisées que deux fois pour qualifier Ali, par un homme âgé de plus de 70 ans. Ce vocabulaire semble donc se référer au passé et marquer une époque révolue. Pourtant mon enquête m'a donné le sentiment que les choses étaient sans doute plus complexes après douze ans de République islamique, de guerre et de crise économique. Un autre de mes interlocuteurs m'a déclaré assez crûment : « Aujourd'hui on est un *javânmard* si l'on réussit à rapporter un kilo de viande à la maison ». Il voulait par là indiquer que l'action de l'homme le plus valeureux se ramenait maintenant à cet acte assez dérisoire. Néanmoins, derrière le cynisme apparent de ces propos, demeure l'idée du don et du sacrifice qu'il représente : en l'occurrence, le surcroît de travail, la fatigue, l'habileté qui permettent d'acheter ce produit, devenu hors de prix du fait de l'inflation galopante. La crise économique semble réduire le champ d'action des *javânmard* : « Le mieux que l'on puisse dire d'un confrère, c'est qu'il est "de bon compte". On se passerait volontiers qu'il soit un vrai *javânmard* », confirme un vendeur de matériel audiovisuel. Les ambitions du *javânmard* se sont rétrécies : « Il est de ceux qui apportent le pain quotidien, qui assurent la journée », dira-t-on. Sa munificence s'est repliée sur l'enceinte de sa famille, qui épuise maintenant l'essentiel de sa force.

---

(16) Paul Veyne écrit de la même manière, à propos des évergètes romains, que « leur qualité d'hommes qui sont pleinement hommes leur fait un devoir d'être sensibles à tous les idéaux humains » : « ils se considèrent comme le type de l'humanité » (*Le pain et le cirque. Sociologie historique d'un pluralisme politique*, Paris, Le Seuil, 1976, p. 17).

Mais de là à penser que cette éthique a disparu, comme le prédisait Taeschner (17) voilà plus de trente ans, il y a un pas que nous ne franchirons pas. Paradoxalement, le rétrécissement du champ d'action du *javânmard* élargit les couches sociales qui sont susceptibles de se reconnaître dans ses valeurs. La pratique sociale du don reste fondamentale dans la vie quotidienne, dans les activités économiques et naturellement dans la sphère religieuse. Elle est bien à ce titre un « fait social total », qui devrait nous permettre de « percevoir l'essentiel, le mouvement du tout, l'aspect vivant, l'instant fugitif où la société prend, où les hommes prennent conscience sentimentale d'eux-mêmes et de leur situation vis-à-vis d'autrui » (18).

Le *javânmardi* comme imaginaire

Le terme de *javânmardi*, qui définit ainsi une éthique existentielle, c'est-à-dire un style de vie, renvoie à la notion de jeune (*javân*, jeune ; *mard*, homme). Il est la traduction persane du terme arabe de *futuwwa* (prononcé en persan *fotowwat*), qui provient lui aussi de la racine *fati* (jeune). Ceux qui agissent selon ce code éthique sont nommés *javânmard* ou *fati*. Ils se distinguent par deux traits essentiels : l'esprit de munificence *(sekhâvat)* et le courage *(shojâ'at)* (19). Mais ces termes ont une signification plus riche. Leur polysémie a nourri trois types de débat (20).

---

(17) F. Taeschner, « Le *fotowwat* dans les pays islamiques et son émergence en particulier en Iran et chez ses voisins » (en persan), *Revue de la faculté des lettres de Téhéran*, 2, 1335/1956-57, pp. 76-94.

(18) M. Mauss, *op. cit.*, p. 275.

(19) Voir Henry Corbin, dans son introduction analytique au *Traité des compagnons-chevaliers*, Téhéran/Paris, Département d'iranologie de l'Institut franco-iranien de recherche ; Librairie d'Amérique et d'Orient, Adrien-Maisonneuve, 1973.

(20) F. Taeschner, *op. cit.* ; Ibn Asir, *Akhbâr-e iran az alkâmel-e ebn-e Asir*, trad. Bastani Parizi, Téhéran, Donyâ-ye ketâb, 1365/1986 ; Ibn Batuta, *Safar nâmeh*, trad. Mohammad-Ali Movahhed, Téhéran, Bongâh-e ketâb, 1348/1969 ; Vâ'ez Kâshefi Sabzevâri, *Fotowwat nâmeh soltâni*, Téhéran, Bonyâd-e farhang-e iran, 1350/1971 ; Dr. Mohammad Riyâz Khân, *Sharh-e ahvâl va âsâr-e mir seyyed 'ali hamedâni*, thèse, Téhéran (faculté des lettres de l'université de Téhéran), 1347/1968 ; Kâzem Kâzemeyni, *naqsh-e pahlavâni va nehzat-e 'ayyâri dar târikh-e ejtemâ'i va hayât-e siyâsi-e mellat-e irân*, Téhéran, Châp-khâneh bânk-e melli, 1343/1964 ; Bastani-Parizi, *Yaqub-e leys*, Téhéran, Negâh, 1344/1965 ; *Târikh-e sistan*, auteur inconnu, Téhéran, Peyk-e irân, 1366/1987 ; Hamid Hamid, *Zendegi, ruzegâr va andisheh-ye puriâ-ye vali*, Téhéran Sâhel, 1353/1974 ; Mortezâ Sarrâf, « javânmardân », in *Armaqân*, numéros 2, 4, 5, 6 et 7, 1350/1971 ; W.N. Floor, « The political role of the Lutis in Iran » in M.E. Bonine, N.R. Keddie (eds), *Modern Iran : the Dialectics of Continuity and Change*, Albany, State University of New York Press, 1981, pp. 83-93 ; C. Cahen, « Y a-t-il

Le premier d'entre eux traite de l'origine historique du *fotow-wat*. Certains auteurs évoquent une relation directe entre *fotow-wat* et islam ; d'autres la spécificité de l'islam shiite dans le développement de cette éthique. Pour certains la relation entre *fotow-wat* et soufisme est organique, les deux phénomènes se confondant à certaines périodes historiques. Cette position est nuancée par ceux qui voient dans le *fotowwat* une branche du soufisme, dont la fonction première serait d'en rendre plus accessibles les principes fondateurs. Un Ibn Taymiya est plus critique puisqu'il identifie le *fotowwat* à une tentative d'innovation dans l'islam *(bed'at)*, qu'il récuse donc sans appel. Enfin, Massignon et Hamid en font un principe anté-islamique qu'ils valorisent.

Une seconde controverse porte sur la pratique associative ou communautaire des *fati*. Une première thèse conçoit celle-ci comme des groupes d'hommes sans profession fixe, exerçant n'importe quel métier, disposés à vivre au besoin du pillage. Ce sont alors des bandits, dénommés *'ayyâr* en persan. Une seconde version attribue aux *fati* un mode d'organisation sociale qui rappelle très exactement les pratiques corporatives des guildes. Entre ces deux thèses extrêmes, existent des lectures intermédiaires qui mentionnent l'interdiction faite aux *fati* de pratiquer certaines professions comme employé de bain public, chasseur, boucher, agent de l'État ou intermédiaire, au sens précisément où l'on a dit que notre marchand de voitures, Ali, est un *vâseteh* ou *dallâl*. Contrairement à ce qu'on pourrait penser, les voleurs ne sont pas exclus du cercle des *fati* et peuvent même acquérir en matière de *fotowwat* une réputation exemplaire.

La troisième source de désaccords est plus exotérique encore. On sait que les *fati* ont participé à de nombreuses rébellions tout au long de l'histoire de l'Iran. Mais s'agissait-il d'un rôle politique à proprement parler, qui annonçait la lutte contre le despotisme, voire la revendication démocratique ? Ou d'un mouvement identitaire de résistance nationale contre l'occupation arabe ? N'était-ce au contraire qu'un mouvement social de protestation contre les agents des impôts, voire une simple forme de banditisme social ?

Il n'est pas dans notre propos de trancher ces débats. Ce qui nous intéresse ici, c'est la réactualisation permanente, dans le contexte économique contemporain, d'une éthique historique. Pour ce faire, nous devons abandonner toute conception anachronique du

eu des corporations professionnelles dans le monde musulman classique ? » in A.H. Hourani, S.M. Stern (eds), *The Islamic City : A Colloquium*, Philadelphie, University of Pennsylvania Press, 1970, pp. 51-64 ; L. Massignon, « Les corps de métiers et la cité islamique », *Revue internationale de sociologie*, 1920, vol. 28, pp. 73-88.

fotowwat, que l'on retrouve sous la plume d'un philosophe comme Henry Corbin ou d'un historien comme Bastani-Parizi : cette éthique n'existe pas de façon atemporelle, ni en dehors de toute matérialité ; elle n'intervient pas comme un principe prédéterminé par l'histoire, ni comme un principe déterminant l'action humaine, mais comme une éthique existentielle. En tant que telle, elle a pris des formes très variées suivant les groupes sociaux et les contextes historiques dans lesquels elle a pris corps.

L'histoire du *javânmardi* est ponctuée par un ensemble de personnages dont les récits de vie, largement mythiques, sont sans cesse mobilisés afin de servir de références et d'actualiser la signification de ce répertoire. Parmi ces figures citons pêle-mêle :

— Abraham qui a été si loin dans sa foi et qui était prêt à sacrifier son fils à la justice divine ;

— Joseph — l'un des douze fils de Jacob — qui n'a jamais dévoilé l'acte criminel de ses frères à son égard ;

— Emâm 'Ali pour son humilité, son courage, sa soif de justice ;

— Yaqub-e Leys, fondateur de la dynastie des Saffâr au IXᵉ siècle, qui s'est battu avec acharnement contre les Arabes qui avaient étendu leur pouvoir califal à l'ensemble de l'Iran ;

— Puriyâye-vali, lutteur traditionnel, ayant vécu au XIVᵉ siècle, pour ses leçons d'humilité ;

— Sattâr Khân, héros du mouvement révolutionnaire constitutionnaliste au début de ce siècle, pour son combat en faveur de la justice ;

— Teyyeb, leader de la halle des fruits et des légumes de Téhéran, qui a sauvé la justice-vérité *(hagh)* au prix de sa vie, et sur lequel nous reviendrons longuement ;

— Takhti, lutteur traditionnel et première médaille d'or de l'Iran aux Jeux olympiques de Melbourne en 1956, pour son humilité.

Cette liste pourrait être autrement plus longue. Cependant, ses noms ne résultent pas réellement d'un choix arbitraire de ma part. Ils s'imposent d'eux-mêmes dans l'histoire écrite et orale, ainsi que dans des milieux qui dépassent largement celui des spécialistes du *fotowwat*. Cette énumération un peu baroque souligne, au-delà de la richesse et de l'enracinement social de l'action du *javânmard*, l'extraordinaire diversité des contextes historiques dans lesquels son éthique peut s'exprimer, et l'hétérogénéité des acteurs qui s'en font les locuteurs. Du courage de l'Emâm 'Ali, mâtiné de ferveur islamique, à la lutte contre la domination arabe de Yaqub-e Leys, de la justice laïcisante prônée par Sattâr Khân lors de la Révolution constitutionnelle à la justice hébraïque d'Abraham, que de différences...

La chaîne des héros du *fotowwat* permet donc de ne pas enfermer son champ d'action dans un cadre normatif étroit. Une petite anecdote situe l'engagement du *fati*. Comment agira-t-il si, assis dans la rue, il voit passer un homme qui court l'épée à la main et qui lui fait promettre de ne rien dire à ses poursuivants ? La réponse du vrai *fati* sera qu'il doit changer de place : interrogé, il pourra affirmer n'avoir vu personne « depuis qu'il est assis ici » (21). On le voit, l'éthique du *javânmard* recoupe en grande partie la distinction fondamentale entre l'apparence *(zâher)* et l'intériorité *(bâten)*, que l'on dit constitutive de la vision du monde des Iraniens : la pureté du cœur prime sur l'action manifeste. Par exemple, le *hejâb-e zâher*, le *hejâb* vêtement, ne vaut chez les femmes que par le respect du *hejâb-e bâten*, c'est-à-dire l'ensemble des valeurs auxquelles elles ont à adhérer pour être pleinement femmes, pour être considérées « comme le type de l'humanité » (P. Veyne). C'est en partie au nom de cette logique que l'évergète iranien se doit de demeurer dans l'ombre.

Il nous faut maintenant questionner le rapport — et l'apport — de ce répertoire à la modernité économique sur la scène sociale contemporaine. La figure de Teyyeb, dans son extrême ambivalence, va nous y aider.

Teyyeb, un héros très ambigu

Teyyeb Hâj Rezâï est né en 1912 à Téhéran d'un père qui fournissait en combustible les boulangeries. Selon son fils il aurait été diplômé de l'école militaire de Téhéran. Il aurait fait de la prison pour meurtre dès l'époque de Reza Shah. Après sa libération, il semble avoir été recruté sur la halle des fruits et des légumes par Arbâb Zeyn-ol Abedin, un homme sans enfant, l'un des plus grands négociants de cette place. Teyyeb s'est rapidement imposé comme le principal gestionnaire du marché. Il a contribué, de pair avec Shabân Jafari, à organiser les manifestations de soutien au gouvernement nationaliste de Mossadegh. Mais, après que les religieux se sont désolidarisés de ce dernier, les deux hommes se sont laissé acheter par la CIA et les partisans de la restauration monarchique. Shabân Jafari a intégré le milieu de la Cour et, grâce à ce soutien, a ouvert une « maison de force » *(zurkhâneh)*, lieu où

---

(21) 'Onsor-ol Ma'ali Keykâvus ebn-Eskandar, *Gozideh-e qâbus nâmeh*, Téhéran, Amir-Kabir, 1368/1989, p. 308-309.

l'on pratique une forme de lutte traditionnelle et où l'on prétend observer le *javânmardi* ; dans le même temps il a organisé les supporters de l'équipe nationale de football ; il émigrera aux États-Unis après la Révolution de 1979. Teyyeb, quant à lui, est demeuré sur le marché des fruits et des légumes où son influence n'a cessé de croître, notamment grâce au monopole de l'importation des bananes qu'il a obtenu. En 1963 le pouvoir impérial l'a accusé d'avoir organisé les processions d'*Ashurâ* qui ont tourné en émeutes de soutien à l'ayatollâh Khomeyni, quand celui-ci a été arrêté pour s'être opposé à la « révolution blanche ». Sommé par le procureur de dire qu'il avait été payé par l'ayatollâh, il s'y est refusé et a été exécuté. L'ayatollâh Khoï, à l'époque la figure la plus éminente de la hiérarchie shiite, auprès de laquelle l'ayatollâh Khomeyni trouva refuge à Nadjaf, en Irak, lui a décerné à titre posthume la qualité de « *Horr* » (homme libre), du nom du personnage qui passa du camp de Yazid à celui de Hoseyn lors de la bataille de Karbalâ. L'ayatollâh Khomeyni, pour sa part, ne lui a guère rendu d'hommage public après 1979, bien que l'un de ses fils ait été nommé à la direction du Syndicat de distribution des produits pétroliers (22).

La mort de Teyyeb marque le point culminant de sa vie de *javânmard*. Non pas de façon rétrospective, parce qu'il sauva alors la vie d'un homme qui allait quinze ans plus tard marquer l'histoire de cette région du monde, mais plus simplement parce qu'il refusa le faux témoignage, parce qu'il refusa d'accréditer le non-juste, le faux *(nâ-hagh)* à la place du juste *(hagh)*. Cet épisode prime tous les autres aspects de son existence parce qu'il met en jeu ces notions, constitutives de l'éthique du *javânmard*.

Cependant Teyyeb démontra bien avant son exécution une adhésion complète à cette éthique par sa générosité (la main donatrice, *dast-e bedeh*), par l'aide constante qu'il fournissait aux nécessiteux. « Quatre cents familles recevaient chaque année leur charbon pour l'hiver de Teyyeb » ; « Il allait en personne distribuer les repas aux gens qui travaillaient dans les briqueteries du sud de Téhéran » ; « On voyait encore venir longtemps après sa mort des femmes seules — c'est-à-dire démunies — qui le demandaient près de sa bascule, à l'une des portes principales du marché » : autant de phrases qui sont reprises sans cesse par ceux qui l'ont

---

(22) L'essentiel de mes informations concernant la biographie de Teyyeb provient de mes entretiens privés avec ses amis et les membres de sa famille. Il me faut également citer l'étonnant travail de recherche de Jamshid Sedâghat Nejâd, publié partiellement sous le titre « Teyyeb, qaddâreh-bandi dar kenâr tâqut va bar 'alayh-e ân » in *Asiyâ-ye javân*, 1, 3, 4, 5, 1358/1979.

approché ou qui ont entendu parler de lui. Elles soulignent sa qualité d'évergète. Son fils, aujourd'hui ingénieur diplômé d'une université italienne, déclare à ce propos : « Être l'héritier d'un tel père n'a rien de très facile. On attend de moi la même chose que de lui et je ne peux rien refuser quand je vois les difficultés dans lesquelles se débattent les gens ».

Mais il n'y a pas que les pauvres et les démunis qui soient ainsi touchés par l'action de Teyyeb : « Teyyeb payait l'addition de tout le public du cabaret dans lequel il entrait. » De plus il n'était point homme à déguster seul son repas comme l'illustre l'histoire suivante, sans doute apocryphe. A la fin d'une marche de protestation organisée à l'initiative de Teyyeb et forte de quelques milliers de personnes contre une décision du maire de Téhéran lui interdisant de garder ses moutons sur les halles, notre héros est reçu par le Premier ministre. Au terme d'une longue discussion, ce dernier invite Teyyeb à partager son déjeuner. Teyyeb refuse car il doit s'occuper de ses propres invités qui guettent son retour devant la porte de l'édifice officiel. Le Premier ministre, très affable, l'assure que ceux-ci vont être servis par les gardes du ministère. Et l'on ajoute que, si les partisans de Teyyeb mangèrent à leur faim, les casernes de l'État se virent privées d'un bon repas... L'acte de manger est, semble-t-il, le moment d'une nécessaire communion aux yeux de Teyyeb. Il rejoint ainsi l'éthique du *javânmard*, pour qui « tenir une nappe » *(sofreh dâri)* est un principe fondamental. Mais il faut souligner que les activités publiques de Teyyeb ne l'amenaient pas à négliger sa famille : « Teyyeb prenait son repas de midi et du soir avec sa famille quasiment tous les jours », rappelle l'un de ses plus proches compagnons.

En bref, Teyyeb avait le sens de la famille, du partage, du don et de la justice, qualités que couronnait le courage *(shojâ'at)* dont il fit preuve au prix de sa vie, en refusant de prononcer les mots qu'un pouvoir omnipotent voulait mettre dans sa bouche. Voilà les traits essentiels d'un *javânmard*, tels qu'ils se sont réactualisés dans cette seconde moitié du XXe siècle. Mais un personnage comme Teyyeb, qui intervient dans des épisodes aussi importants que controversés de l'histoire de l'Iran contemporain, ne suscite pas toujours un corpus de récits aussi consensuels que ceux qui viennent d'être rappelés. Il est également le lieu de convergence d'histoires contradictoires, voire antithétiques. Les historiens et les intellectuels, en particulier, critiquent généralement Teyyeb de manière très acerbe. Il est notamment remarquable que la gauche iranienne n'ait pas récupéré cette figure si célèbre des récits populaires, faute de lui avoir pardonné son rôle dans le renversement de Mossadegh, son style de vie jugé dépravé et son refus de respecter les règles les plus élémentaires d'un État de droit. Parmi les intellectuels, ce sont surtout les cinéastes qui ont accordé à ce type de héros une certaine reconnaissance, par exemple dans *Qeysar*, un chef d'œuvre de Kimiyâï. On peut même parler d'un véritable genre cinématographique, le jâhelisme, qui met en scène ces personnages hauts en couleur qui dominaient les quartiers avant la grande vague d'urbanisation des années soixante et qui, eux aussi, aimaient à se poser en *javânmard*.

L'ambivalence de Teyyeb n'a rien d'exceptionnel. Elle caractérise la plupart des histoires de vie des *javânmard*. Tout dépend, pour reprendre l'expression de Jean-Pierre Warnier (23), de savoir par quelle porte nous abordons leurs biographies : côté cour ou côté jardin ? Cette double entrée est indispensable pour mieux saisir les subtilités des répertoires qu'autorise l'itinéraire d'un Teyyeb.

Ainsi, « côté jardin », nous avons l'esprit de munificence de Teyyeb dont l'affirmation peut être nuancée mais qui fait l'unanimité chez ses partisans autant que chez ses adversaires, quand bien même le débat sur les ressources de celle-ci reste ouvert. « D'où venait l'argent qu'il distribuait si généreusement », demandent les uns, alors que d'autres mettent l'accent sur sa prodigalité, qui l'empêcha de constituer une grande fortune tant il donnait, et relèguent la question de l'origine de ses fonds au niveau d'une interrogation mesquine et sans fondement. « Côté cour », intervient la dimension plus sombre de cet homme, qui souvent se traduit par l'emploi de la force. Le courage peut alors être synonyme d'aveuglement obstiné, d'autoritarisme, de despotisme ou d'attachement atavique à un mode de vie dépassé. Il est d'ailleurs intéressant de souligner que les expressions qui permettent de qualifier Teyyeb sont pratiquement identiques chez ses partisans et chez ses détracteurs ; seule la manière dont elles sont énoncées permet de saisir le glissement vers des significations positives ou négatives. Ainsi, Teyyeb est souvent qualifié de « cou épais » *(gardan koloft)*, de « tireur de couteau » *(châqu kesh)* ou de toute une série d'autres termes *(mashdi, dâsh-mashdi, louti...)* qui désignent à la fois la qualité de leader de quartier et la qualité de *javânmard*. Simplement la connotation de ce vocabulaire change suivant le contexte dans lequel il est employé. Si l'usage de la force par Teyyeb divise l'opinion, il y a malgré tout la référence à une période révolue à laquelle on peut penser de manière plus ou moins nostalgique. Le passé est évoqué comme le temps où les « cous épais » imposaient leur loi dans les quartiers. Mais cette loi pou-

---

(23) J.-P. Warnier, *L'esprit d'entreprise au Cameroun*, Paris, Karthala, 1993.

vait être celle de la générosité, de la munificence, comme celle du racket ou des caves dans lesquelles on corrigeait les récalcitrants.

Seulement, l'ambivalence de Teyyeb, inhérente au personnage du *javânmard*, ne peut être dissociée des transformations sociales formidables que l'Iran a connues de son vivant. En tant que personnage historique Teyyeb marque une frontière, ou mieux, un point de basculement. Il met en œuvre, nous l'avons vu, l'éthique ancestrale du *fotowwat*, mais simultanément il se distingue par son chic moderne, par ses nombreux costumes. L'époque de Teyyeb est celle du début de l'explosion urbaine et de l'extension de Téhéran au-delà de la limite de ses douze portes. Son lieu d'action privilégié, la halle des fruits et des légumes, doit être resitué dans ce moment.

La halle des fruits et des légumes : une tradition inventée

C'est dans la deuxième moitié du siècle dernier, dit-on, qu'Amin os-Soltân, Premier ministre, a fait don de l'une de ses propriétés pour que Téhéran jouisse de son statut de capitale en étant approvisionnée en fruits et en légumes provenant des autres régions du pays. La halle, située dans la continuité du bazar sur un plan géographique, s'en distingue par sa fonction d'utilité quasi journalière — il ne s'y vend pas de biens durables — et par son appellation : on parlera, pour la désigner, du *meydun* (la place). En outre, sa gestion s'est révélée au fil des ans plus difficile que celle du bazar (24).

Cette halle est un lieu très important pour la population téhéranaise : si celle-ci peut se passer de viande, elle n'économise guère sur sa consommation de légumes et de fruits qui sont des éléments indispensables du jeu incessant des visites réciproques *(raft-o âmad)* au sein de la famille élargie, selon ce principe de la sociabilité quotidienne qui veut que toute maison honorable tienne « ouverte » sa « nappe ». Il est vraisemblable que cette importance des légumes et des fruits dans l'alimentation des Téhéranais était encore plus grande dans les années cinquante qu'aujourd'hui, car la consommation de viande et de riz était réservée aux jours de fête. C'est dire que la halle mettait en jeu des sommes d'argent consi-

---

(24) Notons par ailleurs que la croissance démographique de Téhéran a nécessité l'ouverture de plusieurs succursales du *meydun* dans le reste de la ville, et que les maires de la capitale ont à plusieurs reprises envisagé son déplacement.

dérables. D'autant plus que, par sa position centrale, cet endroit était également devenu le centre de réseaux commerciaux qui s'étendaient à l'essentiel du pays, une partie des marchandises étant immédiatement réexpédiée vers d'autres villes. Des conflits, quelquefois sanglants, ne manquaient pas d'éclater entre les « cous épais » qui tentaient d'en prendre le contrôle. En outre, la halle était aussi le lieu où interagissaient trois catégories de vendeurs que pressait la nature périssable des fruits et des légumes : les producteurs, les intermédiaires et les marchands ambulants. Les négociations étaient souvent rudes. Et la dureté de la place se trouvait encore accentuée par son défaut d'hygiène, par les déchets et les déjections des animaux de trait, par la boue ou la poussière. D'ailleurs jamais le *meydun* ne devint un lieu où l'on se déplaçait en famille pour s'approvisionner.

Le marchand de la halle *(meyduni)* est associé dans les représentations communes aux autres catégories de commerçants. On dit par exemple qu'il est un « piqueur de chapeaux » (un arnaqueur) du matin au soir. Il vole tout à la fois le producteur, le marchand ambulant et le consommateur. Il est un charlatan qui sait cacher son jeu à tous, sauf à Dieu qui ne lui pardonne rien et lui fait boire l'imbuvable. « La famille des *meyduni* est diabétique tant elle a mangé ce à quoi elle ne pouvait prétendre », affirme ainsi l'un de mes interlocuteurs qui parle des halles avec une certaine nostalgie pour avoir exercé avec d'autres le rôle d'homme de main de Teyyeb, mais qui s'en est éloigné volontairement pour éviter à ses enfants les déboires propres à ce milieu. C'est qu'en vérité la réputation du *meydun* est encore plus déplorable que celle du bazar.

C'est précisément pour assurer la gestion de ce lieu difficile qu'Arbâb Zeyn-ol Abedin fit appel, après la guerre, à Teyyeb qui s'était fait connaître pour son autorité dans le milieu des camionneurs de Kermanshah. Notre cou épais ne le déçut pas et assit sa prééminence en peu de temps sur toute la halle. Mais son succès — l'établissement de son ordre plus que celui de l'ordre... — s'explique essentiellement par deux facteurs qui sont constitutifs de sa réputation. D'abord son courage *(shojâ'at)*. Teyyeb en avait apporté la preuve à Kermanshah en rappelant vigoureusement à l'ordre, dans un café, une tablée de camionneurs qui faisaient trop ostensiblement l'éloge des Anglais. Il confirma vite sa réputation au sein même de ce marché où ses pires ennemis et rivaux finiront par devenir ses amis. C'est que Teyyeb était apprécié pour son « coup de main » *(tar-dasti)*, pour son savoir-faire dans des conflits qui l'opposaient à ses adversaires, quel que fût leur rang social : il traitait de façon aussi heureuse avec un collègue et avec le futur chef de la Savak, Nasiri, qu'il semble avoir giflé publiquement. De même Teyyeb avait le sens des affaires *(vâred bud)*. Dès sa nomination au *meydun*, il avait imposé une taxe sur toutes les marchandises qui arrivaient sur la place ou qui en sortaient. Seuls les plus pauvres, au service desquels Teyyeb prétendait s'être rangé, en étaient dispensés. Plus tard, nous l'avons vu, il obtint de l'empereur la concession de l'importation des bananes en étant exonéré totalement des droits de douane. C'est cette licence qui lui permit de s'enrichir, sans cependant amasser de fortune tant il faisait profiter son entourage de ses revenus. Enfin, il finit par posséder la bascule située à l'une des entrées principales de la halle, et ce contrôle de la pesée lui donna un pouvoir décisif pour dominer le *meydun*.

Pourtant le courage n'est qu'une qualité individuelle. Il ne vaut réellement que s'il acquiert une dimension collective. Teyyeb bénéficiait de la sorte du soutien de nombreux partisans. Il avait du « dos » *(posht)*, au sens d'appui, de soutien. Il avait d'abord l'appui de sa famille, en particulier de ses frères. Le père de Teyyeb était un polygame hors pair : il semble avoir contracté plus de trente mariages temporaires tout en honorant ses quatre épouses légitimes. Sa famille était donc particulièrement nombreuse. Mais seuls trois de ses frères l'épaulèrent dans la halle : Tâher, Ali Akbar, Masih. A ce soutien immédiat, il faut ajouter l'aide des nombreux cousins et de tous ceux qui lui étaient liés par le sang ou par une alliance matrimoniale. Teyyeb disposait aussi de l'assistance de ses « petits » *(nocheh)* pour qui il était un véritable modèle à imiter et qui jouaient souvent le rôle de gardes du corps. A ce deuxième cercle de partisans, s'adjoignait un dernier groupe composé de gens mobilisables à son appel et qui recrutait parmi tous les corps du bazar et surtout parmi les ouvriers des briqueteries. Bref l'hétérogénéité sociale des soutiens de Teyyeb était manifeste. Dans sa mouvance se côtoyaient militaires, avocats, grands propriétaires terriens, clercs, commerçants, hommes de main, ouvriers... C'est justement la raison pour laquelle il est possible de dire que Teyyeb « avait du dos » *(posht dâsht)*.

Ces alliances avaient des origines multiples. Mais il est sûr que l'évergétisme du personnage joua un rôle important dans la surface sociale qu'il s'était acquise. Le don était une des conditions de cette influence. Encore faut-il préciser que celui-ci varie considérablement selon sa nature, selon ses destinataires, selon les contextes dans lesquels il s'inscrit, selon les sentiments qui l'inspirent. Le concept de don est une notion passe-partout qui pose souvent autant de problèmes qu'elle n'en résout. Qu'y-a-t-il de comparable entre les dons en nature que l'on distribue devant les maisons de nécessiteux lors des fêtes religieuses, le règlement de tournées dans les cabarets du sud de la ville, ou l'accueil autour de la nappe familiale de celui qui franchit le seuil du domicile ? Il est encore plus difficile de rapprocher ces pratiques du « don » que Teyyeb et quelques-uns de ses disciples firent au roi, à l'occasion de la naissance du prince héritier, en soulevant sa voiture, au grand dam des courtisans, ou encore de l'offrande que notre héros fit à une danseuse de cabaret en chauffant son thé avec une liasse de billets de banque !

Quoi qu'il en soit, la pratique évergétique de Teyyeb, extraordinairement diversifiée, confirme qu'il est un personnage de transition et de transaction entre des mondes différents. Bon vivant, il fréquente les cafés, des lieux où l'on joue et où l'on consomme de la drogue, donc des endroits bien éloignés de l'éthique du *javânmard* quand bien même ils ne sont pas si étrangers à son existence réelle. Cependant Teyyeb se tient, pendant les trois mois de deuil religieux (moharram, safar, ramazân), éloigné de ces endroits. Il se consacre alors uniquement aux activités dévotes propres à cette période : distribution de repas, organisation de *takiyeh* (lieux réservés à la commémoration des saints pendant une durée fixe) et de processions diverses où il continue de fasciner son entourage en portant le *'alâmat* — emblème fait d'un mélange de métaux — le plus large de l'époque que, dit la légende, personne ne pourra utiliser après sa mort, et en marchant en fin de procession pour afficher son humilité. Selon certains entretiens, les femmes profitent d'ailleurs de telles occasions pour voir Teyyeb et paient quelquefois celui qui peut montrer le plus rapidement la silhouette de cet homme qui provoque admiration et frayeur rien que par son prénom.

Constamment Teyyeb passe d'un monde à un autre sans assumer de choix définitif. Il n'a d'ailleurs pas effectué le pèlerinage à La Mecque qui permet souvent aux hommes qui ont eu une trajectoire identique à la sienne de demander le pardon et de renouveler leur allégeance à Dieu. Cela l'a autorisé à mener de front ses deux vies sans encourir de grands reproches de son entourage. L'itinéraire matrimonial de Teyyeb exprime lui aussi son appartenance à des mondes différents et son refus de choisir entre ceux-ci. Son premier mariage fut tout à fait traditionnel : il épousa la fille d'un grand notable du bazar, un boucher très respecté. Mais en secondes — et dernières — noces il prit pour femme Fakhr os-Sâdât, très connue du public des cabarets de la capitale. Ne nous y trompons pas, de telles alliances pouvaient alors être très bien considérées, et même assimilées à un pèlerinage à La Mecque : en arrachant sa future épouse à sa profession, Teyyeb la puri-

fiait et fournissait, aux yeux d'autrui, un exemple suprême d'abnégation, de telle sorte que plus personne — sinon ses ennemis —
n'osa parler d'elle autrement qu'avec respect et humilité. Aimée
passionnément de Teyyeb, comme le prouve son testament, cette
femme s'imposa aussi par elle-même et l'histoire l'honora pour sa
vertu, pour sa maturité, pour le soin qu'elle mit dans l'éducation
de ses enfants. « Si les enfants de Teyyeb ne se sont jamais mêlés
de politique, c'est bien grâce à leur mère, femme de grande compétence », affirme ainsi un proche. Ironie du sort ou simple hasard,
ce sont en effet les enfants de cette seconde épouse, et non de
la première, qui sauront le mieux rendre hommage à la mémoire
et à la réputation de leur père en faisant des études supérieures
et en occupant des postes importants.

Le *javânmardi* comme schème d'action

En résumé, les différentes séquences de la vie de Teyyeb comme
javânmard, que nous avons évoquées, suggèrent que celui-ci jouait
simultanément sur quatre registres principaux de pratiques : le don,
le « dos » en tant que champ de relations, le « coup de main »
en tant que savoir-faire et l'action de purification. Or ces valeurs
se perpétuent aujourd'hui dans des expressions courantes (25).

L'importance d'une personne est toujours mesurée à l'aune de
son évergétisme : « Il est Hâtam-e Tâï », dira-t-on volontiers de
quelqu'un de généreux, par référence à un personnage arabe légendaire. On lui attribuera aussi bien « une main qui donne » *(dast-
e bedeh)*. Il est entendu que les religieux sont des individus cupi-
des, qu'ils ont des mains qui prennent *(dast-e begir)*, qu'ils ont
de larges poches sous leurs 'abâ : « des poches de la taille d'une
banque », *jib chon bânk*, expression nouvelle qui traduit non seulement une critique du régime actuel mais également une allusion
à son orientation en direction des pays asiatiques, comme le laisse
entendre la sonorité « chinoise » de la formule ; les *Hoseynieh* —
les centres religieux qui servent à des célébrations diverses — sont
surnommés « maisons de mendiants » *(gedâ-khuneh)*. D'autres locu-
tions puisent dans le répertoire du *javânmardi* de façon tout aussi
évidente : « l'homme au cœur et à la main ouverts » *(dast-o del*

---

(25) Je m'inspire ici de l'analyse, par James Scott, du vocabulaire économique
et social des paysans de Malaisie (*Weapons of the Weak. Everyday Forms of Peasant Resistance*, New-Haven, Yale University Press, 1985, p. 186 et suiv.)

bâz) qui désigne l'homme qui donne avec modestie, « l'homme sans bien » *(âdam bi kheyr)* pour condamner celui qui est incapable de servir autrui, « l'homme aux yeux et à la bouche rassasiés » *(cheshm-o del sir)* pour l'homme qui partage sans rien conserver. Enoncé de la sorte, le don intervient à tous les moments de la vie, de la naissance au deuil en passant par le mariage, et n'est pas absent des péripéties de la modernité, telles que l'achat d'une maison, le retour d'un voyage non religieux, la célébration d'un anniversaire.

Le registre du « dos » est aussi courant. Nous nous souvenons que notre marchand de voitures, Ali, est réputé être un *sarshenâs* (tête qui connaît et qui est connue). En tant que tel, il participe à un champ de relations, il « a du dos ». « Avoir le dos » est une expression usitée pour désigner une solidarité à l'intérieur d'un groupe d'individus, et pour marquer l'interdépendance des rôles et des intérêts en son sein. On dira aussi *posht-e ham budan* ou *posht-e ham râ dâshtan*, « être l'un derrière l'autre » ou « se donner le dos les uns les autres ». *Posht garmi dashtan*, « avoir de quoi se chauffer le dos », signifie qu'on ne manque pas de soutiens. Quand on évoque une foule importante, par exemple pour décrire les manifestations de la période révolutionnaire, on parle d'une foule allant « dos à dos » *(posht be posht)*. Au moment du départ on sollicite Dieu d'être à la fois dos et protection pour la personne dont on prend congé *(khodâ posht-o panâhet)*. Ces termes sont utilisés de façon privilégiée lorsque l'on doit affirmer une distinction sociale ou un champ de sociabilité dont les enjeux sont stratégiques : lors des mariages où l'on compte plus le nombre des voitures que celui des invités, lors des deuils où la procession derrière le cercueil doit être considérable pour garantir au mort le paradis, lors des réunions religieuses où l'hôtesse tire sa fierté de l'assiduité de sa famille. Le dos exprime également, au-delà de la solidarité, l'idée d'une « intouchabilité » de la personne, qualité particulièrement ambivalente. Si Teyyeb se fait condamner à mort, c'est parce qu'il bénéficiait d'un dos qui inquiétait un pouvoir menacé par les manifestations populaires de plus en plus imposantes. Mais si l'ayatollah Montazeri est écarté du pouvoir en 1989, c'est parce que son dos est trop étroit et fragile. On dira aussi que le maire de Téhéran, le très illustre Karbâschi que le journal satirique *Gol Aghâ* caricature volontiers, a le « dos chaud » car il suscite autant d'enthousiasme que d'animosité par les multiples initiatives qu'il a prises pour améliorer la vie dans la capitale. Dans le réseau des caisses de prêt sans intérêt, très présent dans le bazar, on parle de *shenas* (connaissance) ou de *shenâs-e khânevâdeh* (connaissance de la famille), et il suffit d'un seul lien de ce type pour qu'un prêt puisse être accordé. Le lexique du dos est donc omniprésent, même si le système du *pârti* (piston) recourt largement à une terminologie plus moderne depuis les dernières années de l'ancien régime pour ce qui a trait aux démarches administratives (26). La symbolique du dos va jusqu'à comporter une dimension vitale : une personne abattue physiquement, mais aussi socialement, est décrite le dos à terre.

En ce qui concerne le « coup de main », l'un des domaines privilégiés de Teyyeb, le combat, n'a cessé de se restreindre. La prédominance de la loi sur les règlements de comptes entre individus s'est affirmée. Reza Shah s'était très fermement opposé à l'ancien mode de faire : des mesures radicales avaient calmé les amateurs de couteau. Mais la passation du pouvoir à son fils, Mohammad Rezâ Shah, a mis fin à cette accalmie et a réintroduit les « hommes de l'ordre » traditionnels dans le jeu social. Cela peut sans doute s'expliquer partiellement par l'arrivée des Alliés en Iran au cours de la Seconde Guerre mondiale et par l'affaiblissement du pouvoir central au profit des élites locales, toujours prêtes à recruter des « cous épais » comme à l'époque Qajar. On a vu que la nationalisation du pétrole et les troubles qui s'en sont suivis ont à nouveau mis en scène ces personnages. Comme catégorie sociale la figure du bandit-justicier, tireur de couteau *(châqu kesh)*, semble définitivement disparaître avec Teyyeb sous l'effet de l'évolution générale de la société, encore que certains personnages lui assurent une postérité jusqu'à maintenant. C'est donc surtout dans les domaines des arts, des jeux, des sports que la notion du « coup de main » comme élément de style de vie garde sa pertinence. De nos jours un homme d'affaires peut montrer son agilité et son habileté dans d'autres activités que la bagarre, telles que le football ou le jeu d'échecs.

Mais pour la conduite de ses opérations commerciales, le *bâzâri*, aujourd'hui comme hier, doit faire preuve du même savoir-faire : il doit oser, « avoir le cœur » *(jigar dâshteh bâsheh)*, ne pas trop mesurer le risque qu'il prend. Un nouveau vocabulaire est apparu pour en rendre compte : le *bâzâri* est décrit comme un loup *(gorg)*, ce qui ne signifie pas nécessairement qu'il veut agir au détriment des autres, même si ceux-ci en subissent inévitablement les conséquences. Il trouvera d'autant plus facilement à s'allier à des partenaires qu'il « sait s'y prendre ». Il faut souligner que, dans la

(26) J.A. Bill, *The Politics of Iran. Groups, Classes and Modernization*, Columbus, Charles E. Merrill Publishing, 1972, p. 104 et suiv. ; W.O. Beeman, *Language, Status and Power in Iran*, Bloomington, Indiana University Press, 1986, p. 44 et suiv. ; A. Nasseri, *The Ecology of Staffing in the Government of Iran*, Beyrouth, American University of Beirut, 1964, p. 64 et suiv.

situation actuelle de l'économie iranienne, dominée par la spéculation, le jeu des relations *(pârti bâzi)*, la distorsion cambiaire et
l'informel, l'évocation du risque par les marchands n'est pas une
simple forfanterie de leur part. Un *bâzâri* affirmait à ce propos :
« Le bazar, c'est se battre avec le risque de façon permanente.
Bien sûr quand on est jeune et qu'on débute, les risques sont élevés et peuvent aller jusqu'à la faillite. Mais, lorsqu'on a acquis
de bonnes bases, le risque devient un jeu, un passe-temps.
Aujourd'hui, si je ne prenais pas quelques risques, je resterais au
même point dans toute ma vie. Cela n'est pas souhaitable et je
préfère opter pour le risque qui me coûtera certes quelques nuits
blanches mais qui me fera progresser. » Cette conception presque
épique des affaires est caractéristique de la manière d'agir des commerçants iraniens qui procèdent par coups plutôt qu'en fonction
d'un dessein stratégique. Poids d'une tradition culturelle ? Peut-
être... Encore faudrait-il faire la part d'un certain nombre de facteurs économiques de moyenne ou de longue durée dans la permanence de cette « tradition » : l'ancienneté de la rente pétrolière,
l'accès privilégié des gens de la Cour aux licences d'importation
sous l'ancien régime, l'existence de taux de change officiel et pré-
férentiel depuis le début des années quatre-vingt.

L'action de purification, enfin, qui se confond largement avec
la pratique de l'abnégation et qui, à ce titre, recoupe en partie
celle du don. Le refus de l'adultère et de la pédophilie est une
constante de l'éthique du *javânmard*. Mais leur spectre semble hanter les chroniques car on continue de les évoquer par des sous-
entendus, non sans s'excuser d'aborder des sujets aussi scabreux.
A dire vrai le discours est si obsessionnel qu'on ne peut s'empêcher de penser qu'il recouvre une certaine pratique... Quoi qu'il
en soit, tout individu normalement constitué doit avoir le regard
aussi pur que le cœur *(cheshm-o del pâk)*, quel que soit son métier.
Le mariage avec une prostituée, pour la sauver, à l'image de ce
que fit Teyyeb, n'est plus de mise. Depuis la Révolution et surtout depuis la guerre, ce sont les veuves de « martyrs » que l'on
se félicitera éventuellement de sauver, conformément à ce que
demandent les dignitaires du régime.

Mais de façon plus générale, ces actions individuelles ont peu
à peu laissé la place à des entreprises institutionnalisées. Sous
l'ancien régime il y avait déjà certaines institutions évergétiques
que subventionnaient les grands *bâzâri*, comme des orphelinats ou
des départements d'hôpitaux pour diabétiques ; l'État avait sa propre association, l'Organisation pour une vie meilleure, qui aidait
les handicapés, les orphelins, les démunis. Mais depuis 1979 la
Révolution a voulu se consacrer en priorité aux déshérités *(mos-*

taz'afin) et a cherché à construire un *welfare state*. Il ne s'agit pas d'un discours purement idéologique, déconnecté des attentes et des pratiques populaires. De façon révélatrice de multiples troncs ont été installés sur la voie publique, dans les bazars, dans les administrations, dans les magasins et recueillent les aumônes des passants. Il n'est pas rare de voir de tels troncs miniatures chez les particuliers, et les écoles en distribuent aux enfants en guise de tirelires. Plus encore qu'auparavant, l'exercice de l'offrande est un signe de distinction sociale et est systématique chez les acteurs économiques. Ceux-ci ont continué, en particulier, de patronner de nombreuses sociétés évergétiques. En 1990 soixante-dix d'entre elles, de toutes tendances, se sont réunies sous l'égide d'un petit groupe d'individus chargés de répartir l'aide populaire et les subventions des différentes institutions étatiques. La montée en puissance des caisses de prêt sans intérêt et leur centralisation au sein de l'Organisation de l'économie islamique, depuis une dizaine d'années, relèveraient de la même logique si l'on en croit les déclarations de leurs responsables. Dans un autre domaine, une agence du mariage s'est développée et gère en particulier le problème social des veuves de martyrs. La plus curieuse de ces entreprises collectives semble être la Fondation islamique pour la protection et l'orientation, dont la mission est la prise en charge des prostituées de Shahr-e no, le quartier chaud de la capitale détruit juste après la Révolution. Il n'est pas indifférent pour notre propos que l'un de ses principaux dirigeants, Mohsen Rafighdust, par ailleurs président de la Fondation des déshérités, soit un ancien commerçant de la halle des fruits et des légumes. Ainsi, la République islamique a institutionnalisé et modernisé les actions de purification et de don. Pour autant, elle n'efface pas le rôle des individus : les institutions évergétiques sont des réseaux de personnalités, rattachées les unes aux autres par le jeu habituel du « dos », plutôt que des organisations bureaucratiques ; leurs responsables sont clairement identifiables, même s'ils aiment à rester dans l'ombre pour se conformer à l'éthique du *javânmard* ou, plus prosaïquement, pour s'abriter de la pression des quémandeurs, et ils se retrouvent très fréquemment dans plusieurs réseaux à la fois.

Conclusion

Le *javânmardi* demeure donc un schème d'action très actuel et il semble avoir de grandes affinités avec le principe d'organisa-

tion de la société iranienne. Les observateurs de la République islamique ont souligné que celle-ci n'a pas donné naissance à un
système de partis, ni même à un régime de parti unique, et qu'elle
répond à une logique factionnelle. L'opinion publique iranienne
parle elle-même désormais de la puissance des familles *(qodrat-e
khânevâdeh)*, de même qu'elle évoquait les « mille familles » à la
fin de l'ancien régime. Il s'agit, on l'aura compris, d'une autre
façon d'affirmer la centralité du « dos » ou du *pârti* comme champ
d'action et de relations.

Or le *fotowwat*, comme référence historique et comme répertoire de vocabulaire, semble fournir le schème de cette réalité orga-
nisationnelle. Il se caractérise par deux aspects en apparence partiellement contradictoires. D'une part, un principe hiérarchique particulièrement fort à l'intérieur du groupe, qui s'exprime par toute
une série de valeurs de commandement et d'obéissance. D'autre
part, la nature très lâche des frontières du groupe, qui s'explique
sans doute par le caractère individuel et moral de l'action du *javânmard*. C'est cette double caractéristique qui se retrouve au cœur
des institutions de la République islamique. Prenons par exemple
le terme de *beyt* (maison). Il était utilisé auparavant pour décrire
l'entourage des personnalités les plus éminentes de l'islam des fondateurs. Mais il semble également avoir désigné plus spécifiquement les lieux de regroupement des *fati*. Avant la Révolution, le
mot s'appliquait à l'entourage des « sources d'imitation » *(marja'-e
taqlid)* : il y avait le *beyt* de Boroudjerdi, le *beyt* de Khoï, etc...
A partir de 1979, la notion a eu tendance à se politiser : on a
très rapidement évoqué le *beyt* de l'Emâm Khomeyni, on parle
aujourd'hui du *beyt-e rahbar* pour la maison du Guide, Ali Kha-
menei. De même le terme de *hezb* (parti), dont Taeschner signale
l'utilisation par les *fati* (27), a connu sous la République islamique le succès que l'on sait. Sa connotation est plus laïque, et les
islamistes ont tenu à préciser qu'il y avait un *hezb-ollah*, un « parti
de Dieu ». Mais l'histoire de ce mouvement montre bien qu'il est
impossible de circonscrire les limites d'un *hezb*. On en dira autant
de l'Organisation des Mojâhedin du peuple : de l'aveu même de
ses dissidents (28), l'organisation n'a jamais compté plus d'un millier de militants inscrits, mais en 1982 c'est par centaines de milliers que les Iraniens se sont identifiés à elle en tant que sympa-
thisants décidés, au risque de leur vie, sans pour autant se reconnaître comme membres à part entière. De même qu'il n'était pas

(27) F. Taeschner, *op. cit.*
(28) Voir Y. Khaled & R. X, « Une expérience de lutte clandestine », *Peuples Méditerranéens*, 29, 1984, pp. 145-164.

besoin d'être un initié en bonne et due forme pour suivre l'éthique existentielle du *fotowwat*, l'adhésion formelle n'est pas aujourd'hui la condition *sine qua non* de l'adhésion morale ou politique. Dans la vie quotidienne, les activités religieuses suivent cette même logique : les *jaleseh* et les *hey'at*, réunions réservées respectivement aux femmes et aux hommes, ne se tiennent pas dans des lieux fixes et n'ont pas de publics bien délimités.

Il ne s'agit pas ici, en multipliant les exemples, de postuler une hostilité irréductible de la société iranienne à toute forme d'organisation rigide ou fermée. La sociabilité du *dowre* (cercle) chez les intellectuels est là pour prouver qu'il n'en est rien (29). Nous voulons seulement avancer l'hypothèse suivante : le développement de la « seconde économie » dans l'Iran contemporain, les pratiques commerciales de notre marchand de voitures, Ali, ou des *bâzâri*, les procédures d'épargne et de crédit des caisses de prêt sans intérêt et des sociétés de commandite doivent beaucoup à l'imaginaire social du *javânmardi*.

Cet imaginaire social est un imaginaire historique. D'une époque à l'autre nous le voyons se réélaborer constamment ; il ne forme pas un répertoire invariable, qui en soi constituerait un facteur explicatif suffisant. En outre, il est indissociable de groupes et de lieux identifiables : on ne peut parler du *javânmardi* en dehors, par exemple, de la halle des fruits et des légumes ou du magasin si moderne d'Ali. On ne peut donc pas se contenter de rechercher les liens de causalité entre cette éthique existentielle et les activités économiques ; il faut dégager les processus, souvent très matériels, de la recomposition permanente de ce « style de vie ». Cette expression de Max Weber est importante car elle rappelle qu'une éthique comme le *javânmardi* est globale : elle n'inspire pas seulement des pratiques économiques mais toute une série d'autres conduites, morales, sociales, religieuses, qui peuvent être en contradiction avec celles-ci. Ainsi, le don n'est pas forcément une stratégie rationnelle de mobilisation du « dos » mais l'affirmation esthétique de qualités morales ; pour le donateur et pour le donataire, le « comment » du don prime souvent sur sa nature. Le modèle des « marchés multiples » de Viviana Zelizer essaye justement de dégager l'interaction de ces différents facteurs (30).

---

(29) Observation personnelle des *dowreh* depuis la Révolution. Il est néanmoins vrai que la plupart des auteurs ayant travaillé sous l'ancien régime ont souligné le caractère très informel de ces réunions (J.A. Bill, *op. cit.*, p. 44 et suiv. ; W.O. Beeman, *op. cit.*, p. 44 et suiv.).

(30) V. Zelizer, « Repenser le marché. La construction sociale du ''marché aux bébés'' aux États-Unis, 1870-1930 », *Actes de la recherche en sciences sociales*, 94, septembre 1992, p. 3-26.

Seconde hypothèse que je voudrais avancer : l'ouverture économique de l'Iran repose plus sur l'éthique du *javânmardi* que sur ce que l'on croit savoir de l'« économie islamique » en Occident. Celle-ci a fait long feu. L'ascension des « modérés » est d'abord celle des intérêts marchands qui contrôlent une bonne part de la « seconde économie » et des institutions évergétiques dont nous avons parlé. En particulier, le réseau des caisses de prêt sans intérêt est réputé être très proche de ce courant. Les milieux d'affaires occidentaux, qui se sont tant effrayés des conceptions socialisantes des islamistes « radicaux », se sont peut-être trompés d'adversaires : ne doivent-ils pas plutôt trembler devant le « coup de main » du *javânmard* à l'attaché-case, qui risque de compliquer leurs transactions en brouillant la transparence du marché ? Comment agira le jeune cadre si, assis dans un bureau, il voit passer un homme qui court un contrat à la main et qui lui fait promettre de ne rien dire à ses concurrents ?

6

Œuvres pies
et rationalité économique en Inde

par Christophe Jaffrelot

> Papu avait une espèce de projet d'avenir. Il voulait tra-
> vailler pendant encore dix ans, exercer le talent pour les
> affaires qu'il avait reçu en partage. Au cours de ces dix
> années, il voulait amasser suffisamment d'argent pour avoir
> de quoi vivre pendant le reste de ses jours. Et alors, il se
> consacrerait à des œuvres sociales.
>
> V.S. NAIPAUL (1)

Bien des observateurs ont remarqué ces dernières années la mise
en œuvre par des groupes militants, tels que le Front islamique
du salut ou les milices libanaises (2), d'un travail social qui, par
son caractère systématique et coordonné, pouvait s'analyser comme
une « stratégie de la bienfaisance ». Cette formule, dans une définition générale, désignerait l'aide sociale apportée à des populations rencontrant des difficultés matérielles ou morales par des
mouvements à l'idéologie affirmée. Il s'agit souvent pour ceux-ci
d'un moyen de pénétrer des milieux jusqu'alors d'une autre obé-

---

(1) Dans *L'Inde, un million de révoltes*, Paris, Plon, 1992, pp. 21-22, à propos
d'un homme d'affaires jaïn (les Jaïns constituent une communauté religieuse douée
pour le commerce).
(2) A propos de l'action du FIS au service des victimes du tremblement de terre
de 1989 en Algérie, voir Y. Heller, « Les bonnes œuvres des islamistes algériens »,
Le Monde, 27 juin 1990, p. 1. Sur les activités sociales des milices chrétiennes mais
aussi des mouvements chiites au Liban, voir J. Casas, « Quand les milices font du
social », *La Croix*, 8-9 janvier 1989. Je remercie Yann Mens pour ces deux sources
d'information.

dience ou, plus souvent, sans culture politique déterminée, et de s'y implanter durablement (3).

Le mouvement nationaliste hindou, qui était familier de ces pratiques d'aide sociale depuis son premier essor dans les années 1920, leur apporte une attention nouvelle depuis une dizaine d'années. L'intérêt particulier de ce cas d'espèce semble toutefois surtout résider dans la relation privilégiée que la stratégie de la bienfaisance y entretient avec un des aspects de l'ethos économique hindou, l'évergétisme. Elle s'adosse en effet à ce dernier pour la simple raison qu'elle y puise ses ressources et que ses maîtres d'œuvre idéologisés trouvent par ce biais des patrons respectables.

L'évergète et les idéologues

Un aspect important de l'ethos économique hindou consiste dans le patronage des œuvres religieuses par les puissants, qu'il s'agisse de vaishyas ou banyas (membres de castes marchandes), de kshatriyas (membres de castes guerrières, du propriétaire foncier au Maharajah) ou, moins souvent, de brahmanes « ayant réussi » (les autres faisant plus souvent partie des bénéficiaires que des patrons). Traditionnellement, ce patronage, notamment financier et plus ou moins ostentatoire, portait sur des temples, des lieux de pèlerinage, des fêtes et des sectes (4). Cet évergétisme demeure un élément de statut et un moyen de s'acheter des mérites.

Évergétisme, statut et rationalité économique

Le recours au concept d'évergétisme se trouve ici suggéré et justifié par la définition qu'en donne Paul Veyne (5), bien que

---

(3) L'expression « stratégie de la bienfaisance » s'est dégagée des réflexions collectives du groupe de travail animé par J.-F. Bayart au CERI, « Trajepo » ; après enquête, il ne semble pas possible d'en attribuer la paternité à un auteur particulier.

(4) Kulke ajoute, à propos du temple de Puri (Orissa) commencé au haut moyen âge, que « le patronage royal de ces lieux de pèlerinage, principalement à travers des dons généreux de terres [notamment aux brahmanes officiant comme prêtres du lieu] et la construction de temples impressionnants, jouait un grand rôle dans la légitimation du pouvoir royal ». H. Kulke, « Royal temple policy and the structure of medieval Hindu kingdoms » in : A. Eschmann & al. (eds.), *The cult of Jagannath and the regional tradition of Orissa*, New Delhi, Manohar, 1978.

(5) R. Veyne, *Le pain et le cirque. Sociologie historique d'un pluralisme politique*, Paris, Seuil, 1976, pp. 29, 44, 103 ; 208-209 ; 23 ; 218 ; 230-231 et 162-163.

celui-ci en restreigne l'usage aux œuvres non pas religieuses mais civiques et à la cité antique. En fait, il ouvre la liste des évergésies propres à la cité grecque par les « donations ou fondations pieuses » où l'on ne peut jamais mesurer, dit-il, « la part de la dévotion et de la fierté aristocratique ». Surtout, le cœur de sa définition est des plus pertinents pour le cas hindou puisqu'elle présente l'évergétisme comme l'offre « à la fois spontanée et forcée » de biens collectifs à la cité :

> « Dans l'évergétisme il y a à la fois le plaisir de donner et le devoir moral de le faire : la cité attend des riches qu'ils fassent largesse. Comment se concilient spontanéité et contrainte ? En cela que la contrainte est informelle : elle ne comporte ni réglementation, ni sanction déterminée mais un blâme et d'éventuelles rétorsions (...) Si les dispositions à donner n'avaient pas existé, il n'y aurait pas eu d'évergétisme du tout ; si une contrainte informelle ne s'était pas ajoutée à ces dispositions, il y aurait eu des actes de mécénat isolés, comme on en trouve dans toutes les sociétés, mais non un système permanent, une source abondante et pérenne de biens collectifs ».

Au centre de cette contrainte informelle réside la notion de statut : c'est pour tenir son rang que l'on se doit de dépenser pour la cité. Or, dans l'hindouisme, la notion de statut constitue bien le ressort central de l'évergétisme et celui-ci n'y revêt pas seulement une forme religieuse mais aussi civique. Ce souci des notables de défendre ou d'améliorer leur statut n'est pas propre à la culture hindoue. Il est tout aussi prégnant en Afrique subsaharienne, pour ne prendre qu'un exemple sur lequel on dispose de nombreuses études de qualité. La comparaison de ces deux aires culturelles, sous ce rapport, suggère cependant une différence importante. Bien des auteurs ont souligné que les dépenses visant à maintenir le statut des notables en Afrique constituaient des facteurs de désaccumulation, les fonds alloués aux dépenses somptuaires, à la munificence ou à la redistribution en direction des alliés amputant les investissements productifs au-delà de ce qu'impliquerait une rationalité économique de type capitaliste (6). Cette analyse pourrait s'appliquer en Inde au cas des kshatriyas (nombre d'entre eux s'étant ruinés pour conserver leur statut) mais elle apparaît peu pertinente dans le cas des castes marchandes. Ici, une logique de type entrepreneurial va de pair avec l'évergétisme. Comme l'écrit P. Veyne :

---

(6) J.-F. Bayart, « Argent, pouvoir et société en Afrique noire : "corruption" ou "politique du ventre" », *Marchés Tropicaux*, 5 janvier 1990, p. 5.

> « L'esprit capitaliste, l'esprit d'entreprise, qu'on retrouve partout, çà et là à travers les siècles, s'explique par la capacité de progresser indéfiniment qu'ont les activités rationnellement liées qui ont leur loi interne de développement ; il n'est pas amour infini du gain » (7).

Dans le cas des marchands hindous, la rationalité économique n'est jamais sacrifiée à l'évergétisme, sauf parfois en fin de vie, lorsqu'un homme d'affaires, avant de renoncer au monde comme le veut la tradition, distribue sa fortune (souvent sa descendance a cependant déjà reçu les leviers de commande de l'entreprise). Hormis ce cas très particulier, les fuites occasionnées par l'évergétisme hors du circuit économique sont maîtrisées : ces dépenses sont en quelque sorte calculées en fonction de ce que le commerçant « peut se permettre ». Ceci renvoie à une dimension centrale de l'ethos des marchands hindous : pour les vaishyas, la poursuite du gain est pleinement légitime parce qu'il s'agit de leur devoir de caste tel qu'il est défini dans le système social où tous, du brahmane à l'intouchable, sont appelés à remplir une fonction socio-économique. Le stéréotype populaire du banya (le commerçant) est d'ailleurs celui d'un homme âpre au gain et près de ses sous. Cette quête du profit ne se trouve nuancée que par l'évergétisme dont le caractère limité ne remet donc pas en cause une rationalité économique qui nous est somme toute familière.

L'influence de la colonisation britannique a sans doute favorisé une certaine extension de l'évergétisme indien vers la philanthropie, mais sans remettre en cause le poids des considérations de statut. D.E. Haynes (8) souligne ce phénomène à propos des milieux marchands du port de Surat au Goudjerat. Traditionnellement, la construction de puits, temples, *dharamsala* (lieux d'hébergement pour les pèlerins) et le financement de fêtes ou d'écoles pour l'enseignement du sanskrit y étaient perçus par les marchands comme « des hauts faits grâce auxquels ils pouvaient espérer acquérir des mérites », se faire reconnaître « comme une personne fidèle aux valeurs religieuses hindoues et jaïn et comme un commerçant

---

(7) P. Veyne, *op. cit.*, p. 130. Au-delà d'une simple compatibilité entre l'évergétisme religieux et l'esprit du capitalisme, l'ascétisme, d'origine rituelle, de certains milieux marchands a pu être analysé comme un facteur de réussite économique en vertu des mêmes affinités, au plan des valeurs, que celles décelées par Max Weber entre protestantisme et capitalisme. Les Jaïns, dont les règles de vie sont en principe très austères, ont d'ailleurs été comparés aux Quakers (B. Nevaskar, *Capitalists without Capitalism. The Jains of India and the Quakers of the West*, Westport, Greenwood, 1971, chapitre 7).

(8) D. E. Haynes, « From tribute to philanthropy : the politics of gift giving in a Western India city » *The Journal of Asian Studies* 46 (2), mai 1987, pp. 339-360.

digne de confiance ». Un même mot — *âbrû* — désigne d'ailleurs le crédit au sens économique, qui est souvent ouvert entre marchands sans trace écrite, et la réputation qui implique à la fois le respect d'un mode de vie ascétique et, autre forme de sacrifice, des dons religieux (catégorie dans laquelle figurent aussi le soutien aux victimes de catastrophes naturelles et le financement de dispensaires — y compris pour des animaux malades ou blessés, au premier rang desquels figure la vache). Les Britanniques, choqués par l'importance de ces dépenses peu productives et, surtout, par les limites de leur dimension caritative, ont incité les marchands à en détourner une partie en direction d'œuvres philanthropiques. Les fonds réalloués dans ce sens servirent surtout à développer des écoles, cet effort d'éducation permettant à tout évergète à la fois de se conformer au modèle philanthropique victorien et de soutenir l'ascension de sa propre communauté (les établissements scolaires étaient généralement réservés aux membres d'une caste ou d'un milieu restreint).

Ce redéploiement des dons s'opéra cependant sans remettre en cause les dépenses répondant à la logique traditionnelle. Haynes écrit ainsi à propos des marchands de Surat que « leur ajustement aux notions philanthropiques occidentales fut toujours contrebalancé par les notions de dignité personnelle et de statut depuis si longtemps gravées dans la culture locale ». Cette analyse semble bien pouvoir être généralisée. Le plus riche marchand de Jabalpur (ville d'Inde centrale), dans les années 1880-1900, finança par exemple à la fois des temples et des *dharamsala*, mais aussi un réservoir pour alimenter la ville en eau, une salle de réunion municipale *(Town Hall)* et des hôpitaux (9).

Dans le cas des castes marchandes sur lesquels nous nous concentrerons pour l'essentiel, l'évergétisme s'explique sans doute en grande partie par leur statut intermédiaire peu confortable. Dans la hiérarchie sociale hindoue, ces castes se situent en effet au dernier rang des « deux fois nés », derrière les brahmanes et les kshatriyas et avant les shudras (les travailleurs — de la terre notamment — et les serviteurs) plus impurs. Or cette position a peu évolué. Comme le souligne Claude Markovits, certains commerçants sont devenus de vrais capitalistes mais demeurent extérieurs à l'élite : ils ont du pouvoir mais guère de prestige (10). Nul doute que cette contradiction a contribué à leur prodigalité, leurs dons

---

(9) J.C. Mukerji, *Biography of Raja Gokuldas*, Bombay, 1929, pp. 56, 76, 78 et 83.

(10) C. Markovits, « Peut-on parler d'une classe capitaliste indienne ? » in : *Caste et classe en Asie du Sud — Purusharta* n° 6 (Études réunies par Jacques Pouchepadass), Paris, EHESS, 1982, pp. 182-185.

religieux visant à hausser leur statut par l'imitation des kshatriyas. Le fait saillant, pour notre propos, réside dans la façon dont l'évergétisme des marchands hindous, au cours du siècle, a été utilisé à des fins idéologiques et politiques. Cela n'a pas augmenté les fuites de capitaux hors des circuits économiques : il s'agissait d'une simple reconversion d'une partie des fonds déjà alloués aux dépenses de type évergétique et répondant à la même logique.

Les notables et la Hindu Mahasabha

Confronté à la menace des missions chrétiennes, le milieu hindou a trouvé en particulier ses défenseurs parmi « des hommes orthodoxes mais instruits [à l'anglaise] et soutenus par le patronage de riches marchands et banquiers » (11). Cette relation entre des « publicistes » qui avaient la compétence intellectuelle pour protéger l'hindouisme et des *rais* (notables riches et prestigieux agissant en « patrons ») que seul ce résultat intéressait, procédait en grande partie des devoirs religieux de ces derniers : promouvoir les fêtes, fonder des temples, entretenir les *ghat* (gradins surmontant les rivières et les bassins où se déroulent les bains rituels) étaient autant de postes de dépenses que C. Bayly décrit comme « un élément nécessaire au maintien de son statut par une famille et une communauté [marchandes] » (12).

C'est ainsi qu'à Allahabad — ville sainte où le Gange et la Jamuna se rejoignent — un riche marchand patronna en 1880 la formation d'un Hindu Samaj (Société Hindoue) en réaction aux menaces que les missionnaires faisaient peser sur une fête à leurs yeux idolâtre, le Magh Mela. Son principal animateur était Madan Mohan Malaviya, un brahmane orthodoxe qui avait fait son droit à l'université avant de devenir rédacteur en chef d'un journal local (13). Ce parfait « publiciste » développa cependant une idéologie hindoue de plus en plus militante au point de présider dans les années 1920 une nouvelle organisation, la Hindu Mahasabha (Grande Association Hindoue) qui agissait tel un groupe de pression au sein du Congrès national indien.

La Hindu Mahasabha bénéficiera jusqu'à la fin des années 1920 d'une forte capacité de nuisance, voire d'une minorité de blocage

---

(11) C.A. Bayly, *The Local Roots of Indian Politics — Allahabad 1880-1920*, Oxford, Clarendon Press, 1975, p. 83.

(12) C.A. Bayly, « Patrons and politics in Northern India », *Modern Asian Studies* 7(3), 1973, p. 363.

(13) Parmanand, *Mahamana Madan Mohan Malaviya*, 2 vol., Bénarès, Banaras Hindu University, 1985.

au sein du Congrès. Elle se manifestera dans ce sens lors des négociations engagées par la direction de ce parti avec la Ligue Musulmane en 1925, au moment où celle-ci demandait des quotas pour représenter sa communauté dans les institutions locales et dans l'administration en échange de son ralliement au combat antibritannique du Congrès (14). En 1926, M.M. Malaviya fonda, toujours au sein même de cette formation, un Independent Congress Party dont le score inquiéta beaucoup la direction séculariste du Congrès et, en particulier, Motilal Nehru, le père de Jawaharlal Nehru (15). Or, cette idéologisation croissante des « publicistes » traditionalistes hindous ne leur aliéna pas tous leurs patrons comme en témoigne le cas de Jugal Kishore Birla.

Les Birla : capitalistes, évergètes et acteurs politiques

Les Birla, qui sont devenus une des principales familles capitalistes de l'Inde, appartiennent à la communauté marchande des Marwaris dont le berceau se trouve au Rajasthan (dans le Marwar) et qui ont essaimé à travers toute l'Inde du Nord dans la seconde moitié du XIXᵉ siècle, profitant de l'impulsion donnée au commerce par le développement des communications. En 1920, les Birla se trouvaient à la tête d'activités commerciales et industrielles en expansion : Baldeodas Birla avait déjà considérablement développé l'affaire que son père avait établie à Bombay dans les années 1900 en entrant, au tournant du siècle, dans le commerce de l'opium et du jute à Calcutta ; son troisième fils, Ghanshyam Das Birla, lui donna une dimension industrielle en établissant deux usines textiles pionnières, à Calcutta en 1919 et à Gwalior (Inde centrale) en 1921 (16).

Le devoir religieux conduisit les Marwaris, davantage encore peut-être que d'autres communautés marchandes, à consacrer des fonds considérables (proportionnels à leur richesse), à des œuvres charitables et à la protection de l'hindouisme. G.D. Birla comparait d'ailleurs les Marwaris aux Quakers puisque, comme eux, « ils avaient prospéré de façon miraculeuse dans les affaires, mais considéraient de leur devoir de dépenser avec prodigalité pour les

---

(14) D. Page, *Prelude to Partition — The Indian Muslims and the Imperial System of Control*, Delhi, Oxford University Press, 1982, pp. 122-123.

(15) J. Nehru, *A Bunch of Old Letters*, Bombay, Asia Publishing House, 1958, pp. 49-51 (Lettre de M. Nehru à J. Nehru, 2 décembre 1926).

(16) G. Piramal, M. Herdeck, *India's Industrialists* vol. 1, Washington DC, Three Continent Press, 1986, p. 62-63.

œuvres » (17). Le cas des Marwaris — comme celui des Quakers — illustre la compatibilité du capitalisme et de l'évergétisme.

Baldeodas Birla, après avoir confié la gestion de son affaire, désormais basée à Calcutta, à l'aîné de ses quatre fils, Jugal Kishore, en 1901, se retira à Bénarès où il finança quantité de temples, la restauration de *ghat*, des écoles sanskrites et aussi la Benares Hindu University (BHU) fondée par M.M. Malaviya dont il devint très proche (18). C'est dans la logique de cette relation patron-publiciste que les Birla financeront au début des années 1920 la Hindu Mahasabha dont le siège fut d'ailleurs établi à la BHU jusqu'en 1925. A la session de Bénarès, en 1923, Baldeodas, entouré de Jugal Kishore et Ghanshyam Das, fit au mouvement un don de 1 000 à 2 000 roupies (19). G.D. Birla nouera ensuite des relations privilégiées avec Malaviya sous les auspices duquel il se fera élire député en 1923. Figure de proue des réformateurs marwaris — au point d'être ostracisé par les membres de sa communauté les plus conservateurs —, il reprochait cependant à Malaviya son immobilisme social et finit par se reconnaître davantage dans l'action de Gandhi dont il assura en bonne partie le financement. Il est vrai que Gandhi était lui-même issu d'une caste marchande, un banya, et que son engagement religieux contribua à attirer des Marwaris comme G.D. Birla mais aussi Jamnalal Bajaj qui était tout aussi réputé pour la force de ses sentiments hindous (20). L'argument vaut plus encore pour expliquer le ralliement à Gandhi de la puissante communauté marchande du Goudjerat puisque le Mahatma était originaire de cette province (21).

Si G.D. Birla détourna rapidement ses fonds au profit de Gandhi, son frère Jugal Kishore demeura fidèle à la Hindu Mahasabha dont il alimenta la trésorerie par un don annuel de 1 000 roupies à partir de 1927 (22). J.K. Birla continuait à agir en *rais*. De onze

---

(17) G.D. Birla, *In the Shadow of the Mahatma — A Personal Memoir*, Bombay, Orient Longman, 1953, p. 2.

(18) Au total, il aurait donné plus de 300 000 roupies pour la BHU (R. N. Jaju, *G.D. Birla — a biography*, New Delhi, Vikas, 1985, pp. 33-35).

(19) *Indian Annual Register — 1923*, p. 129 et *Amrita Bazar Patrika*, 21 août 1923 in Home Political Department 1924, Deposit File n° 198 National Archives of India (New Delhi).

(20) J. Bajaj envisagea de devenir un renonçant au début de sa carrière et se consacra à la protection de la vache après sa retraite (G. Piramal, M. Herdeck, *India's industrialists* vol. 1, *op. cit.*, p. 32 et 37).

(21) Sur ces questions, voir D. A. Low, « The forgotten bania : merchant communities and the Indian National Congress » in : Low, D.A. ed. *The Indian National Congress — Centenary Hindsights*, Delhi, Oxford University Press, 1988, pp. 141-147.

(22) Moonje Papers, Nehru Memorial Museum and Library (Section des microfilms), bobine n° 7. Lettre de Moonje du 6 juin 1927, alors président de la Hindu Mahasabha, à Padamraj Jain (un autre Marwari basé à Calcutta et secrétaire général du mouvement).

ans l'aîné de Ghanshyam Das, il n'avait pas bénéficié de la même éducation anglicisée (il ne connaissait que le hindi en dehors de son dialecte marwari) et n'avait jamais songé à réorienter l'entreprise familiale dont il avait hérité en 1901 vers l'industrie à laquelle Ghanshyam Das dut sa prospérité : Jugal Kishore restait un marchand, d'une compétence exceptionnelle, comme en témoigne son génie spéculatif dans le commerce de l'opium à Calcutta (23), et très soucieux de patronner des œuvres religieuses : « Tout le monde savait que Jugal Kishore décidait par avance le pourcentage des profits qui serait alloué aux dons avant d'entreprendre une spéculation » (24), souligne le biographe de G.D. Birla. Il se retira d'ailleurs des affaires peu après son père pour s'attacher, dans la seconde moitié de sa vie, à financer des *akhara* et des temples.

Les *akhara* sont des lieux d'exercice physique (on y pratique essentiellement la lutte à mains nues et la levée de poids) mais où la dimension religieuse est omniprésente. Non seulement les *akhara* incorporent un temple (quand ils n'y sont pas rattachés), mais surtout le travail du corps y est considéré comme une discipline spirituelle sous la conduite des maîtres, les *guru*, qui dirigent ces institutions. Longtemps, les *akhara* ont été patronnés par les seuls maharajahs dont le prestige se trouvait accru par les exploits de leurs lutteurs ou haltérophiles (25). Au XXe siècle cependant, des capitaines d'industrie enrichis par les affaires ont entrepris de remplir cette fonction, sans doute pour imiter les kshatriyas. C'est ainsi que J.K. Birla finança, en 1928, un *akhara* dans la vieille Delhi où il est attaché à une usine textile (d'où son nom : Birla Mill Vyayamshala [lieu de culture physique]). Il nomma aussi son chef Guru Hanuman (Hanuman, qui conduit les armées de Ram dans l'épopée du *Ramayana*, symbolise la force).

> « En soutenant un *akhara*, les Birla (...) affichent publiquement des idéaux et des valeurs spécifiques (...) Tout comme les rois conviaient le public à voir dans leurs lutteurs une image de l'autorité royale et de son pouvoir, les Birla convient le public à voir dans

---

(23) T.A. Timberg, *The Marwaris — From Traders to Industrialists*, New Delhi, Vikas, 1974, pp. 162-163.

(24) R.M. Jagu, *G.D. Birla, op. cit.*, p. 39.

(25) Cette relation s'est affaiblie à mesure que la fortune des familles princières s'amenuisait sous le coup de l'intégration de leurs principautés après 1947, puis de l'abolition de leurs pensions en 1971. Là où les anciennes dynasties restent puissantes, les *akhara* demeurent cependant sous leur patronage : à Ujjain, une des villes saintes de l'hindouisme, la Rajmata (reine-mère) de la dynastie Scindia assiste tous les ans, du haut du temple de Gopal bâti par la dynastie en 1901, à la procession constituée pour l'essentiel d'*akhara* locaux dont le principal souci est d'exhiber leurs athlètes devant la Rajmata pour recevoir d'elle quelques fleurs ou un signe de la main (observations faites en août 1992).

la personne de Guru Hanuman et dans son *akhara* la bienfaisance d'un géant industriel soutenant l'espoir de la nation » (26).

J.K. Birla se montra aussi très actif et généreux dans le patronage des temples. Il fit ainsi construire en 1938, toujours à Delhi, le Laxminarayan Mandir. Ce temple est le prototype de ceux que les Birla ont financés un peu partout en Inde. Il est dédié à Laxminarayan, frère de Ram, l'avatar de Vishnou, mais sa vocation est pan-hindoue. La brochure disponible à l'accueil stipule que :

> « Tous les hindous, c'est-à-dire les disciples de toutes les branches du Dharma Hindou (Arya), y compris les sanatanistes [les orthodoxes] avec les harijans [les intouchables auxquels les sanatanistes refusent généralement l'accès aux temples], les arya samajistes [secte réformatrice apparue au siècle dernier], les bouddhistes, les sikhs, les jaïns [c'est-à-dire les disciples de religions nées en Inde et donc des hindous selon la définition des nationalistes hindous] etc., peuvent participer au culte quotidien... » (27).

On y trouve des idoles des autres sectes (shivaïtes, shakta) ainsi que tout un catéchisme sous forme de citations de grands textes gravées sur les murs. Ce genre de temple a une dimension pédagogique qui s'inscrit dans sa mission de promotion de l'hindouisme. En même temps, il s'agit d'une oeuvre permettant à son auteur de s'acheter des mérites. Une grande statue de Jugal Kishore Birla lui fait donc face avec, sur son socle, une plaque rappelant ses bienfaits :

> « Au vénérable Seth [titre propre aux marchands] Jugal Kishore Birla. Dans sa vie d'ascèse, les voies de la connaissance, de la dévotion et des œuvres étaient en harmonie selon [les commandements de] la [Bhagavad] Gita. Il a été un grand adorateur, patron [*poshak* — à la fois protecteur et soutien] et propagateur de la religion arya. Grâce à sa hauteur de vue, il considérait le sikhisme, le bouddhisme et le jaïnisme comme formant les branches d'une même religion arya (hindoue) [l'assimilation du terme arya à hindou reflète des influences idéologiques claires]. Il s'est efforcé sans relâche d'établir l'unité parmi les sikhs, les bouddhistes, les jaïns et les aryas (hindous) afin que la nation indienne soit forte. Il a été le patron et le soutien d'innombrables sans-abri, orphelins, pauvres, miséreux, veuves, savants, hommes de vertu, renonçants et

---

(26) J.S. Alter, *The Wrestler's Body. Identity and Ideology in North India*, Berkeley, University of California Press, 1992, p. 89.

(27) *Shri Laxminarayan Temple — New Delhi*, New Delhi, All India Arya (Hindu) Dharma Sewa Sangha, 1983.

de diverses institutions. Il a offert au service de sa religion, de sa communauté et de son pays toute la richesse qu'il avait accumulée. La population reconnaissante lui a donné le titre de Danavira [« donateur-héros »]. Les grands et nombreux temples [hindous], gurudvara [temples sikhs] et bouddha-vihar qu'il a construits sont une source d'inspiration pour les personnes de tous les pays qui mènent une quête spirituelle. Il a établi nombre d'institutions religieuses, éducatives, culturelles, qui sont toujours actives au service du peuple » (28).

La grandeur de l'homme réside donc bien dans sa qualité d'évergète au service de sa religion (dont la définition, assez idéologique, est extensive) et de sa communauté (dont il soutient à la fois les pauvres et les personnages religieux). La statue sur laquelle figure cette plaque a peut-être été érigée après la mort de J.K. Birla, mais aucun excès de modestie n'aurait pu empêcher son installation du vivant de ce bienfaiteur, comme cela peut être le cas en Iran par exemple (voir la contribution à cet ouvrage de Fariba Adelkhah). Au contraire, l'évergète, en patronnant des *akhara* et des temples, cherche à se voir reconnaître un statut plus prestigieux.

L'important, pour notre propos, tient dans le fait que J.K. Birla a aussi financé en 1938 la construction, à vingt mètres de là, du siège de la Hindu Mahasabha, qui était devenue un parti politique indépendant depuis que le Congrès avait expulsé ses leaders pour cause de « communalisme » en 1937. Surtout, J.K. Birla a demandé qu'on appose sur ce bâtiment une plaque stipulant le montant des dons (65 000 roupies) qu'il y avait consacrés (29) : il voulait en faire « une chose magnifique » (30). Visiblement, il patronnait cette Hindu Mahasabha Bhawan de la même façon que le temple voisin.

La Hindu Mahasabha Bhawan constitue un cas d'évergétisme à la fois exemplaire et limite. Si le parti continua à bénéficier du patronage des puissants dans les années 1940 — le cadet de la principale famille capitaliste de Kanpur (grand centre industriel de l'actuel Uttar Pradesh), Lakshmipat Singhania, présidant même en 1942 la session de Kanpur pour laquelle son frère avait donné 75 000 roupies (31) — la plupart des hommes d'affaires, lorsqu'ils

---

(28) Je remercie Chandra Ranade de m'avoir aidé à traduire ce texte du hindi. Une plaque plus petite indique que le jardin et les bâtiments qui s'y trouvent (dont un *akhara*) ont été édifiés sous le patronage de Baldeodas Birla.

(29) Hindu Mahasabha Papers, F. C-21. Lettre à Moonje du 30 août 1939 (Nehru Memorial Museum and Library — New Delhi ; section des manuscrits).

(30) Savarkar Papers, Bobine n° 5 Dossier n° 10. Lettre de Chand Karan Sarda à Savarkar (alors président de la Hindu Mahasabha) le 4 avril 1940 (NMML — section des microfilms).

(31) Savarkar Papers, Bobine n° 6, dossier n° 13. Lettre de M.D. Seth (président de la branche régionale du parti) à Savarkar, le 16 novembre 1942. Les Singhania,

prendront parti en politique après 1947, se rangeront du côté du Congrès national indien. Cette orientation se trouve généralement motivée par le souci de ne pas se retrouver dans un rapport d'antagonisme avec les détenteurs du pouvoir.

Les milieux d'affaires semblent cependant avoir récemment entrepris une diversification de leurs soutiens dont le mouvement nationaliste hindou est le premier bénéficiaire depuis sa montée en puissance électorale, dans les années 1980. Cette évolution traduit sans doute d'abord le pragmatisme des marchands qui évitent de s'aliéner les partis susceptibles d'accéder au pouvoir. Elle reflète cependant aussi une convergence entre les intérêts des entrepreneurs et l'idéologie nationaliste hindoue. Celle-ci présente une conception irénique, voire organiciste de la société, dont toutes les catégories (ou même les castes — le mot est parfois utilisé) sont appelées à collaborer de façon harmonieuse. Le Bharatiya Mazdoor Sangh (l'Association des travailleurs indiens), principal syndicat ouvrier représentant cette mouvance, se déclare d'ailleurs hostile à la lutte des classes et à la grève (32).

Certains capitalistes se sont découvert des affinités avec ce genre de discours, au plan idéologique, ou simplement par intérêt. A. Poona (Maharashtra), S.L. Kirloskar, un grand industriel du secteur de la mécanique, soutient ainsi les activités d'une association éducative — Jnana Prabodhini — qui, fondée par un homme en partie formé au RSS (cf. infra), développe une idéologie proche, par son organicisme irénique et ses atours religieux, du nationalisme hindou (33).

Parallèlement à cette convergence, le mouvement nationaliste hindou bénéficie aussi de plus en plus du patronage d'évergètes marchands lorsqu'il met en oeuvre une stratégie de la bienfaisance car, comme le confie Papu à Naipaul, les gens des affaires sont de plus en plus soucieux de financer des réalisations utiles au peuple :

> « L'ancienne génération de jaïns, quand elle se mêlait de bonnes œuvres, avait l'habitude de construire des temples. Nous pen-

---

eux aussi des Marwaris, firent d'ailleurs construire à partir de 1944 un temple dédié à Radhakrishna qui couvrit finalement, avec son jardin, une quinzaine d'acres (B. R. Gupta, *The Aggarwals. A Socio-Economic Study*, New Delhi, S. Chand, 1975, p. 134).

(32) C. Jaffrelot, « Note sur un syndicat nationaliste hindou : le travail et les travailleurs dans l'idéologie et les stratégies du Bharatiya Mazdoor Sangh » *Purushartha* n° 14 (1991), pp. 251-270.

(33) P. Lachaier, *Réseaux marchands et industriels au Maharashtra (Inde). Caste, sous-traitance et clientélisme*, Doctorat de l'EHESS en Sciences sociales, sous la direction de J.-C. Galey, Paris, 1989, pp. 514-543.

sons que ce n'est pas très juste, peut-être parce qu'il y a déjà tant de temples. Nous envisageons plutôt des orphelinats et des hôpitaux. Notre génération se préoccupe davantage d'œuvres sociales que de religion » (34).

Si, au plan qualitatif, cette citation suggère une nouvelle inflexion de la forme de l'évergétisme vers encore davantage de philanthropie, en termes quantitatifs, une certaine évolution semble également observable.

La croissance économique, certes relative, mais dont le taux s'éleva régulièrement jusqu'à la fin des années 1980, explique en partie l'élargissement du nombre des candidats virtuels à l'évergétisme. Pour les nouveaux riches de l'entreprise privée — que la libéralisation amorcée par Rajiv Gandhi avait favorisés — patronner des œuvres religieuses et sociales permet de se voir reconnaître un statut de notable à la mode ancienne, comme le suggèrent les Rudolph :

> « Patronner l'hindouisme afin d'améliorer son statut et d'acquérir du pouvoir est une pratique reconnue de longue date en Inde. "Dans le temps", les rois d'origine étrangère, fraîchement installés au pouvoir ou tout simplement ambitieux, cherchaient à légitimer leur pouvoir en patronnant les divinités locales et les temples, en leur donnant une terre, une charge et un revenu (...) Aujourd'hui, les rois du sucre nouvellement enrichis, les bénéficiaires de la révolution verte et les entrepreneurs ou les membres de professions libérales de la première génération ayant réussi, ont consacré une partie de leur fortune récemment acquise à des temples, des récitations du Ramayana et des pratiques rituelles plus élaborées et plus coûteuses » (35).

Une certaine classe moyenne et supérieure d'entrepreneurs indépendants se montre donc disponible pour soutenir des réalisations et des prestations combinant des aspects religieux et philanthropiques. La principale organisation ici concernée, du côté de l'offre idéologico-politique, n'est plus la Hindu Mahasabha mais le Rash-

---

(34) Cité dans V. S. Naipaul, *L'Inde, un million de révoltes, op. cit.*, p. 22. L'intérêt pour le travail social n'exclut cependant pas l'investissement dans les temples. A Ratlam, un chef-lieu de district situé à l'ouest du Madhya Pradesh, où les jaïns représentent 8,5 % de la population de la ville — contre 0,5 % au niveau national — une firme pharmaceutique d'une zone industrielle noircie par les fumées d'usines a dépensé 70 millions de roupies pour construire une douzaine de temples pédagogiques et pan-hindous, chacun étant consacré à une des grandes divinités du panthéon (Interview de B.L. Bhati le 27 août 1992 à Ratlam).

(35) L.I. Rudolph, H. Rudolph, *In Pursuit of Laksmi. The Political Economy of the Indian State*, Hyderabad, Orient Longman, 1987, p. 42.

triya Swayamsevak Sangh (RSS — l'Association des volontaires nationaux) et plus encore ses filiales spécialisées dans la bienfaisance.

Le RSS : du travail sur la société à la stratégie de la bienfaisance

Le RSS est né en 1925, principalement en réaction à la mobilisation de la minorité musulmane contre l'abolition du Califat turc. Cette mobilisation ayant été à l'origine de nombreuses émeutes où les hindous avaient parfois eu le dessous, des membres de l'intelligentsia de Nagpur (Inde Centrale) jusqu'alors proches de la Hindu Mahasabha avaient décidé de former une organisation susceptible de renforcer leur communauté. Il s'agissait de travailler sur la société hindoue (36) pour en éliminer les divisions de castes et de sectes afin de forger une nation (37). Le mouvement entreprit donc de quadriller le pays d'un réseau de *shakha* (« branches »).

Les *shakha* sont d'abord des lieux où se rassemblent tous les jours quelques dizaines d'enfants et adolescents, d'une même localité ou d'un même quartier, pour des séances d'exercices physiques et de formation idéologique où l'on évoque surtout la gloire passée, la menace musulmane et l'indignité du sécularisme gouvernemental. Le réseau des *shakha* a été développé sous l'impulsion de cadres à temps plein, les *pracharak* (« prêcheurs ») qui renoncent généralement à fonder un foyer pour mieux se consacrer à leur cause.

Le RSS a toujours mené des actions de bienfaisance ponctuelles en faveur des hindous. Il se manifesta surtout dans ce domaine à l'occasion de catastrophes naturelles ou politiques. Il créa par exemple une Hindu Sahayata Samiti (Société pour l'entraide hindoue) en 1947 à Delhi pour héberger, vêtir, voire faire travailler les millions de réfugiés qui fuyaient le Pakistan occidental (38). Les mêmes efforts ont été mis en œuvre pour les réfugiés hindous de la vallée de Srinagar qui ont été pris en charge dans des camps

---

(36) L'idée de « travail sur la société » rejoint ici celle du « politique par le bas » telle que la définit J.-F. Bayart, la notion d'insurrection en moins, puisqu'il s'agit aussi ici d'un « mouvement social susceptible de devenir le vecteur d'unification de la société dans son rapport conflictuel à l'État » (Introduction à J.-F. Bayart, A. Mbembe et C. Toulabor, *Le politique par le bas en Afrique Noire. Contribution à une problématique de la démocratie*, Paris, Karthala, 1992, p. 18).

(37) Voir C. Jaffrelot, *Les nationalistes hindous. Idéologie, implantation et mobilisation*, Paris, Presses de la FNSP, 1993, chap. 1.

(38) *Organiser*, 21 août 1947, p. 16.

de toile à Jammu et Delhi. Dans un autre genre mais sur le même registre, les volontaires du RSS s'illustrent de façon presque systématique dans l'aide aux victimes d'inondations ou de tremblements de terre (39). Cette démarche a cependant acquis la dimension d'une véritable stratégie de la bienfaisance à travers les filiales que le RSS a peu à peu développées.

Dès les années 1950 en effet, le RSS se dotait d'un parti politique, le Jana Sangh (rebaptisé Bharatiya Janata Party — BJP — en 1980), et créait un syndicat étudiant, une organisation d'aide aux populations tribales et un syndicat ouvrier, le Bharatiya Mazdoor Sangh (BMS — Association des travailleurs indiens). Ces institutions ont très tôt mis en œuvre des pratiques de travail social (40). Cette stratégie de la bienfaisance a cependant acquis un caractère plus systématique à partir de 1979 lorsque le RSS s'est doté d'une nouvelle filiale baptisée Seva Bharati (Le Service indien).

Seva Bharati au service du peuple

Le fondateur du mouvement, Vishnu Kumar, est un ancien *pracharak* du RSS dont le frère a embrassé la carrière de renonçant. Le fait est souligné par ses collègues parce que les *pracharak* sont volontiers eux-mêmes assimilés à des renonçants et reçoivent des dons qui semblent, pour le donateur, chargés des mêmes vertus que le patronage des religieux. Les autres cadres de Seva Bharati sont des *jivan vratti* (« ceux qui ont fait vœu de donner leur vie »), c'est-à-dire des membres ayant atteint l'âge de la retraite et qui se mettent entièrement à la disposition de l'organisation (41).

Cette organisation, dont le mot d'ordre est « faire le bien de la société est mon devoir », a pour objectifs officiels :

> « 1) d'éradiquer l'intouchabilité, 2) d'infuser dans le peuple l'esprit de service et d'unité [sociale comme nationale], 3) de promouvoir et de conduire des activités d'ordre littéraire, culturel,

---

(39) A la suite du tremblement de terre de 1991 qui a fait environ 3 000 victimes dans le nord de l'Inde, le RSS a envoyé 500 volontaires sur place et distribué des vêtements et des médicaments pour une valeur de 400 000 et 250 000 roupies (*Organiser*, 8 décembre 1991).

(40) Voir par exemple ma « Note sur un syndicat nationaliste hindou... », art. cit.

(41) Interview de Vishwamitra Pushkarma, vice-président de Seva Bharati et lui-même *jivan vratti*, le 12 août 1992 à New Delhi. Ce statut de *jivan vratti* est assimilé à celui de *vanaprastha*, c'est-à-dire à l'avant-dernière étape de la vie, avant le renoncement, dans le schéma brahmanique traditionnel. Le journal du RSS, *Organiser*, diffuse ainsi des encarts publicitaires appelant les retraités intéressés par le service social à se faire « initier vanaprastha » de Seva Bharati (24 novembre 1991).

social et caritatif parmi les pauvres et [les] frères déshérités qui vivent dans des quartiers défavorisés, et 4) de servir les secteurs économiquement faibles et arriérés au plan social en contribuant à leur développement physique, éducatif, social, moral et économique sans considération de castes, de langues ou de régions de sorte qu'ils prennent confiance en eux et s'intègrent dans la société » (42).

La vocation idéologique de Seva Bharati se devine aisément : il s'agit d'assimiler à une nation hindoue dont le RSS est le modèle et le fer de lance des populations plus ou moins marginales, naturellement sensibles aux actions de bienfaisance. Cette entreprise revêtait un intérêt particulier pour les nationalistes hindous étant donné que ces groupes sociaux ne cessaient de gonfler et que le RSS, comme ses filiales, n'avaient jamais réussi à s'y implanter. Il était en effet difficile, pour un mouvement dominé par les hautes castes, d'atteindre cette plèbe que tant de traits socio-culturels distinguaient (la conscience de caste, l'habitus social mais aussi parfois la langue, très peu sanskritisée lorsqu'il s'agissait du hindi).

Seva Bharati concentre pour le moment ses activités à Delhi. Elle a ouvert douze dispensaires et organise la visite d'une vingtaine de bidonvilles par trois ambulances où il est possible de consulter un médecin gratuitement ou presque. L'accent est cependant mis sur l'éducation sous différentes formes. Une camionnette équipée d'un matériel vidéo circule par exemple dans les quartiers pauvres et les bidonvilles pour promouvoir « l'éducation morale et culturelle » :

« L'éradication de l'analphabétisme n'est pas la fin de l'éducation, explique le secrétaire de Seva Bharati à propos de ces films. Nous voulons inculquer aux habitants des bidonvilles une conscience nationale et un sens de l'hygiène, leur apprendre ce qui est bien, ce qui est bon pour la société et comment ils peuvent lui être utiles » (43).

Pour « attirer le client », les films diffusés sont parfois les épopées du *Ramayana* et du *Mahabharata* dont le succès lors de leur programmation par la télévision nationale a été énorme.

Fidèle à la perspective ouverte par le RSS, le travail éducatif de Seva Bharati se concentre sur les enfants. Un lieu d'accueil pour les enfants abandonnés a été ouvert en 1987 et il existe 15 Sanskrit Kendra (centres d'apprentissage du sanskrit) et surtout 129 Bal

---

(42) Tract intitulé *Seva Bharati*, New Delhi [s.d.].
(43) Interview de R. Atri le 12 août 1992 à New Delhi.

et Balika Samskar Kendra (centres d'apprentissage des *samskar* (44) pour garçons ou filles) auxquels assistent 19 304 enfants sous la férule de 352 enseignants, souvent des bénévoles liés au RSS. L'organisation souligne que dans ces centres, « les enfants n'apprennent pas seulement à lire l'alphabet et des livres mais reçoivent aussi des *samskar* » (45). Pour les étudiants des familles défavorisées, Seva Bharati a établi 26 centres de tutorat et pour les adolescents ayant quitté le système scolaire, trois classes d'apprentissage en électricité et en électronique. Quant aux jeunes filles, elles seraient 2 550 à participer à 63 centres de couture dont l'objectif est de rendre leurs familles « auto-suffisantes au plan économique ». Les brochures éditées par Seva Bharati ajoutent que ses militants leur « rendent régulièrement visite pour leur inculquer un esprit de dévouement et d'amour de la patrie ».

Toutes ces activités reposent sur les dons, qu'ils soient en roupies ou en nature (l'organisation a ainsi reçu d'un bienfaiteur un vaste terrain dans le sud de Delhi pour son orphelinat). Ces donateurs, de l'aveu même du secrétaire général de Seva Bharati, se recrutent d'abord dans les castes marchandes, fidèles en cela à leur tradition de patronage des œuvres sociales à connotation religieuse :

> « Les dons des marchands représentent à peu près la moitié de nos dépenses. Nous allons voir les commerçants dans les bazars. Nous leur parlons de notre travail, ils viennent voir nos centres et ils manifestent leur approbation. Ils font des dons. Tout notre travail repose sur les dons » (46).

Le fait que Seva Bharati tire une bonne partie de ses moyens de ces pratiques d'évergétisme ne constitue cependant qu'une condition nécessaire de l'efficacité de sa stratégie de la bienfaisance en termes d'implantation et de diffusion de l'idéologie nationaliste hindoue. Cette efficacité, dont les chiffres affichés par l'organisation sont un indice peu fiable, demande à être vérifiée sur le

---

(44) Le terme désigne les rites de passage mais, de façon plus générale, tout ce qui façonne la personnalité de l'individu et d'abord de l'enfant. Dans la tradition hindoue, « avoir de bons *samskar* » revient généralement à n'avoir aucun vice (ni fumer, ni boire d'alcool par exemple), à avoir des manières très policées, voire à observer un régime végétarien, bref, à imiter le brahmane selon la logique de la sanskritisation (voir note 53). Le RSS use volontiers du mot *samskar* parce qu'il reflète fidèlement son aspiration à réformer les mentalités sur le modèle de la Haute Tradition hindoue et, plus spécifiquement, à diffuser une conscience et une discipline nationales hindoues. (Sur ce thème, voir L. Kapani, *La notion de Samskara*, Paris, Collège de France — De Boccard, 1992, p. 43.)

(45) Document ronéoté intitulé « Introduction — Seva Bharati : Delhi » obtenu au siège du mouvement, p. 2.

(46) Interview de R. Atri.

terrain. Il convient en outre de comparer la situation des bidonvilles urbains (telle que la reflète le cas de l'école de Motia Khan)
et celle des campagnes où Seva Bharati n'est pas présente mais
où d'autres filiales du RSS poursuivent l'action d'éducation, comme
dans le district de Shivpuri.

L'idéologie, les pauvres et l'école

Dans un bidonville de Delhi

Le bidonville de Motia Khan se trouve coincé entre les abords
de Connaught Place (qui ouvre sur la Nouvelle Delhi) et le quartier de Jhandewalan (construit après la Partition pour abriter des
réfugiés du Pendjab occidental). On y dénombre environ
600 *jhugghi jhonpri* (habitations précaires), abritant 3 000 personnes
qui viennent pour l'essentiel de Jhulu (district de Bikaner au Rajasthan, un État victime de sécheresses à répétition). La majorité
d'entre elles sont des Sassi, des intouchables dont les premiers se
sont installés là au début des années 1980 avant d'être rejoints par
d'autres membres de la caste. La plupart n'ont pas d'emploi mais
font des « petits boulots », parfois rémunérateurs, comme la vente
de cartes de l'Inde aux touristes. Quelques foyers possèdent un
poste de télévision alimenté grâce au courant piqué sur une ligne
longeant la grande route — le bidonville n'est pas relié au réseau
électrique. Les habitants de Motia Khan survivent donc assez bien,
mais, d'une part, l'élévation du prix du mètre carré constructible
à Delhi fait qu'ils sont menacés d'expulsion de façon récurrente
par la municipalité à laquelle appartient le terrain (47), et, d'autre
part, ils ne parviennent pas à échapper à leur condition d'intouchables. Ils se plaignent d'avoir été reçus de manière humiliante
dans les écoles publiques où ils ont essayé de s'inscrire, et de s'être
vu opposer des niveaux auxquels ils ne pouvaient se hisser.

La stratégie de la bienfaisance du RSS lui a permis de s'implanter dans ce bidonville en répondant à la demande d'éducation des
Sassi. Le second siège du RSS — après celui de Nagpur — se
situant à proximité, à Jhandewalan, un des *pracharak* qui vivent
là en permanence avait pris l'habitude de rendre des visites régu-
lières aux habitants de Motia Khan dès le début de leur installation. Ce Virendra Bhatnagar est un brahmane de l'Uttar Pradesh

---

(47) *Times of India*, 10 octobre 1992, p. 4.

dont la famille était affiliée à l'Arya Samaj, un mouvement de réforme socio-religieuse à l'hindouisme militant (48). Entré au RSS dès ses huit ans sous l'influence de son instituteur, il décida très jeune de devenir *pracharak* ; ayant arrêté ses études pour embrasser cette « carrière », il fut détaché par la direction du mouvement — soucieuse de gérer ses cadres au mieux de leurs prédispositions — au Bharatiya Mazdoor Sangh. De 1963 à 1986, il travailla donc comme secrétaire à l'organisation au plan local puis régional en Uttar Pradesh, et finalement à Delhi. Cette constance reflétait son « choix profond », son goût pour « le service des défavorisés » (49).

En 1989, à l'occasion du centenaire d'Hedgewar, le fondateur du RSS, un grand programme baptisé Naran Seva (Pour le service de l'homme) fut lancé par le RSS et V. Bhatnagar fut chargé d'en coordonner la mise en oeuvre à Delhi. Il accorda aussitôt la priorité au développement d'écoles et supervisa lui-même celle de Motia Khan qu'il baptisa Vivekananda Shishu Mandir, Temple des élèves de Vivekananda, du nom d'un des précurseurs de l'hindouisme militant à la fin du XIXᵉ siècle au Bengale. Ouverte en juillet 1991, l'école compta rapidement 120 élèves de 4 à 20 ans répartis en trois classes — toutes élémentaires en raison de l'absence de la moindre instruction dans le bidonville.

Un an après sa fondation, en août 1992, les enseignantes de l'école affirmaient que celle-ci comportait trois classes de 60 élèves, parmi lesquels des femmes adultes. En fait, les effectifs ont sans doute subi une érosion liée à la concurrence d'une école rivale installée dans le même bidonville par l'UNICEF et disposant de plus gros moyens. Ce coude-à-coude confirme d'ailleurs que le RSS s'intéresse bien aux populations prises en charge par les organisations caritatives (50).

Dans l'école de Motia Khan, la matinée est réservée aux filles, l'après-midi à la couture et la soirée aux garçons. Le petit manuel distribué aux élèves comporte de nombreux poèmes patriotiques, à commencer par la prière du RSS où il est dit que le drapeau national n'est autre que celui de cette organisation, couleur safran, celle de l'hindouisme.

Plus insidieux parce qu'implicitement dirigé contre les minorités, le chant intitulé « Il faut avoir de la fierté » énonce :

(48) K. Jones, *Arya Dharm — Hindu Consciousness in 19th Century Punjab*, Berkeley, University of California Press, 1974.

(49) Interview de Virendra Bhatnagar, le 7 octobre 1991 à Jhandewalan.

(50) Seva Bharati annonce d'ailleurs dans ses bulletins sa volonté d'être associée aux programmes de l'UNICEF pour bénéficier de fonds étrangers.

> « Il faut reconnaître le lien du sang.
> L'ennemi s'est insinué parmi nous et fomente un complot.
> (...)
> Il faut prendre garde à la fumée qui précède l'embrasement.
> (...)
> Combien de temps encore resterons-nous sans rien faire ?
> Il faut lancer une campagne du haut des tribunes.
> Notre désir unique est de porter le pays au sommet de la
> grandeur... » (51).

L'ennemi dont il est fait mention ne peut être autre que les musulmans — 11 % de la population indienne — que les nationalistes hindous considèrent comme une cinquième colonne liée à toute une internationale islamique dont le Pakistan est l'avant-poste. L'image du feu qui couve renvoie clairement aux émeutes intercommunautaires qui éclatent de façon récurrente dans le nord du pays et auxquelles les nationalistes hindous recommandent ici de se préparer.

L'enseignement ne se limite cependant pas à ce genre d'endoctrinement. Les enseignantes soulignent que leur principal souci est d'inculquer à des enfants nés dans la crasse et dans un univers très fruste, voire violent, des habitudes d'hygiène élémentaire, une façon de parler moins brutale, le respect des aînés et de la société (52). Les connotations nationalistes et hiérarchiques, voire organicistes, de cette socialisation se retrouvent dans le culte de Saraswati, la déesse de la Connaissance. Chaque classe s'ouvre et se referme sur une prière en sanskrit adressée à Saraswati, au contenu fortement idéologique :

> « O mère, donne-nous une pensée pure *[amba vimal]*
> Faisons de l'Inde le diadème du monde
> Donne-nous cette force héroïque, donne-nous une pensée pure,
> Remplis notre cœur de courage et de vertu,
> Fais que notre vie soit de renoncement et d'ascèse,
> Accorde-nous la tempérance, la vérité et l'amour,
> Remplis-nous de fierté. »

Cette prière combine l'accent sur les *samskar*, dont l'attrait est susceptible d'amener les enfants à suivre les cours de l'école, et un nationalisme explicite. Les enfants la récitent tournés vers l'image de la déesse et les mains jointes, mais très maladroitement en raison de la difficulté de la langue. Or, V. Bhatnagar comme

---

(51) Manuel hindi ronéoté sans mention d'éditeur, de lieu ou de date.
(52) Interview de Sadhana Ojha et de Gita Goyal le 14 août 1992 à Motia Khan.

la maîtresse mettent un point d'honneur à leur parler avec le peu de sanskrit qu'ils connaissent, sans doute parce que les élèves y perçoivent un trait prestigieux.

L'attrait de cette école procède d'ailleurs en partie du fait qu'elle constitue visiblement un vecteur de sanskritisation (53). Mais à ce facteur s'en ajoutent d'autres. Tout d'abord, elle est gratuite et tout le modeste équipement (le manuel, les crayons, les cahiers et l'ardoise) est fourni par l'organisation. Les maîtresses sont bénévoles ; elles donnent deux heures par jour à l'organisation en présentant ce service comme la forme la plus haute de sacrifice (une notion cardinale, en liaison avec le renoncement, dans l'hindouisme). L'une, brahmane, est l'épouse d'un chanteur populaire — pour ses interprétations de textes religieux — et membre actif du RSS ; la seconde est la femme du responsable, de caste commerçante, d'une *shakha* de Jhandewalan. Autre atout de l'école, les enseignants ont été spécialement formés pour ne pas humilier les enfants ; enfin, et surtout, dans le cas des filles, l'école offre une formation de type professionnel par l'apprentissage de la couture. Dix-sept filles sont assidues à ce cours pour lequel l'école possède sept machines. Un certificat attestant leur qualification est délivré à celles qui suivent cette classe jusqu'au bout. La vente, pour 25 roupies, de la première chemise fabriquée par une élève a créé une certaine émulation. Il est vrai que les tailleurs ne cèdent pas le même produit pour moins de 40 roupies.

Les machines à coudre constituent un moyen classique de la stratégie de la bienfaisance des nationalistes hindous (54). Or la façon dont ceux-ci les acquièrent renvoie à cet aspect important de l'ethos économique propre au contexte hindou qu'est le don à connotation religieuse. Ces machines ont en effet été fournies par des marchands ou achetées et ensuite offertes par des particuliers à l'occasion de cérémonies sans lesquelles cette action aurait perdu tout son sens. Les panneaux de photographies relatant les activités du RSS au siège de Jhandewalan, comparables à ceux de groupes de catéchisme, montrent des Singer flambant neuves recouvertes de *mala* (guirlandes de fleurs, souvent des œillets d'Inde safran). Le fait important réside ici dans la présence d'un religieux local, le chef de l'*ashram* Udaisin (secte surtout développée au Pendjab et relativement ouverte aux basses castes).

---

(53) Ce concept a été introduit par M. N. Srinivas pour désigner toutes les pratiques d'ascension sociale et statutaire des basses castes qui consistaient à copier certains traits spécifiques aux brahmanes (M. N. Srinivas, *Religion and Society among the Coorgs of South India*, Londres, New York, Oxford University Press, 1965, pp. 214-215).

(54) Le BMS, sortant délibérément de son rôle de syndicat ouvrier, en distribue aussi.

Ce Swami Raghavanand accomplit pour Seva Bharati les rites qui consacrent le don. Il réalise en particulier des *havan* (sacrifices védiques) et se montre même prêt à en enseigner la technique ainsi que le sanskrit — indispensable pour prononcer les formules rituelles — aux basses castes. Il explique en effet que les politiciens occidentalisés sont en train de détruire les traditions hindoues et qu'il faut donc sortir des *ashram* pour régénérer la société sur ses bases les plus anciennes (55). Swami Raghavanand et Virendra Bhatnagar, le *pracharak*, représentent deux variantes du même projet idéologique. Leur force vient de leur capacité à l'énoncer en termes de protection de l'hindouisme et donc à détourner tout un flux de dons à leur profit.

L'étude de l'école de Motia Khan suggère, au total, que la stratégie de la bienfaisance, dont les ressources proviennent d'une exploitation subtile d'un aspect de l'ethos économique hindou, offre bien au RSS et à ses idées de nouvelles possibilités d'implantation. V. Bhatnagar signale d'ailleurs que s'il n'existe pas encore de *shakha* à Motia Khan, quelques garçons participent à celle du siège de Jhandewalan. Or, j'ai pu observer les mêmes mécanismes en milieu rural, dans le village de Piparsod situé en Inde centrale (Madhya Pradesh) à proximité de la ville de Shivpuri (56).

L'école, véhicule de l'idéologie au village

Shivpuri, chef-lieu de district situé à 120 km au sud de Gwalior sur l'axe Delhi-Bombay, compte environ 80 000 habitants. Le taux d'alphabétisation y est de 47,84 % contre 16,48 % pour l'ensemble du district. La ville compte 15,6 % d'intouchables, soit un niveau comparable à la moyenne nationale, qui est cependant dépassée dans 667 des 1 300 villages du district (57).

Dans ce district, la principale filiale du RSS à pourvoir aux besoins d'éducation locaux est Vidya Bharati (le Savoir indien). Cette organisation fut fondée en 1977 pour coordonner le réseau des quelque 700 Saraswati Shishu Mandir (Temples des élèves de Saraswati), des écoles que le RSS avait développées à partir des

---

(55) Interview de Swami Raghavanand, le 18 octobre 1991 dans son *ashram* de Delhi.

(56) Je remercie Jean-Luc Chambard de m'y avoir invité au moment précis où la même « stratégie de la bienfaisance » y apparaissait et de m'avoir aidé à y mener l'enquête.

(57) *Census of India 1981 — Series II — Madhya Pradesh District Census Handbook Part XIII-B — Shivpuri district*, Bhopal, State Government Publications [s.d], pp. 15-22.

années 1950 (58). Près de quinze ans plus tard, Vidhya Bharati compte 40 000 enseignants et 1,2 million d'élèves répartis en 5 000 écoles (dont 1 325 en Uttar Pradesh et un millier au Madhya Pradesh), plus d'un tiers d'entre elles allant jusqu'au niveau « higher secundary » (59).

Shivpuri abrite, outre l'une de ces 5 000 écoles, l'un des 40 pensionnats gérés par Vidhya Bharati. Celui-ci se donne pour vocation de former des « enfants pleins de confiance en eux, fiers de leur religion et manifestant respect et amour pour le passé glorieux [de leur nation]... » (60). Cette dimension idéologique se lit dans l'emploi du temps des 130 pensionnaires qui, de 5 h 30 à 8 h, doivent ensemble dire une prière, s'exercer au yoga et réciter la *Bhagavad Gita* que les nationalistes hindous cherchent à ériger en Livre de l'hindouisme. Un tract de présentation du pensionnat le décrit d'ailleurs comme la forme moderne des anciens *gurukul* (lieux d'enseignement traditionnels, centrés autour d'un *guru*, où les jeunes brahmanes apprenaient le *Veda* — litt. « Savoir ») (61).

Cette institution, qui se réclame donc de la Grande Tradition hindoue, ne s'inscrit pas directement dans la logique d'une stratégie de la bienfaisance : les frais annuels pour un pensionnaire s'élèvent à 8 000 roupies. Toutefois, signe des temps, une maternelle y a été ouverte, à titre gratuit pour les intouchables du quartier. 40 petits intouchables viennent dans cet Ambedkar Saraswati Shishu Mandir pour y apprendre « les *samskar*, comment se tenir, etc. » (62). Elle a été ouverte en juillet 1991 dans le sillage de la célébration du centenaire du leader intouchable Ambedkar, lors de laquelle les basses castes ont fait preuve d'une forte mobilisation collective.

Cette stratégie de la bienfaisance et avant elle l'existence même du pensionnat ont été permises par des pratiques d'évergétisme, les frais d'inscription ne suffisant pas à entretenir l'institution (d'autant que celle-ci a entrepris des travaux — théâtre, piscine, etc. — coûtant 30 millions de roupies). Si le principal est un membre du RSS ayant déjà développé le réseau de Vidhya Bharati dans

---

(58) *Organiser* 19 novembre 1978, p. 1. Ce réseau était surtout dense en Uttar Pradesh où le premier Saraswati Shishu Mandir avait été fondé en 1952 à Gorakhpur. En 1972, 5 000 enfants étaient élèves de ces écoles dans 43 districts de cet État (*Ibid.*, 25 mars 1972, p. 15).

(59) N. Khanna, « Education : the RSS way » *Sunday* 1er décembre 1991, pp. 22-23.

(60) *Saraswati Vidhyapith Avasiya Vidhyalaya-Vivarnika*, 1985 [brochure sans indication de lieu] (hindi).

(61) *Saraswati Vidhyapith Avasiya Vidhyalaya — Shivpuri* [s. d.].

(62) Interview de Ram Hari Pandey, secrétaire du pensionnat, 18 août 1992, à Shivpuri.

une demi-douzaine de districts avant de s'installer à Shivpuri, cette école est patronnée par des notables locaux proches du RSS, comme D.P. Gupta, un banya, ou O.P. Sharma, le patron d'une petite entreprise de transports. La population de Shivpuri auprès de laquelle les dons ont été collectés avait naturellement intérêt à voir se développer une école dans leur ville : à côté des 130 pensionnaires, 200 externes y suivent des études réputées pour leur qualité. Les brochures de cette institution mettent l'accent sur la discipline, l'enseignement de l'anglais qui est reconnu, à regret, indispensable par les nationalistes hindous, et enfin la sélection sur la base du mérite. La classe moyenne supérieure de Shivpuri a donc pu contribuer à financer l'école par des dons en pensant à sa jeunesse ; mais ce n'est pas tant cette motivation concrète — il est vrai moins valorisante — que la portée socio-rituelle du don qui est mise en avant par le principal pour expliquer le montant des fonds collectés (plusieurs centaines de milliers de roupies) : « Les gens donnent pour construire un temple, les gens donnent pour construire une école » (63).

C'est dans la même logique de l'évergétisme que les spacieux bâtiments datant du XIXe siècle et quelque 8,5 ha ont été fournis par la famille Angre dont le patrimoine immobilier et foncier est considérable. Il s'agit en effet des héritiers d'un lieutenant du premier Maharajah de la dynastie auquel ce dernier avait octroyé un fief dans l'ancien État princier de Gwalior, l'un des plus grands d'Inde du Nord à l'époque coloniale. Jusqu'à l'indépendance, la dynastie régnante des Scindia avait Shivpuri pour capitale d'été et la Cour, au premier rang de laquelle figuraient les Angre, y avait construit les bâtiments nécessaires.

Les Scindia eux-mêmes, qui ont conservé une immense fortune, notamment grâce à des investissements industriels, consacrent des fonds considérables aux œuvres idéologico-religieuses. Les affinités de la veuve du Maharajah (la Rajmata) avec les nationalistes hindous l'ont amenée à rallier les filiales politiques du RSS (Jana Sangh puis BJP) auxquelles elle fournit depuis 1967 une « banque de votes » considérable. En parallèle, elle patronne très activement la filiale « religieuse » du RSS, la Vishva Hindu Parishad, qui a vocation à regrouper les chefs des différentes sectes de l'hindouisme. Elle a donné en 1982 une partie de son palais de Gwalior à cette organisation. Tout se passe ici comme si son patronage religieux s'était simplement déplacé sur un terrain plus idéologique.

Ces libéralités vont de pair avec une capacité à gérer la for-

---

(63) Interview de Kamal Kumar Pandey, 16 août 1992, à Shivpuri.

tune familiale qui a permis à la Rajmata et à son secrétaire Angre d'investir dans les transports maritimes ou la presse à grand tirage. Elle se présente d'ailleurs officiellement comme une « industrielle » (64). Au demeurant, l'équipe dirigeante de la Vishva Hindu Parishad dont fait partie la Rajmata se compose, hormis les cadres détachés du RSS, de Marwaris ayant très bien réussi en affaires, comme le président V.H. Dalmia (65). Ce patronage de la Vishva Hindu Parishad par des industriels se retrouve au niveau local : le président de la branche du Madhya Pradesh est un Marwari et celui de celle de Bhopal est un jaïn, par exemple (66). La nébuleuse du RSS y gagne naturellement en respectabilité.

Dans les campagnes du district de Shivpuri, l'implantation du RSS se déploie dans un milieu moins favorable. Tout d'abord, les paysans n'ont pas le loisir de s'assembler quotidiennement pour quelque exercice physique ou séance idéologique que ce soit. Ensuite, ils sont trop divisés pour envisager ce genre d'activités collectives. A Piparsod (village situé à 17 km de Shivpuri), les brahmanes et les kirars (caste d'agriculteurs dominante dans la région (67)) se disputent la prééminence (68). Les *pracharak* du RSS qui ont essayé de développer une *shakha* dans le village depuis leur base de Shivpuri y ont chaque fois renoncé après quelques semaines d'efforts. Au cours de l'été 1991, le nouveau *pracharak* a opté pour une tactique nouvelle en décidant d'ouvrir un Saraswati Shishu Mandir.

Cette initiative était fort judicieuse car Piparsod, en dépit de ses 2 500 habitants, n'avait pas d'école alors que les études apparaissent de plus en plus clairement à tous comme la seule voie d'ascension sociale, d'où une véritable « faim d'éducation » (la seule école à y avoir été ouverte s'était trouvée sabotée par les brahmanes qui répugnaient à voir les basses castes acquérir de l'instruction (69)). En outre, les frais d'inscription à ce Shishu Mandir étaient abordables — 30 roupies par élève pour un mois —

(64) Telle est la profession qu'elle indique dans les notices biographiques que publie le secrétariat de la Lok Sabha (Chambre haute où elle est candidate depuis 1957, sauf en 1977).

(65) A ses côtés, les vice-présidents B.P. Toshniwal et S.K. Somaiya sont aussi des banyas.

(66) Interview de B.G. Toshniwal le 27 août 1992 à Indore et de A. Ajmera le 13 novembre 1990 à Bhopal.

(67) La caste dominante — un autre concept que l'on doit à Srinivas — est celle qui est la plus nombreuse et qui possède le plus de terre. C'est de ses rangs que provenaient traditionnellement les chefs de villages.

(68) Pour une analyse détaillée de ce phénomène, voir J.-L. Chambard, *Atlas d'un village indien*, Paris, EHESS, 1980.

(69) Je remercie Jean-Luc Chambard, à l'origine de cette initiative, pour cette information.

grâce au faible traitement (600 roupies par an) des deux enseignants, dont l'un a été formé au RSS.

Hormis leur enseignement des règles de calcul et d'orthographe, ces maîtres mettent le plus grand zèle à faire réciter le *Gayatri Mantra* aux enfants. Cette prière sanskrite est en principe l'apanage des hautes castes mais les Shishu Mandir sont ouverts à tous et les basses castes y trouvent un vecteur de sanskritisation. Le père d'une élève, de la caste très impure des barbiers, souligne que les enfants y apprennent les bonnes manières, sous-entendu celles des brahmanes (70).

On retrouve donc à la base du succès de ce Shishu Mandir — dont la classe unique compte une quarantaine d'élèves de 6 ans environ — l'attrait de la sanskritisation et d'une formation au moindre coût. A nouveau, cette stratégie de la bienfaisance est rendue possible par le don à connotation religieuse. Le principal atout de l'école réside en effet dans le bâtiment qu'elle occupe, une des rares maisons à étage du village, qui provient d'un docteur de Gwalior originaire de Piparsod (71).

Ce Durga Prasad Sharma, un brahmane, avait toujours manifesté l'intention de destiner cette bâtisse à une œuvre pieuse. Après sa mort, les responsables de Vidya Bharati à Shivpuri allèrent, en compagnie de notables du village comme Hari Shankar Sharma, membre du conseil municipal et fondateur d'une coopérative locale, trouver sa veuve qui accepta de céder le bâtiment en considérant que la cause le méritait. Elle vint à Piparsod pour présider la cérémonie d'inauguration qui comportait un culte à Saraswati. Une association portant le nom de son mari fut fondée par les notables du village (dont H.S. Sharma) pour perpétuer sa mémoire et gérer l'école (72).

Celle-ci, après quelques mois de fonctionnement, sert le soir de cadre à une nouvelle *shakha* du RSS : Madan Lal Pandey y réunit une vingtaine de villageois pour une séance de formation physique et idéologique. Se plaignant de ce que ces nouveaux *swayamsevak* n'ont « pas grand chose dans la tête », il cherche à leur inculquer une discipline élémentaire (se mettre en rang, s'asseoir et se lever) au moyen d'ordres en sanskrit, langue inconnue de tous mais, explique-t-il, prestigieuse du fait que, étant la plus ancienne, elle est la mère de toutes les autres. Pandey

---

(70) Interview de Sarvan le 27 octobre 1991 à Piparsod, réalisée en collaboration avec Jean-Luc Chambard.

(71) J.-L. Chambard, « Les violences d'un village hindou. Suicide de femme chez les barbiers et "violences légitimes" des dominants en Inde centrale », *Purusharta* (à paraître).

(72) Interview de H.S. Sharma, 17 août 1992, à Piparsod.

s'emploie aussi à inventer des jeux pour apprendre aux villageois le nom des héros historiques de la nation hindoue et leurs œuvres afin de leur inspirer des sentiments nobles (73).

Conclusion

L'objet de cette étude était d'analyser dans quelle mesure une stratégie de la bienfaisance peut exploiter les pratiques évergétiques de patrons soucieux d'acquérir des mérites par leurs dons. La pérennité de l'évergétisme semble s'expliquer en Inde par la compatibilité, voire la complémentarité, existant entre la rationalité économique — y compris dans le cas d'entreprises capitalistes — et le financement d'œuvres religieuses, catégorie dans laquelle la stratégie de la bienfaisance des nationalistes hindous a réussi à se classer.

Celle-ci paraît judicieuse pour deux autres raisons au moins, qui n'occultent pas certaines limites.

Tout d'abord, elle permet de toucher des familles dont la culture politique n'est pas nationaliste hindoue. Dès lors, en effet, que les organisations concernées sont distinctes de filiales du RSS connues du public comme le BJP (le parti ayant pris la suite du Jana Sangh), l'obédience du projet reste masquée, seule sa nature hindoue bien-pensante est affichée, notamment à travers l'accent sur les *samskar*. En réponse à une de mes questions, le barbier de Piparsod évoqué plus haut souligne que le Shishu Mandir est distinct du BJP pour lequel il n'a aucun respect, lui-même votant Congrès. Il s'agit donc d'une méthode d'implantation propre à neutraliser les préventions idéologiques des parents pour mieux façonner la culture politique des enfants. A ce niveau, l'efficacité des techniques de conditionnement mises en œuvre par les écoles du RSS sera lente à se manifester mais paraît probable.

Le principal handicap que les écoles auront cependant à surmonter tient aux catégories sociales auxquelles sont destinés ces projets. Par définition, la stratégie de la bienfaisance s'adresse aux plus défavorisés. Or il s'agit en Inde de basses castes dont la culture est souvent aux antipodes de la Grande Tradition que le RSS cherche à leur inculquer.

Le dernier atout de la stratégie de la bienfaisance nationaliste hindoue tient à la bienveillance que certaines instances officielles

(73) Interview de M.L. Pandey, 17 août 1992, à Piparsod.

lui témoignent. L'administration, pressurée en raison de la crise économique et plus précisément du surendettement de l'État, se désinvestit du domaine social et se défausse volontiers au profit d'organisations privées. En 1991, un organisme dépendant du gouvernement central a par exemple décerné le « Certificate of Merit » et une récompense de 50 000 roupies à Seva Bharati ; le ministère de la Santé et de la Famille lui verse une subvention annuelle de 6 000 roupies et la Delhi Development Authority lui a fourni huit bureaux dans la capitale (74). Ce patronage d'État est susceptible de réduire la dépendance du RSS envers ses « évergètes ».

---

(74) Y. Ghinurie, « Altruistic expansion », *India Today*, 31 juillet 1992, p. 27.

LES FAUX-SEMBLANTS
DE L'ÉCONOMIE DE MARCHÉ

Ainsi, l'opérateur capitaliste n'est pas seulement un animal économique doué de raison. Son « esprit » est aussi un répertoire de la jouissance, que Max Weber évoquait dans des termes un peu ampoulés, et en tout cas pré-freudiens, comme la « part émotionnelle », le « sentiment », la « motivation », les « bénéfices psychologiques ». L'une des conditions nécessaires (mais pas forcément suffisantes) de l'économie de marché est l'existence d'un imaginaire social partagé par l'ensemble des acteurs, ou tout au moins par une masse critique d'entre eux, dont la vocation (Beruf) et la jouissance, en bref le « style de vie », soient l'accumulation capitaliste ou le travail dans le cadre de rapports sociaux de production de type capitaliste. Mais l'ambivalence qui caractérise les pratiques sociales du don se retrouve alors à une échelle élargie. Dans un pays de taille modeste comme le Cameroun aussi bien que dans l'immense Russie les opérateurs du marché sont hétéroclites : leurs itinéraires d'accumulation, leurs désirs, leurs plaisirs, leurs passions ne sont pas les mêmes, et leurs transactions reposent souvent sur des malentendus dont on aimerait être sûr qu'ils soient toujours « opératoires ». La société est elle-même hétérogène : il n'est point de culture unique qui dicte aux entrepreneurs ou aux publicistes un ethos économique particulier, et bien au contraire la définition du marché, l'appréhension de ce qui est considéré comme la culture nationale, religieuse ou ethnique, la construction de la mémoire historique font l'objet de profondes divergences.

Les irréductibles pourront attribuer aux résistances de la « tradition » cette diversité dans la « modernité ». Mais l'internationalisation des économies organisée par le G7, les institutions multilatérales et les principales banques commerciales au nom du « consensus de Washington » implique elle aussi de tels faux-semblants. Le discours néo-libéral tient pour acquis qu'une telle évolution prive *les États de leur rôle dans les relations économiques extérieures et réduit leur capacité de procéder à des options politiques différenciées ou à des compromis sociaux spécifiques sur la scène intérieure. En d'autres termes, la transition du monde vers l'économie de marché serait une nouvelle étape du processus de différenciation du champ économique par rapport aux champs politique et religieux, processus dans lequel, on le sait, Max Weber, Karl Polanyi ou Louis Dumont discernent l'émergence de la modernité occidentale. Or, l'idée selon laquelle la compétition internationale conduit à une harmonisation des intérêts particuliers à l'échelle mondiale et à l'effacement de l'État est toute théorique. Dans les faits, l'exercice de la concurrence s'apparente à une véritable « guerre économique », de l'aveu même des experts néo-classiques, une guerre dont les États demeurent les acteurs privilégiés. Et quand le domaine d'intervention de ces derniers se voit réellement réduit, c'est à la suite de décisions concertées entre les gouvernements qui signalent un simple déplacement du lieu des choix politiques. Les États d'Amérique latine, d'Afrique et, plus récemment, d'Europe de l'Est sont restés les interlocuteurs et les intermédiaires obligés des organisations internationales et des pays riches qui financent leur ajustement structurel. Il est également révélateur que la crise de la dette, née d'une privatisation de la régulation financière internationale, se soit traduite par la restauration du rôle de l'État comme prêteur en dernier ressort, comme contrôleur des banques commerciales ou comme négociateur des rééchelonnements.*

L'extension du capitalisme est un processus complexe et contradictoire, ce qui ne veut pas dire qu'il soit incohérent ou miné par ses contradictions internes, comme l'on disait à la belle époque. A l'instar des grands empires, l'économie-monde de marché répond à une logique de l'inachèvement et tire peut-être de celle-ci l'essentiel de sa vigueur ou de sa souplesse. Rosa Luxemburg avait déjà relevé le principe de cette transition contradictoire au capitalisme dans les régions qu'il pénétrait pour assurer sa reproduction élargie, et dans les années soixante-dix les anthropologues marxistes français se sont efforcés de mieux comprendre les ressorts de cette articulation des modes de production. Leur erreur aura été de la concevoir sous la forme d'une structure et de raisonner en termes de détermination là où prévalent les incertitudes de l'histoire, des choix politiques, des luttes sociales.

7

La bigarrure
des patrons camerounais

par Jean-Pierre Warnier

Les Camerounais ont-ils produit un ethos des affaires capable de favoriser la structuration du champ économique ? Deux remarques préalables s'imposent, l'une sur la définition de l'ethos, l'autre sur la pertinence de l'unité d'étude retenue, à savoir l'ensemble national camerounais.

Les textes de Max Weber relatifs à l'ethos économique du capitalisme se trouvent pour l'essentiel dans *L'Éthique protestante*. On y chercherait en vain une définition en bonne et due forme. Par contre, l'ethos économique y est associé aux trois éléments suivants : en premier lieu un *esprit*. Disons un *imaginaire* lié à la matérialité des objets. On trouve en second lieu des *comportements*. Disons des *pratiques* ou des répertoires d'action. On trouve enfin ce que Weber désigne par la « part émotionnelle » (p. 168), le « sentiment » (p. 182), la « motivation » (p. 246) dont il assure qu'elle est « la seule norme apportée par l'ascétisme protestant et qui fut décisive par son efficacité ». Les « bénéfices psychologiques » mentionnés p. 291 font aussi partie de ce registre affectif. Sous ce langage désuet, il faut déceler l'importance que revêt pour Weber le paramètre qui, en langage freudien, relève du *désir* et de la jouissance. Weber se pose la question de savoir comment l'ascétisme peut faire jouir son adepte, étant entendu que l'argent accumulé n'est cause de jouissance que s'il est médiatisé dans son rapport au sujet, et face à la morale, par des représentations spécifiques. L'argent fait jouir l'ascète séculier alors qu'il chagrine l'ascète monacal.

Si j'insiste sur cet aspect de l'ethos weberien, c'est qu'il est souvent occulté au bénéfice du seul « esprit » et des comportements. Or Weber, rejoint sur ce point par Simmel, accorde la plus grande importance à cet aspect « émotionnel », comme on peut le voir au nombre de références figurant à l'index thématique de *L'Éthique protestante*. Dans la suite du présent chapitre, je m'intéresserai au désir des entrepreneurs camerounais, tout autant qu'à leurs représentations et à leurs pratiques.

L'importance du désir dans la définition de l'ethos s'était signalée à mon attention lorsque je traitai de l'ethos des entrepreneurs bamiléké dans un précédent ouvrage (1993). La rétention qu'ils pratiquent relevait à mes yeux de l'économie du désir et pouvait être corrélée à la grande polygynie, au célibat forcé des cadets, à l'importance donnée aux récipients dans les rituels et l'iconographie, et à la transmission de substances vitales.

L'ethos que j'ai étudié précédemment était celui des entrepreneurs de la première génération, directement issus du village. Il se montre très homogène pour cette catégorie d'opérateurs. Or, dans *L'Éthique protestante*, Weber insiste sur un autre aspect de l'ethos qui va retenir ici mon attention : sa dimension sociétale. Weber s'attache à démontrer que l'apparition historique du capitalisme n'est explicable qu'en faisant appel, entre autres facteurs explicatifs, à un consensus largement partagé par ce que nous appellerions aujourd'hui une masse critique de concitoyens. Il souligne par exemple (p. 244) que l'ascétisme séculier déborde les frontières de la bourgeoisie. Il est partagé par les ouvriers qui fournissent ainsi au patron une main-d'œuvre sobre et travailleuse. Ce que procure un ethos commun à une société donnée, ou à une fraction dominante de cette société, ce sont des objectifs communs, des modes de gratification partagés et un ensemble de répertoires et de références idéelles qui permettent la communication et l'organisation de vastes ensembles économiques : marchés, unités de production, complexes industriels régionaux, système bancaire, mais aussi mafias, économie de guerre, réseaux de contrebande, etc.

C'est dans le cadre étatique, ajoute Weber, que la dimension collective de l'ethos centré sur l'individu trouve sa pleine efficacité. Cet argument est développé principalement dans son *Histoire économique* (1991, 1ʳᵉ éd. 1923).

Ces deux traits de l'ethos weberien (masse critique de tenants d'un même ethos et définition d'un champ d'interaction par l'outil étatique) font problème au Cameroun. C'est là ma deuxième remarque. Elle concerne la pertinence du cadre national comme unité d'analyse. A plusieurs égards, l'économie camerounaise paraît éclatée. En premier lieu, elle est partiellement satellisée par le Nigéria. Le mot de contrebande vient ici mal à propos tant le commerce frontalier hors douane est officialisé. L'enquête de Fodouop

(1988) montre que, à la fin des années 1980, le commerce frontalier illégal employait environ 30 000 actifs à plein temps. Parmi
bien d'autres faits analogues, l'existence d'un débarcadère spécial
à Édéno, à 40 km à l'Est de Limbé, où les pirogues nigérianes
déchargent les marchandises par dizaines de tonnes à l'abri des
regards du public et sous les yeux de douaniers complaisants, en
est un autre exemple. Enfin tous les industriels que nous avons
interrogés sont contraints d'infiltrer le service des douanes, en ver-
sant un salaire à des agents de leur choix (qui est ainsi payé deux
fois, une fois pour faire son travail, une fois pour ne pas le faire),
afin de faciliter le dédouanement de leurs fournitures et de faire
pièce à l'importation frauduleuse de marchandises concurrentes.

En second lieu, l'économie camerounaise s'articule à la zone
franc. Elle est ouverte aux intérêts français qui entrent en compétition avec les intérêts commerciaux fondés sur la proximité du
Nigéria et avec d'autres intérêts, nationaux ou étrangers. Elle est
extravertie, polarisée par des forces extérieures opposées. Entre ces
forces il existe peu d'instances — étatiques ou autres — d'arbitrage ou de médiation, de sorte que, pour prendre un exemple,
le développement d'industries locales en confection, mécanique,
électro-ménager, chimie, etc. est susceptible d'être sacrifié à des
intérêts commerciaux particuliers liés aux importations frauduleu-
ses à des prix de dumping.

En troisième lieu, la diversité interne du Cameroun est telle que
les itinéraires d'accumulation sont régionalement différenciés en
fonction de la multiplicité des terroirs politiques, ainsi que le montre le livre publié sous la direction de P. Geschiere et P. Konings
(1993).

Est-ce à dire pour autant que le Cameroun ne constitue pas
une unité d'analyse pertinente pour l'étude d'un ethos économique africain et des pratiques afférentes ? On peut se le demander
tant l'État camerounais est déficient par l'absence de visée métho-
dique et rationnelle d'objectifs d'intérêt public, comme par le flou
qui affecte les limites de son autorité dans l'espace et la société.
A contrario on peut faire valoir qu'il existe un appareil, qui n'a
peut-être d'État que le nom, mais qui possède la propriété de définir un espace unique de compétition pour l'accès au pouvoir et
à l'argent, c'est-à-dire, comme l'a montré J.-F. Bayart, pour la
politique du ventre, étant entendu, comme le souligne le même
auteur dans l'introduction au présent volume, que la politique du
ventre est l'un des avatars possibles du capitalisme. On peut ajouter
à cela qu'il existe des réseaux d'affaires, des prises de participation, des transactions, des marchés aux dimensions du pays.

Pour ne pas entrer plus avant dans un débat incertain, je m'en tiendrai à la présente hypothèse tout en mesurant sa fragilité, et je me poserai les questions suivantes : existe-t-il, au Cameroun, un ethos économique caractérisé par un imaginaire, des pratiques sociales et un régime du désir relativement saisissables ? En second lieu, cet ethos est-il partagé par une masse suffisante de concitoyens pour permettre l'émergence de pôles de développement économique jouissant d'une dynamique qui leur soit propre ?

Pour étayer mon propos, je dispose de deux enquêtes : l'enquête Miaffo-Warnier, effectuée en 1988-90 auprès d'hommes et femmes d'affaires bamiléké de la première génération, celle des self-made men venus du village (publiée en 1993 sous le titre *L'Esprit d'entreprise au Cameroun*) ; et l'enquête PME/PMI effectuée du 11 novembre au 16 décembre 1992, sous la direction d'Alain Henry (Caisse française de développement, CFD) par une équipe composée d'Alain Henry, Emmanuel Kamdem et moi-même. Cette enquête a porté sur une douzaine de PME/PMI à capitaux et personnels camerounais sélectionnées en fonction de sept critères : diversité des branches d'activité, taille de 20 à 200 employés, diversité des niveaux d'instruction des promoteurs et dirigeants, volonté de modernisation, durée de vie de 2 ou 3 ans minimum, situation saine au moment de l'enquête, panachage ethno-régional. Ces deux enquêtes sont focalisées sur le secteur privé spécifiquement camerounais. Cela représente peu de chose dans l'économie nationale : de 3 à 5 % des capitaux investis dans le pays, le reste étant constitué de capitaux publics et privés étrangers et de capitaux publics camerounais. Mais ces enquêtes couvrent le champ qui nous intéresse, à savoir l'ethos économique proprement africain, c'est-à-dire un élément autochtone de structuration du champ économique.

La première enquête portait sur les Bamiléké de la première génération. Elle m'avait donné à voir un ethos et des pratiques assez homogènes : modes d'accumulation, itinéraires et discours des entrepreneurs présentaient des régularités frappantes. La deuxième enquête portait sur un lot d'entreprises beaucoup plus diversifié. A la différence de la première, elle m'a donné l'impression d'un champ non pas incohérent, mais hétéroclite. Je tâcherai de le démontrer en proposant : une analyse des espaces de l'argent et du désir ; une typologie de trois générations d'entrepreneurs ; et une analyse de trois profils d'agents qui opèrent dans l'environnement de l'entreprise.

Les espaces de l'argent et du désir

Comment mobiliser l'argent ? Auprès de qui le trouve-t-on ? Comment se l'approprier et à quel prix ? Ces questions reviennent très souvent dans les entretiens d'enquête. Elles trouvent des réponses que je subsumerai sous quatre termes : la dette, le commerce, l'industrie et l'arnaque, qui constituent autant de ressources.

La question rebondit alors : que désire-t-on en faire ? Quels sont les répertoires subjectifs d'utilisation des ressources ? J'en distingue trois : la manducation, la rétention, la conversion.

Les ressources : dette, commerce, industrie, arnaque

Depuis 1986, l'endettement et l'insolvabilité sont au cœur de la crise politico-économique camerounaise — endettement public intérieur et extérieur, endettement des entreprises et des particuliers. Ce phénomène n'est pas apparu avec la « crise ». Dès la fin des années 1970, sous la présidence d'Ahmadou Ahidjo, les bailleurs de fonds publics camerounais ou étrangers (CCCE, FONADER, CAPME, etc.) et toutes les banques (dont de nombreuses banques qui, comme Paribas, se sont implantées au Cameroun vers le début des années 1980) ont consenti des prêts, des découverts, des facilités de caisse aux entreprises, avec libéralité et parfois avec légèreté. Les garanties offertes étaient souvent douteuses. Les pressions politiques n'expliquent qu'en partie ce phénomène. Il y eut une période d'argent facile qui fit l'affaire de tous les partenaires.

Dans le même temps, l'État consentait des crédits à la consommation à ses agents, principalement pour la construction immobilière et l'achat de véhicules. Les entreprises privées firent de même. Ces crédits furent accompagnés de primes diverses, d'avances sur salaires et de gratifications en nature.

A mesure que le pays entrait dans la crise, l'État, les entreprises et les particuliers ont dû faire face à des milliards de créances, et subir des pressions de plus en plus fortes pour rembourser leurs emprunts. Le plus gros débiteur et le moins solvable était l'État, qui a causé la chute de nombreuses entreprises et s'est adressé aux banques ou aux sociétés para-étatiques pour refinancer sa dette et poursuivre le processus d'accumulation au bénéfice des responsables politiques. Mais la chute des entreprises n'est pas officiellement reconnue. Un ancien expert de la Caisse française de développement remarque que la procédure de dépôt de bilan, qui existe en droit camerounais, n'est jamais mise en œuvre.

Les entreprises ne connaissent pas la mort juridique. Il n'y a pas d'équarrissage des carcasses. Pourquoi ?

Le responsable de l'Agence canadienne pour le développement international (ACDI) suggère en première approximation qu'« il n'est pas dit, dans la tête de beaucoup de Camerounais, que si j'emprunte je doive rembourser. Les entrepreneurs voient tout de suite la possibilité de négociations, de contentieux, de restructuration de la dette » (entretien, 9/12/92). Des chefs d'agences bancaires le confirment : « Les gens empruntent et ignorent qu'il faut développer pour rembourser ». Ce discours d'expert déçu par un comportement qu'il prend pour de l'arnaque ne doit pas nécessairement être pris au pied de la lettre. Il met néanmoins le doigt sur un fait important : on ne voit pas l'argent revenir ; il est ailleurs. Le crédit est un moyen de se procurer des ressources destinées à être utilisées ailleurs que dans l'entreprise. Le système bancaire en fit les frais à la fin des années 1980.

En effet — et c'est là l'essentiel — la dette est une pratique valorisée, liée à l'existence de réseaux commerciaux, de la confiance mutuelle et, au nord, de l'islam. Un *Alhaji* (notable musulman ayant fait le pèlerinage de La Mecque) qui est l'un des hommes les plus endettés du Cameroun affirme : « J'ai aidé beaucoup de gens dans ma vie. Les gens que j'ai aidés, ils sont déjà grands. Il n'y a pas un seul grand que je n'aie aidé » (entretien, 18/11/92). Solder l'endettement mutuel, cela revient à dynamiter le réseau social. C'est impensable. Voilà pourquoi l'on ne dépose jamais un bilan. Mieux vaut faire sauter les banques. Aucun entrepreneur, à quelques exceptions près, ne peut faire le point de ses engagements, de ses avoirs et de ses participations. Cela apparaît dans la composition du capital des sociétés. Il est souvent impossible de la reconstituer. Il est rarement à jour. L'exception qui confirme la règle est celle du partenaire français d'un homme d'affaires bamiléké de première grandeur, qui tient des registres d'actionnaires des sociétés du groupe, « sinon, dit-il, personne ne sait qui a quoi ». Bien des fortunes sont fictives et ne font que refléter la constitution d'un réseau d'obligations mutuelles particulièrement dense.

L'historien ne peut s'empêcher de souligner que la traite esclavagiste triangulaire a débuté sur le système du *trust* par lequel les marchandises européennes étaient cédées en confiance à des intermédiaires africains. L'abolition progressive de la traite négrière et la concurrence entre marchands européens ont entraîné une crise de ce système entre 1800 et 1850. Il a été remplacé par le *hulk system* : des coques de navires désarmés servaient d'entrepôts et de comptoirs à poste fixe dans les ports de la côte. On n'y faisait plus crédit. La confiance était morte et les réseaux avec elle. Le développement de ce système a été favorisé par la découverte et l'usage de la quinine qui permirent aux Européens de survivre à la malaria. Les systèmes politiques et sociaux de la côte africaine sont alors entrés dans des zones de turbulences qui préparaient la pénétration coloniale. Ce fut l'un des ajustements structurels avant la lettre que connut la côte d'Afrique.

Le deuxième moyen de se procurer des ressources est la production d'un bénéfice commercial. L'achat et la vente à profit sont des pratiques anciennes et maîtrisées, surtout dans l'ouest et le nord du pays. A l'ouest, l'accumulation par les tontines pour la constitution d'un capital commercial ou son augmentation est antérieure à la colonisation. Elle est liée au développement des échanges régionaux et des échanges au loin, ainsi qu'à la pénétration du marché mondial depuis le début du XVIIᵉ siècle. On en trouvera l'historique dans mon ouvrage sur le Bamenda (1985) et une analyse dans ceux de Nzemen (1988) et Henry *et al.* (1991). Les pratiques de la dette et du commerce s'interpénètrent dans la mesure où l'endettement permet de financer les échanges, surtout dans le nord islamisé. Mais ce lien n'a rien de nécessaire, et les deux registres sont clairement distincts dans les représentations que s'en font tous les agents. Les notions de capital, stock, bénéfice commercial, comptabilité, crédit sont intériorisées. La matérialité des marchandises et des espèces monétaires facilite cette intériorisation.

De nos enquêtes ressort un troisième moyen de se procurer des ressources : le bénéfice industriel. A l'inverse des deux premiers, qui font partie intégrante de l'ethos camerounais des affaires, ce troisième registre reste problématique pour la majorité des opérateurs que nous avons rencontrés. Par « bénéfice industriel » je ne désigne pas nécessairement les dividendes. Peu d'entreprises industrielles européennes, sauf celles qui sont cotées en bourse, visent à distribuer des dividendes. Toutes en revanche cherchent à dégager un bilan excédentaire à terme, qui permette la poursuite de l'activité et l'appropriation des avantages qu'elle procure : emplois, salaires, contrats de fourniture, royalties, rémunération de services, avantages divers en amont ou en aval de l'entreprise et à l'intérieur de celle-ci.

Cette projection de l'activité industrielle dans le temps suppose la maîtrise de nombreux outils de production et de gestion : équipements, techniques, savoir-faire, fournitures, comptabilité, bilan, budget prévisionnel, amortissements, connaissance du marché, etc. Alors que le bénéfice commercial est visible et réalisable à court terme, le bénéfice industriel est inscrit dans le long terme. Il n'est révélé que par un travail d'analyse complexe qui dégage la situation de l'entreprise à un moment donné. Ce n'est pas non plus une donnée brute. Il dépend des décisions prises face à l'avenir.

La difficulté qu'auraient la plupart des entrepreneurs à intégrer la logique industrielle n'apparaît guère dans leur discours, qui donne facilement l'impression du modernisme technocratique. Tel administrateur délégué d'une société débitrice de trois milliards de francs CFA perpétuellement refinancés est diplômé d'une grande école française. Son discours lisse, extrêmement compétent, séduit. Dans les faits, ses objectifs industriels, quoique clairement définis, sont difficilement conciliables avec la nature de ses relations dans l'entreprise et au dehors, qui ont leur logique propre, et qui font une large part à sa famille. Il en est conduit à fausser la comptabilité et à disposer de la caisse avec quelque libéralité.

Les difficultés que peuvent éprouver certains entrepreneurs camerounais à prendre pied dans l'espace industriel se reflètent dans l'analyse qu'en font les cabinets conseils, les consultants, les banquiers, les bailleurs de fonds. Un banquier camerounais dit des dirigeants d'une usine agro-alimentaire du nord : « Ils évoluent dans le monde du commerce général. Pour eux, l'industrie, c'est un mystère » (entretien, 11/12/92). Cette entreprise est dans une situation qui exigerait une augmentation de capital. « Les actionnaires potentiels sérieux reculent, dit un expert africain du Centre de développement industriel de la Communauté européenne, car ils savent qu'ils vont se faire... », et d'esquisser le geste de tordre une serviette éponge. Ils seront absorbés dans l'espace de la dette plutôt que dans celui de l'industrie.

Le responsable du Projet canadien de renforcement des entreprises porte un diagnostic sévère : sauf exception, les dirigeants d'entreprises n'ont pas la volonté d'y voir clair et de mettre au point un tableau de bord équipé de tous les indicateurs nécessaires à la marche de l'entreprise. Ils ne peuvent pas connaître la situation réelle de celle-ci. Ils se font illusion à eux-mêmes et aux autres. Il n'existe pas de système d'information interne et de calcul économique. Ils connaissent mal l'environnement de l'entreprise. Ils concentrent trop de responsabilités entre leurs mains, ne savent pas déléguer, n'utilisent pas les compétences et l'énergie de leurs cadres, ne réunissent jamais ou que rarement les principaux responsables (chefs de production, directeur du personnel, chef des services administratifs et financiers, etc.). Les PME/PMI n'ont ni les moyens ni l'habitude de faire appel à des cabinets conseils. Les chefs d'agences bancaires, les consultants et les cadres d'organismes d'aide (Caisse française de développement, Centre pour le développement industriel, Association pour la formation des cadres en Afrique, etc.) font chorus avec ce diagnostic pessimiste : les entrepreneurs travaillent seuls. Ils ne disposent pas d'outils d'analyse. Ils sont peu ouverts aux avis et conseils de leurs partenaires. Ils ne consultent ceux-ci qu'en dernier recours, en général quand la situation de l'entreprise est catastrophique. Ils voient trop court et croient que la comptabilité peut tenir lieu de gestion. Ils confondent l'efficacité des cadres avec le niveau de leur diplôme.

Ces diagnostics, bien que nombreux et concordants, ne doivent pas être pris au pied de la lettre. Il existe en effet bien des indices de signe inverse, qui donnent une tout autre image de l'espace industriel camerounais. Telle entreprise de produits laitiers est un modèle du genre : après quelques tâtonnements initiaux, les équipements sont adaptés et correctement dimensionnés, bien entretenus, d'une propreté exemplaire. Le laboratoire de contrôle de la qualité n'a rien à envier à ses homologues européens. Telle autre entreprise possède des archives comptables détaillées et fiables depuis sa fondation. Une entreprise de vente et de fabrication de pièces automobile est en train de doubler son système Cardex par un système de gestion informatique des stocks. Les magasins de stockage sont un modèle d'ordre et de propreté.

Il faut donc dépasser le diagnostic proposé par les experts. A. Henry (à paraître) montre que l'entreprise africaine donne lieu à deux discours opposés : selon le premier, le problème essentiel serait de donner naissance à des entrepreneurs africains formés à la rationalité économique industrielle. Selon le second, l'entrepreneur africain existerait bien mais il serait plongé dans les spécificités locales. En réalité ces deux discours ont ceci de commun qu'ils opposent tradition et modernité et les perçoivent comme incompatibles.

Ce double discours informe bien des actions de développement. Ainsi le Projet canadien vise à pallier ces déficiences en prenant à son compte la rémunération d'un consultant camerounais qui procède à un diagnostic d'entreprise. Celui-ci débouche sur une action de restructuration dont l'outil principal est un comité de gestion qui se réunit au moins deux fois par mois en présence du consultant camerounais, et parfois du chef de projet canadien. Ce processus s'étale sur plusieurs années. Il est aussi peu directif que possible et vise d'abord à faire prendre conscience aux dirigeants des limites de leur gestion, et des gains qu'ils effectuent dès que l'information circule et qu'un tableau de bord se met en place. Ce programme fonctionne à la très grande satisfaction des usagers — au demeurant peu nombreux : moins d'une dizaine d'entreprises sur l'ensemble du pays.

Il n'est pas possible, dans ce chapitre, de poursuivre plus avant une analyse forcément complexe. Je ne puis ici que renvoyer le lecteur à l'article de A. Henry (à paraître), et suggérer le sens dans lequel on peut progresser. Les industriels camerounais sont entre deux mondes : non pas ceux de la tradition et de la modernité, mais celui de l'industrie et celui des trajectoires du politique dans l'Afrique contemporaine. Ils maîtrisent tous plusieurs registres d'action qui entrent parfois en synergie et parfois en conflit les uns avec les autres. Le système de l'endettement mutuel peut être un puissant facteur d'industrialisation. *A contrario*, il peut aboutir à la ruine d'une entreprise selon les circonstances. Or il n'existe aucune référence globale cohérente permettant de hiérarchiser ces différents registres. Il arrive alors parfois que des partenaires fassent appel à des registres différents. Il s'ensuit que leurs relations deviennent conflictuelles, voire pathologiques. Cela ne permet pas de conclure qu'il n'existe pas d'espace industriel africain. Les usines existent. Elles sont équipées de manière parfois spectaculaire. Nous avons pu le constater dans la papeterie, la production de cycles, de jus de fruits, de produits laitiers, etc. Mais le secteur industriel africain dans son ensemble (usine et gestion, comptabilité, recrutement, etc.) est un secteur métis pour l'analyse duquel les catégories de « tradition » et de « modernité » ne sont d'aucun secours. Il est difficile à identifier pour un observateur non africain, et cependant il existe.

Le quatrième et dernier moyen de se procurer des ressources est l'arnaque. On nous pardonnera ce terme familier au motif qu'il faut appeler un chat un chat. Les règles de bonne moralité en affaires sont relatives. Les scrupules d'un entrepreneur bamiléké honnête ne sont pas nécessairement ceux d'un Quaker de Philadelphie à la fin du XVIIIᵉ siècle. Le paiement partiel des droits de douane et l'enveloppe pudiquement appelée « la chèvre » donnée à l'agent de l'État sont des pratiques inévitables sauf à mettre la survie de l'entreprise en danger. Mais trois remarques s'imposent : en premier lieu, l'arnaque consiste à s'approprier frauduleusement une somme d'argent en se servant dans la caisse, en disparaissant avec celle-ci, en prenant livraison de marchandises à crédit et en laissant la clé sous le paillasson, etc.

En second lieu, l'arnaque, en ce sens, est à l'opposé du système d'endettement généralisé avec lequel les observateurs mal informés le confondent parfois. La dette est contractée par consentement mutuel. Elle crée des liens durables et inextricables, alors que l'arnaque les détruit. L'endettement est une pratique d'une haute moralité, valorisée partout au Cameroun par les obligations de l'alliance et de l'amitié ainsi que par les préceptes de l'islam dans le nord. Il est en tension avec l'arnaque, mais peut éventuellement absorber celle-ci, en transformant par exemple un détournement en obligation permanente lorsque celui-ci a été décelé à temps.

En troisième lieu, l'analyste doit abandonner tout point de vue moralisateur (quitte à le reprendre ensuite). L'arnaque est une pratique d'accumulation habituelle en régime capitaliste. J.-F. Bayart le rappelle dans son introduction. Cela ne veut pas dire qu'elle soit plus efficace que d'autres pratiques. C'est un des choix possibles. Une majorité d'entrepreneurs arrivent à la même conclusion que les capitalistes classiques de Max Weber : « *Honesty is the best policy* ». Mais il existe bien des circonstances dans lesquelles l'honnêteté ne paye pas. Les deux itinéraires sont attestés. Il existe des cas notables et connus de grandes fortunes amassées non seulement par des emprunts non remboursés, mais par des moyens douteux, par des surfacturations massives faites tant par des opérateurs français que camerounais, par des détournements de fonds publics au vu et au su de tout le monde. Mais il faut éviter toute généralisation telle que : « Les milieux d'affaires africains ont tous des pratiques douteuses ». Un expert français, bon connaisseur du pays, reconnaît cette diversité : « Un tel (riche homme d'affaires) a progressé très honnêtement. Quand on pense à des X ou Y qui ont mauvaise réputation, lui a toujours eu une excellente réputation auprès de ses banques et de ses fournisseurs » (entretien, déc. 92).

L'arnaque, au Cameroun, est une pratique fréquente. Les entreprises sont bien équipées pour lutter contre les détournements individuels, le pillage des stocks ou de la caisse. En revanche elles sont désarmées devant les filières qui, du douanier à l'agent du fisc en passant par le concurrent et le propre comptable de l'entreprise, sont capables de la saigner en quelques mois. Tous les entretiens que nous avons eus témoignent d'une soif de moralisation des affaires. Tel cabinet conseil camerounais fonde son image de marque sur le sérieux et l'honnêteté. Il se sépare de toute entreprise qui n'a pas les mêmes exigences, quitte à voir diminuer son chiffre d'affaires à court terme. Cette aspiration est rationalisée par l'intérêt bien compris *(honesty is the best policy)* et par la religion (christianisme ou islam). Tel *Alhaji* très endetté, donc (cela dit sans ironie) d'une haute moralité, nous dit :

La religion a fait beaucoup. Il y a Dieu. On sait qu'on va mourir. Il faut être propre, ne pas être violent, ne pas boire d'alcool. Moi, pas un seul jour j'ai pris l'alcool. Je ne sais pas si c'est sucré ou amer ou quoi. Ça change quelqu'un l'alcool. Il faut respecter les autres. Moi, je suis sûr de moi. Je ne crains rien. Même un ennemi : je n'ai pas peur et je vais chez lui. Si vous m'aimez vous venez chez moi. Si vous m'aimez pas, c'est moi qui vais chez vous. J'ai aidé beaucoup de gens dans ma vie. Il n'y a pas un seul grand que je n'aie aidé (actionnaire majoritaire d'une industrie agro-alimentaire et commerçant ; environ 60 ans, faible niveau scolaire. Entretien du 24 nov. 1992).

Une fois obtenues, les ressources (réseau, argent, équipements, etc.) sont mises en œuvre selon trois régimes principaux du désir, dont on a vu l'importance dans la définition de l'ethos weberien. Au Cameroun, ces registres ou répertoires subjectifs sont ceux de la manducation, de la rétention et de la conversion.

Les régimes du désir : manducation, rétention, conversion

Bayart (1989), Geschiere (1988), Rowlands et Warnier (1988), à la suite de bien d'autres auteurs, ont montré la prégnance de la métaphore alimentaire dans la société camerounaise contemporaine. Elle exprime l'exercice du pouvoir, les pratiques sorcières et l'appropriation de l'argent et des biens. Manger, prendre sa part du « gâteau national », c'est le désir de bon nombre d'entrepreneurs. Ils l'expriment dans les entretiens que nous avons recueillis. « Mon rêve, dit un jeune ingénieur, directeur général d'une entreprise de fabrication de peinture, c'est de faire de l'argent » (entretien, 27/11/92). D'autres sont moins directs dans l'expression de ce désir, mais leur pratique en atteste la vigueur. Une entreprise de produits alimentaires était organisée comme un système de prédation au bénéfice de l'administrateur délégué et de son clan. L'endettement, au moment de l'enquête, se chiffrait à trois milliards de francs CFA. L'administrateur convoquait trois conseils par an, distribuait des jetons de présence, et autorisait tout administrateur présent à toucher les frais de session des absents. L'entreprise est sous scellés depuis la mi-décembre 1992. Y aura-t-il dépôt de bilan ? Le consultant camerounais qui a travaillé avec cette entreprise disait son écœurement : « Je n'y vais plus, je n'y vais plus. Tout le monde mange dans cette affaire. En soi ce n'est pas mauvais. Mais quiconque tente de redresser l'entreprise est éliminé. Et c'est la guerre. On exécute les gens. C'est culturel. C'est la culture qui veut ça. C'est le village » (entretien, 9/12/92). Ouvrons une parenthèse : ce discours spontanément culturaliste ne doit pas être pris au premier degré, ainsi que nous l'avons vu plus haut. En fait, le consultant est entré en conflit avec le directeur de l'entreprise, précisément parce qu'ils se sont placés l'un et l'autre sur des registres quelque peu décalés. La relation a mal tourné et aucun des deux n'a été en mesure de maîtriser le conflit. Cela dit, le discours du consultant a le mérite de proposer l'une des lectures possibles, et fréquentes, du comportement de l'industriel concerné qui, dans le registre strictement industriel, fait preuve d'une compétence certaine.

L'ethos de la manducation, comme l'ont montré J.-F. Bayart (1989) et A. Mbembe (1992), va de pair avec une valorisation de la consommation ostentatoire. Poussée à l'extrême, animée par des intentions malignes, la manducation confine à l'arnaque et à la sorcellerie. L'entreprise devient alors un moyen de mener grand train, de rouler Mercedes ou Pajero, de passer ses vacances dans divers pays d'Europe sous prétexte de voyage d'affaires, aux dépens des banques et des bailleurs de fonds, puisque, pour cause de « politique du ventre », il est préférable de faire sauter les banques que de prononcer la mort juridique d'une entreprise qui n'a parfois d'industriel que le nom.

Le désir de manducation qui motive plus d'un entrepreneur n'est pas vécu sans ambiguïté. Chacun sait qu'il peut déraper vers la sorcellerie et dilapider la substance vitale de la parentèle. Ce risque est clairement perçu dans tout le Sud Cameroun. A l'ouest, l'ambiguïté de ce désir apparaît dans la valorisation du désir de rétention. Au sud et à l'ouest, on distingue deux sortes de manducations : il y a une bonne manducation conforme à l'ordre social, qui consiste à s'assimiler sans violence les matières nourrissantes dont on profite, et une manducation violente, qui consiste à croquer, à déchirer avec les dents, ou à s'assimiler la substance vitale d'autrui. Les langues bantoues possèdent deux vocables qui peuvent se traduire respectivement par manger et croquer et qui correspondent à ces deux notions (dans la langue mankon : *dzie* et *kfure*). Au nord, le désir de rétention s'exprime par la pratique islamique du jeûne et dans un idéal de modération, voire d'austérité.

Dans un ouvrage précédent (Warnier 1993), j'ai eu l'occasion d'analyser le désir de rétention caractéristique des sociétés de l'ouest. Sa prégnance est démontrable à partir des pratiques d'accumulation d'épouses, de dépendants, de droits sur les personnes et sur les biens par les notables de ces sociétés fortement hiérarchisées. La statuaire, l'iconographie, les rituels et le contenu du discours des notables se signalent par la fréquence des métaphores du récipient, de la « tirelire vitale », qui contiennent les substances héritées des ancêtres. La succession positionnelle qui transfère la totalité du patrimoine à un seul héritier est de règle dans tout l'ouest du Cameroun, contrairement au mode d'héritage et de succession qui prévaut dans le reste du pays. Corrélativement, la dilapidation, le manque d'étanchéité du récipient, la perte de substance, sont perçus comme des tares. J'ai montré dans ce même

ouvrage que cet ethos de rétention anime les entrepreneurs bamiléké de la première génération, recrutés parmi les cadets venus du
village avec un bagage scolaire réduit, et dont l'ambition consiste
à y retourner avec un statut de notable.

On retrouve l'expression de ce désir, sous d'autres formes, dans
le discours des entrepreneurs bamiléké de la troisième génération,
celle des diplômés (en ingénierie, gestion, comptabilité) formés pour
l'entreprise. Ici, la référence au village d'origine s'est estompée.
« Mon père, dit l'un d'eux qui possède un diplôme d'ingénieur,
il a tout cela : un titre à la chefferie, une maison au village... Mon
rêve, c'est pas ça. Mon rêve c'est de faire de l'argent, point final »
(entretien, 27/11/92). Il s'agit toujours d'accumuler. Il n'a pas
honte d'avoir beaucoup hérité de son père qui a acheté une
moyenne entreprise industrielle pour que son fils en soit le directeur général. Au contraire. Il se sent investi de la mission de préserver et de transmettre le patrimoine commun. Il veut faire plaisir à son père et aux anciens. « Mon père, ce qui lui fait plaisir,
c'est de savoir que j'ai acheté un pantalon au fils de son cousin,
ou de son frère ». Un autre, diplômé en économie d'entreprise de
l'université de Lille, insiste sur la transmission du patrimoine
indivis :

> Il y a le travail de mon père : une vie de labeur tout à fait
> honnête, sans tache, sans escroquerie. J'ai le devoir de préserver
> le patrimoine de ce monsieur... Il y a le cas de M. X, le fondateur
> d'une grosse entreprise. Aujourd'hui il ne reste rien de ce mon-
> sieur... C'est assez lamentable. Il est décédé. Il n'y a pas eu pré-
> servation du patrimoine commun. (Cadre, 28 ans, successeur dési-
> gné de son père. Entreprise de commerce et de fabrication de piè-
> ces automobiles : entretien, 2/12/92).

Nous disposons de moins de données sur le registre de la conversion. Il me paraît cependant bien attesté partout au Cameroun.
On le trouve à l'arrière-plan du désir de manducation et de rétention. Il s'agit de transformer les avoirs en relations sociales, en
droits sur les personnes, en alliances matrimoniales, en femmes,
en progéniture, et *vice versa*. L'échange, la réciprocité, le commerce et les transactions de toutes sortes réalisent ce désir. A mon
sens, il apparaît dans son expression la plus pure chez les commerçants musulmans du Nord Cameroun. Pour eux, l'argent des
banques, des bailleurs de fonds et de leurs partenaires doit être
l'objet d'une série de conversions en succession rapide : en marchandises, services, prestations, relations sociales. La conversion
est une activité ludique et spéculative qui procure des gratifica-

tions spécifiques indépendamment de la production d'un solde posi-
tif en numéraire. Comme le dit un *Alhaji* avec un plaisir évident :
« J'ai fait faillite trois fois. Je monte, je tombe ; je monte, je
tombe ; je monte, je tombe » (Qui s'en ferait gloire en France où
la faillite à des relents d'infamie ?).

Ces trois dimensions du désir sont présentes en proportion
variables chez tous les entrepreneurs, et je pense qu'il existe des
dominantes régionales : la manducation a la priorité dans le sud,
la rétention à l'ouest, la conversion au nord.

A ces trois régimes du désir correspondent trois définitions de
l'objet économique. Dans le régime de la manducation, l'objet économique est défini comme le support d'une alimentation individuelle et collective équitable. Dans le régime de la rétention, il est
défini par rapport au statut des personnes et à l'argent. Il est à
la fois marchandise et vecteur de relations hiérarchiques. On peut
dire la même chose en inversant les termes : les relations sociales
sont marchandisées. La notabilité s'achète. Dans le régime de la
conversion, l'objet est moins constitué comme marchandise que
comme support des relations socio-économiques. Il faut néanmoins
le produire comme objet, sinon la production est dévalorisée et
dévalorisante par comparaison à l'activité noble de la conversion.
La notion de profit n'est pas dérivée d'un calcul d'avantages/coûts
de production, mais de la sécurité sociale et matérielle dont l'appartenance à un réseau permet de bénéficier. Le bénéfice commercial
n'est pas méprisé pour autant. Il est toujours bon à prendre. Mais
il n'est pas essentiel. La vente à perte, si elle permet de rester dans
le jeu des conversions, n'est pas une pratique dénuée de sens.

Je suis conscient du caractère réducteur et caricatural de cette
exploration rapide des gratifications désirées par les entrepreneurs
camerounais. Mon propos n'est pas de produire une analyse fine,
mais de démontrer que les référents du désir, et par conséquent
de l'ethos économique, sont hétéroclites à l'échelle du Cameroun.
Ils le sont lorsqu'on simplifie. *A fortiori* le seraient-ils si l'on se
donnait les moyens d'en faire une analyse fine et mise en contexte historique.

L'enjeu de telles analyses n'a pas échappé à un ancien consultant de la Caisse française de développement, qui a une longue
expérience du Cameroun. Il ne peut pas y avoir de prise de participation dans des entreprises, dit-il, sans entente entre les
partenaires :

> Il faut bien connaître les motivations et les stratégies des uns
> et des autres, et voir si elles sont compatibles. Il faut amener les
> gens à se déshabiller complètement... Le problème de beaucoup

d'affaires, c'est que les gens ne parlent pas, ne disent pas ce qu'ils cherchent (entretien, décembre 1992).

Le problème de beaucoup d'organismes de développement, de banques et de bailleurs de fonds, ajoute cet ancien consultant, c'est qu'ils partagent tous une naïveté et une ignorance institutionnelles. Ils pensent que leurs partenaires cherchent les dividendes. Sans cette connaissance mutuelle des motivations et des gratifications escomptées, la confiance ne peut pas s'établir.

Or la confiance, ses fondements et les modalités de son expression sont des éléments fondamentaux de l'ethos économique (voir l'anecdote rapportée par Max Weber des patients qui, d'entrée de jeu, annonçaient leur appartenance religieuse à leur dentiste, ce qui voulait dire : « Vous pouvez me faire confiance, vos honoraires seront payés »). Dans les trois répertoires subjectifs énumérés ci-dessus, le régime de la confiance est différent. Dans le premier, celui de la manducation, la confiance est garantie par la pratique de la redistribution et un comportement exempt de signes de jalousie ; dans le second, celui de la rétention, elle est garantie par la légitimité hiérarchique et l'absence de dilapidation ; dans le troisième, celui de la conversion, par un comportement austère, le respect du secret et de la parole donnée. La confiance ne trouve donc pas nécessairement des fondements communs à l'échelle du Cameroun. Entre le désir de manducation d'une part et les désirs de rétention austère et de conversion dans la socialité d'autre part, existe une tension permanente qui se cristallise sur les pratiques de consommation. Nous verrons cependant plus bas que la confiance a besoin d'un garant qui soit un témoin qualifié de la rectitude du désir des partenaires. Nous l'appellerons le *nganga* ou l'*eunuque*.

L'entrée en affaires et le régime du désir sont modulés par la génération à laquelle appartient l'entrepreneur, qui va maintenant retenir notre attention.

Typologie des générations d'entrepreneurs

Deux faits historiques permettent de contextualiser l'émergence de trois générations d'entrepreneurs. Il y a en premier lieu le développement du PIB camerounais de 1955 à 1986, que l'on estime généralement à 6 à 7 % par an, soutenu d'abord par des investissements étrangers, par la demande européenne et nord-américaine

de produits de base (cacao, café, bois, coton) à des prix raison-
nablement rémunérateurs pendant deux décennies, puis par l'exploitation pétrolière. Le développement rapide du marché intérieur a
suscité de nombreuses créations d'entreprises par des nationaux ou
des expatriés.

En second lieu, au cours de la même période, le Cameroun
a mené une politique de scolarisation et de formation systémati-
ques. Les diplômés trouvaient un débouché dans la fonction publique dont l'attrait est resté considérable jusqu'à une période récente.
Les premiers entrepreneurs venaient trop tôt pour avoir bénéficié
de la scolarisation. Celle-ci, au demeurant, ne constituait pas un
gage de succès en période d'expansion continue du marché. La
seconde génération s'est recrutée parmi les employés du privé ou
de la fonction publique ayant « chevauché » du salariat à l'entreprenariat. La formation qu'ils avaient reçue ne les préparait pas
nécessairement à leur nouvelle profession. Les entrepreneurs de la
première et de la seconde génération ont eu à cœur de scolariser
leurs enfants — surtout les garçons — et de leur assurer une formation pour l'activité en entreprise (formation technique, gestion,
ingénierie, comptabilité, économie, etc.). Cette troisième génération accède aux affaires depuis quelques années, dans un environnement économique très difficile. Je vais illustrer cette typologie
par quelques cas.

La première génération : les self-made men

Fidèle Njeukam (pseudonyme) est un Bamiléké né vers 1950.
Sa scolarité s'arrête en classe de quatrième. Avant même de quitter l'école, il pratique successivement la vente d'arachides grillées,
la récupération de papier d'emballage, la vente à la sauvette d'eaux
de toilette, et divers autres petits métiers. Il est remarqué par un
Grec, et plus tard par un Français, qui l'emploient comme agent
commercial et le forment sur le tas. A 30 ans, il prend femme et
devient représentant pour le Cameroun de grandes maisons d'édition françaises : Larousse, Hachette, etc. Ayant amassé un capital, il se met alors à son compte comme commerçant (alimentation, bar, transports). Il prend une seconde épouse, achète des titres
de notabilité et investit dans sa chefferie d'origine.

Alhaji Bouba Issa (pseudonyme) est né vers 1935. Son père
meurt quand il a quatre mois. Sa mère se remarie. Il ne reçoit
aucune éducation formelle et doit se débrouiller très tôt. Il pratique des petits métiers. A l'âge de 8 ans il est financièrement autonome. Par la suite il fait du commerce à Maroua, puis de la cou-

ture. Vers 20 ans il risque un capital de 23 500 F CFA dans sa première expédition commerciale hors de Maroua : il va acheter des nattes au Tchad. Cette première expérience se solde par un échec financier, mais lui donne le goût de la récidive. Il entre en affaires avec de nombreux commerçants, prête capital et marchandises, emprunte, et fait faillite à trois reprises. La dimension ludique du commerce transparaît dans ses propos. Aujourd'hui il a une maison de commerce, des capitaux investis chez des amis et partenaires, et des immeubles de rapport. Il est actionnaire majoritaire d'une entreprise agro-alimentaire dirigée par son demi-frère. Il roule Mercedes. C'est l'un des hommes les plus endettés du Cameroun. Personne n'a intérêt à ce qu'il devienne insolvable, et son réseau de solidarités continue de le soutenir, mais il fait le désespoir des banquiers qu'il tient à la gorge.

Le profil de la première génération est défini par un faible niveau scolaire, un fort enracinement dans la société d'origine, des pratiques économiques peu modernisantes. Le sort de l'entreprise est lié à celui de la personne de l'entrepreneur.

La deuxième génération, celle du chevauchement

M. Kamkeu (pseudonyme) a un passé d'enseignant du secondaire. Dans les années 1960, il achetait des livres et les revendait à ses élèves afin de les aider. Sa maison s'encombre alors de livres. En association avec un prêtre catholique il fonde une librairie à Douala, suivie de deux autres. Il acquiert une imprimerie spécialisée dans la production de formulaires, puis de listings informatiques. Il fonde une deuxième entreprise pour fabriquer des articles de bureau sous licence. Puis une troisième entreprise d'articles de papeterie. Les trois entreprises sont actuellement en croissance. En revanche, les librairies ne font plus d'affaires. Il les ferme les unes après les autres.

Les membres de la seconde génération ont un niveau scolaire beaucoup plus élevé que celui des membres de la première, mais disposent encore d'un enracinement fort dans la société d'origine. Ils ont été salariés du secteur privé, de l'enseignement, de l'administration, de la police, etc., position à partir de laquelle ils sont entrés en affaires.

Troisième génération : les technocrates

Paul Feufo (pseudonyme) a 30 ans. Il a un diplôme d'ingénieur en mécanique. Il est directeur général d'une fabrique de peinture localisée à Douala. L'usine a été rachetée en 1991 à un groupe étranger par son père qui, en tant qu'ancien inspecteur de police, représente bien la deuxième génération.

Les membres de la troisième génération ont des diplômes à Bac + 3 minimum, correspondant à leur branche d'activité (expertise comptable, ingénierie, économie d'entreprise, chimie, etc.). A la troisième génération, le statut juridique de l'entreprise se formalise (SA ou SARL) et sa survie ne dépend plus exclusivement de celle du dirigeant. Des procédures de succession se mettent en place.

Les trois générations coexistent et continuent de se renouveler chacune pour son compte. Le type de gratification escomptée par rapport à un comportement donné est différent dans les trois cas. A la première génération, on a un comportement de notable et des gratifications correspondantes (statut à la chefferie, titre de notabilité, polygynie, investissement foncier). A la troisième, les motivations sont très complexes : plaisir de faire tourner une entreprise, politique au sens large, comportement de pionnier en situation de frontière dans un pays à construire sur de nouvelles bases. Jean Mouaffo (pseudonyme, environ 28 ans, licence en économie d'entreprise), par exemple, a un centre de documentation technique et économique dans lequel la culture générale (philosophie, histoire, littérature) occupe la moitié des rayonnages. La deuxième génération me paraît plus difficile à saisir, moins sûre de son identité, plus empêtrée dans les ambiguïtés de trente années d'économie néocoloniale. Les modalités gestionnaires et la volonté de modernisation diffèrent d'une génération à l'autre.

En résumé, l'ethos d'entreprise, ou plutôt les ethos, paraissent diversifiés au titre des espaces de l'argent et du désir d'une part, des générations d'opérateurs d'autre part. Nous allons voir en troisième lieu que les entrepreneurs sont entourés de nombreux agents dont les trajectoires et les répertoires d'actions contribuent à diversifier plus avant le paysage.

Les agents autour de l'entreprise

La deuxième enquête à laquelle je me réfère (l'enquête PME/PMI dirigée par A. Henry) était centrée sur les entreprises *industrielles* à direction et capitaux camerounais. Elle a le mérite de révéler dans toute son ampleur l'importance des réseaux dont chaque entreprise occupe le centre. On y retrouve des partenaires tels que les fournisseurs, les clients, les tontines, les banques, les organismes d'assistance technique et de développement, les cabinets comptables, les consultants, l'administration, la concurrence. Ce sont l'existence et la structure d'un tel réseau qui différencient la PME/PMI de l'atelier artisanal ou de la grosse entreprise, et en font quelque chose de *sui generis*.

L'ethos d'entreprise que je cherche à identifier ne se limite évidemment pas aux PME/PMI. Mais ce cas permet le repérage des agents privilégiés qui contribuent à le produire. Faute de place, je me contenterai d'esquisser trois profils d'agents qui me paraissent importants pour mon propos : le parrain, le consultant et le *nganga*.

Le parrain

Rares sont les promoteurs qui sont entrés en affaires sans qu'une ou plusieurs rencontres privilégiées les révèlent à eux-mêmes. L'enseignant du secondaire qui vendait des livres à ses élèves a été contacté par un prêtre catholique qui souhaitait ouvrir une librairie destinée à faire pièce à une librairie protestante déjà sur la place. Fidèle Njeukam cité plus haut vendait des eaux de toilette à la sauvette. Un jour il fit l'article à une femme grecque. L'époux de celle-ci, un gros commerçant qui cherchait des revendeurs, observa la scène et le recruta, lui fournit un stock de vêtements à écouler comme ambulant et contribua à sa formation sur le tas. Un scénario analogue se produisit quelques années plus tard. Le parrain, cette fois, était un français, représentant de grandes maisons d'édition en Afrique de l'Ouest, et qui cherchait des agents locaux.

Autre exemple : un Indo-Pakistanais, installé à Limbé depuis 1960, y dirigeait une fabrique de parapluies et de vêtements ainsi qu'un commerce. Il parraina Mme Djuimou (pseudonyme), une Bamiléké qui, après avoir été comptable dans une grande société privée, avait ouvert un atelier de couture. L'Indo-Pakistanais s'adressa à Mme Djuimou pour fabriquer en série certains articles destinés à compléter la gamme de vêtements mis en vente dans le magasin. Il lui dit : « Tu achètes un slip de telle dimension, tu le défais, tu traces, tu coupes ». « Je loue ce monsieur, poursuit-elle. Il m'a formée. Je me heurtais au calcul des prix. Il me disait : tu prends le métrage, tu ajoutes le temps de fabrication, les accessoires, etc. Il m'a beaucoup formée... Son décès en 1990 a été un coup très dur, très dur » (entretien, 27/11/92).

Un prêtre catholique ayant une formation de comptable enseigna pendant plusieurs années à l'AFCA (Association pour la formation des cadres en Afrique), tout en participant à une tontine de petits artisans bamiléké. Voyant se développer le marché du bâtiment il eut l'idée de fonder une coopérative des métiers du bâtiment qui devint une assez grosse affaire et un lieu d'élaboration et de transmission de savoir-faire entrepreneurial. Mis au courant d'un projet de production alimentaire tombé en panne faute de financement, il s'adressa à la tontine qui fournit un promoteur et un capital de départ :

> Il a fallu leur expliquer ce qu'est une SARL. J'ai passé des soirées entières avec ces gens-là à travailler sur l'organisation, la comptabilité... Ils étaient tous des commerçants. Les comptes..., tss... tss... tss..., on sait ce qui rentre, ce qui sort. C'est tout. Il a fallu leur montrer comment mettre tout ça en route pour y voir clair. C'était un travail très intéressant, passionnant. J'ai des souvenirs très agréables de cette époque (entretien, 9/12/92).

Le parrain est un produit de l'expansion économique continue de 1955 à 1985. Le marché existait, les fonds étaient disponibles, les promoteurs faisaient défaut. Les sociétés expatriées cherchaient des relais locaux dans la sous-traitance, la distribution, le marketing de leurs produits. Les parrains furent, et sont toujours, des opérateurs qui partent à la chasse aux têtes pour toutes sortes de raisons (expansion de leurs propres affaires, engagement dans les organismes de développement, recherche de bons dossiers à financer par les bailleurs de fonds ou les banques). Les choix qu'ils effectuent contribuent à produire des réseaux et des stéréotypes ethniques (ceux du Bamiléké et du *Alhaji* par exemple), et renforcent la prégnance de la dette généralisée. C'est dans un contexte d'argent facile qu'on mise, parfois de manière spéculative, sur certains individus que l'on transforme en promoteurs. M. Kamkeu se souvient que dans les années 1960, il suffisait de contacter des fournisseurs en France, et ils vous envoyaient pour 50 millions de francs CFA de marchandise sans même vous connaître. L'espace de la dette est donc susceptible de favoriser une dynamique modernisante à condition que les choix effectués par les parrains soient les bons, ce qui n'est pas toujours le cas, on s'en doute. En tout état de cause, il ne convient pas forcément d'inscrire la dette à la rubrique des obstacles au développement.

Ces parrains sont souvent, mais pas nécessairement, des expatriés. Certains Camerounais ont été mis en selle par des compatriotes. Ce processus est attesté dans les tontines où l'on cherche à promouvoir les affaires de chacun des partenaires, en particulier dans les années 1955-85, lorsqu'il a fallu puiser dans le vivier constitué par les cadets migrants (entrepreneurs de la première génération) ou celui des salariés (deuxième génération). L'apparition d'une troisième génération formée pour l'entreprise, la multiplication des cabinets conseils dont certains sont spécialisés dans le recrutement des cadres, le rétrécissement du marché, la crise du système bancaire créent des conditions nouvelles qui valorisent le rôle du consultant aux dépens de celui du parrain.

Le consultant

Par la force des choses, les entreprises doivent aujourd'hui se moderniser ou disparaître. Dans ce contexte difficile, les experts et consultants prennent la relève du parrain. Leur pratique contribue à faire converger les répertoires des entrepreneurs vers un modèle qui est encore difficilement saisissable tant les deux premières générations dominent encore la scène économique.

Sous le terme de « consultant » j'inclus des profils aussi divers que les membres des agences de développement (AFCA, CDI, ACDI, CFD-PROPARCO), les experts-comptables, les consultants camerounais ou expatriés opérant au Cameroun dans les domaines du recrutement, de l'évaluation et de la formation du personnel, de l'audit et du redressement d'entreprises, etc. et enfin les cadres des banques qui suivent les comptes des entreprises.

Ces agents ont des perceptions convergentes de l'entreprise camerounaise que j'ai explicitées plus haut et dont je rappelle ici qu'elles posent problème à plus d'un titre. Les entreprises ont recours aux banquiers et aux bailleurs de fonds lorsqu'elles recherchent des financements. C'est alors que ceux-ci peuvent subordonner l'octroi de leurs services à l'intervention d'un consultant. Une entreprise agro-alimentaire du nord a ainsi sollicité le Centre de développement industriel (CDI, de la Communauté européenne) qui a exigé l'intervention d'un consultant français comme condition de son soutien financier. Le consultant a déjà effectué deux séjours dans l'entreprise, totalisant plusieurs mois de présence. Il a gagné la confiance de son directeur, et obtenu au bout du compte des informations jusque-là inaccessibles et nécessaires au diagnostic. Il a proposé trois scénarios de restructuration au conseil d'administration, qui a entériné non sans difficultés celui qui avait la préférence du consultant : augmentation de capital, recrutement d'un comptable de haut niveau par le CDI pour le compte de l'entreprise, au demeurant avec l'agrément de celle-ci, et restructuration moyennant de longs séjours du consultant sur place.

La plupart des entreprises, à l'exception des plus grosses, rechignent devant les honoraires demandés par les consultants et les cabinets-conseils, bien que ceux-ci soient comparativement modestes. La directrice française (mariée à un Camerounais) d'un cabinet spécialisé dans le recrutement précise :

> Le recrutement d'un cadre coûte entre 600 000 et 800 000 F CFA. Lorsqu'on achète une machine, ça se voit. Un service comme un recrutement ne procure pas d'avantage immédiatement perceptible. Il faut d'abord convaincre les dirigeants du manque à gagner que représente un mauvais recrutement... C'est un travail de longue haleine (entretien, 3/12/92).

L'Agence canadienne pour le développement international a pour principe qu'une action de développement industriel bien comprise doit s'attaquer d'abord à ce problème. Son projet de renforcement des entreprises ne vise pas à financer les entreprises, mais à prendre en charge des consultants camerounais qui leur sont proposés. Les consultants font un diagnostic et des propositions de restructuration. Leur indépendance est assurée du fait qu'ils ne sont pas rémunérés par l'entreprise. L'outil principal de ce que l'Agence appelle un « redressement » est un conseil de gestion dont on a esquissé le fonctionnement plus haut. Il modifie la pratique et les représentations, c'est-à-dire l'ethos des dirigeants dans un sens qu'il est prématuré d'évaluer.

Ces consultants, ai-je dit, sont extérieurs à l'entreprise. Leur extériorité est encore plus visible lorsque ce sont des expatriés. Cet élément de distanciation est partagé par certains agents qui appartiennent à l'entreprise, comme le comptable ou le cadre expatrié. C'est ce qui m'amène à penser qu'il faut englober le profil du consultant dans une catégorie plus large d'agents qu'on peut désigner comme *nganga* ou eunuques.

Le nganga *ou l'eunuque*

Le personnage dont il est maintenant question est appelé le *nganga* par A. Henry, en référence aux travaux de E. de Rosny sur les désorceleurs de Douala. C'est la référence extérieure à la parentèle ou à l'entreprise, à qui sa neutralité, sa position d'extériorité relative et ses pouvoirs personnels permettent d'opérer des médiations à l'intérieur du groupe et de rétablir la confiance. C'est ce personnage qu'en ce qui me concerne, j'appelle l'eunuque. En effet, dans de nombreux royaumes et empires anciens, dans le Saint Empire romain germanique, l'Empire ottoman, la Chine impériale, le Bornou, le Waddai, etc., les eunuques, esclaves d'origine étrangère, placés hors parenté et hors alliance matrimoniale par leur mutilation, jouaient un rôle politique fondamental : celui d'une référence neutre (*neutered* en anglais est un euphémisme pour castré), tout en étant à la merci du souverain. D'où les postes très importants et l'autorité personnelle dont ils disposaient, prenant souvent les décisions les plus délicates à leur compte, afin d'en décharger le souverain qu'on ne pouvait ainsi soupçonner de partialité, l'eunuque étant par définition hors solidarité donc hors partialité. C'est de cette manière, en prenant ses responsabilités, que l'eunuque pouvait se rendre indispensable au souverain et assurer sa propre survie politique et physique. Il était alors grand vizir, maire du palais, généralissime, etc.

Par rapport aux entreprises camerounaises, ce rôle est rempli par le comptable d'entreprise, par le cabinet d'expertise comptable, par le cabinet conseil, par le consultant expatrié qui procède à des recrutements, à des évaluations de personnel, etc. Il existe des différences significatives entre le *nganga* et l'eunuque. La place manque pour les détailler. Disons que les Camerounais qui remplissent ce rôle se situent plus vers le pôle *nganga*, ne serait-ce que parce qu'ils peuvent faire appel au registre des forces occultes, alors que les expatriés se situent plus vers le pôle eunuque étranger et hors parenté, dont la survie dépend de leur capacité à prendre leurs responsabilités. C'est le rôle joué avec plus ou moins de bonheur et plus ou moins consciemment par les coopérants de toutes espèces. C'est également le rôle joué par un homme d'affaires français, grand vizir blanc et marchand d'eunuques d'un groupe dirigé par un riche entrepreneur camerounais de la première génération qui possède des affaires dans plusieurs pays d'Afrique de l'Ouest. Notons ceci : une entreprise « purement » camerounaise est une entreprise qui, pour fonctionner, a besoin d'un individu de référence en position de relative extériorité. Cet individu n'est pas fatalement un expatrié. Mais la présence d'un expatrié dans le dispositif entrepreneurial ne veut pas dire qu'on se trouve en présence d'un montage qui n'est pas africain. Au contraire. L'importance du rôle rempli par le *nganga*-eunuque est corrélative de la multiplicité des registres d'action et de l'absence de hiérarchisation qui les affecte, soulignées en première partie de cet article. Dans une telle situation il faut des arbitres ou des médiateurs.

Il est clair en revanche que la présence d'expatriés dans des entreprises étatiques ou para-étatiques, ou dans l'administration (ainsi à la direction de Cameroon Airlines et comme directeur du Trésor au ministère des Finances) irrite à juste titre le nationalisme de plus d'un Camerounais, comme en témoigne le discours de M. John Fru Ndi le 20 février 1993 à Yaoundé (*Le Monde*, 23 février 1993, p. 4). Ces faits tendraient à prouver que l'une des faiblesses du système politique camerounais procéderait de la disparition des eunuques (dont au demeurant il y a tout lieu de se féliciter), et de la raréfaction des *nganga*.

Récapitulation

Dans une situation aussi mouvante et contradictoire que celle que connaît le Cameroun contemporain, on ne sait s'il faut écrire au présent ou au passé. Mon propos était de démontrer que dans un pays relativement petit (10 millions d'habitants) et dont l'économie a connu une expansion remarquable pendant trente ans, les acteurs ont produit, ou produisent, des pratiques, des imaginaires et des registres du désir extrêmement divers. Les ressources qu'ils mobilisent procèdent simultanément ou alternativement de la dette, du bénéfice commercial, du bénéfice industriel et de l'arnaque. Les pratiques correspondantes sont inégalement maîtrisées et hiérarchisées.

Ces ressources sont utilisées de manière à satisfaire trois régimes du désir attestés en proportions variables dans les différentes régions du Cameroun : manducation, rétention, conversion.

La génération à laquelle appartiennent les agents introduit un facteur spécifique de diversification des ethos : première génération des self-made men ; deuxième génération des transfuges du salariat ; troisième génération des technocrates.

L'intervention de multiples opérateurs économiques autour de l'entreprise : fournisseurs, clients, consultants, banquiers, bailleurs de fonds, administration, etc. complique encore le tableau dans la mesure où chaque agent introduit son imaginaire, ses pratiques et ses désirs propres. Trois d'entre eux ont retenu notre attention en raison du rôle actif qu'ils jouent dans la définition de l'ethos économique : le parrain, le consultant, le *nganga* ou eunuque.

Au total, on n'a pas un ethos relativement homogène, analogue à l'ascétisme séculier analysé par Max Weber ou à la rétention pratiquée par les entrepreneurs bamiléké de la première génération, mais un bricolage d'éléments hétéroclites en résonance ou en dissonance les uns avec les autres selon les agents et les circonstances. Cette conclusion débouche sur l'interrogation suivante : quelle est la *dynamique* de cet ethos ? La rencontre d'acteurs aussi

divers n'a pu se faire pendant trente ans que sur le mode de l'inachevé et du malentendu. Un malentendu opératoire cependant, à
en juger par trente années de croissance qui ont donné aux Camerounais le goût inoubliable de l'argent, de la prospérité, de la consommation, bref, du capitalisme.

Le terrain sur lequel ils semblent avoir pu se retrouver au mieux
est celui de la dette, du crédit, de l'argent facile et créateur de
réseaux, de la manducation contrôlée par l'eunuque colonisateur
et par le système de partage et de redistribution mis en place sous
l'égide de l'alliance hégémonique présidée par Ahmadou Ahidjo
pendant vingt ans.

Ce système vole aujourd'hui en éclats. Le pays hésite entre la
zaïrisation et la néo-colonie sous la surveillance des grands frères
concurrents de l'Élysée et de Washington. Le parrainage mafieux
se développe. Les parrains plus ou moins vertueux, catholiques ou
libéraux, des années 1960 sont remplacés par des colonels, des capitaines de gendarmerie et des hauts fonctionnaires de la Présidence
et des ministères appuyés par quelques sbires qui ne répugnent pas
à faire usage de la violence. Ces cas de figure restent dans les limites du capitalisme. Ils entrent encore dans le cadre de l'ethos décrit
ici : celui de l'arnarque, de la manducation, du « parrain »
mafieux, mais ils le tirent vers le pôle opposé à ce que les libéraux moralisateurs appellent *good governance*.

J'aurai atteint l'objectif que je me suis fixé si, à la suite de
Weber et de Simmel, j'ai pu convaincre le lecteur de l'importance
du régime du désir dans la définition de l'ethos, du caractère com-
posite, métis, pluriel et cependant spécifique des ethos économiques au Cameroun, de leur enracinement dans des terroirs politiques et une histoire.

BIBLIOGRAPHIE

Bayart, J.-F., 1989, *L'État en Afrique, la politique du ventre*, Paris,
Fayard.
Fodouop, K., 1988, « La contrebande entre le Cameroun et le Nigeria »,
Les Cahiers d'Outre-Mer, 161 : 5-26.
Geschiere, P., 1988, « Sorcery and the State : popular modes of politi-
cal action among the Maka of south-east Cameroon », *Critique of
Anthropology* 8.
Geschiere, P. & Konings, P. (eds), 1993, *Itinéraires d'accumulation au
Cameroun*, Paris, ASC-Karthala.
Henry, A., Tchente, G.H. & Guillerme-Dieumegard, Ph., 1991, *Tonti-
nes et banques au Cameroun, les principes de la société des amis*,
Paris, Karthala.

Henry, A., à paraître, « Entreprises modernes, entreprises métisses », in : Y.A. Fauré (ed.), *L'entreprise en Afrique*, Paris, ORSTOM.

Mbembe, A., 1992, « Provisional Notes on the Postcolony ». *Africa* 62 (1) : 3-37.

Nzemen, M., 1988, *Théorie de la pratique des tontines au Cameroun*, Yaoundé, SOPECAM.

Rowlands, M.J. & Warnier, J.-P., 1988, « Sorcery, Power and the Modern State in Cameroon », *Man* (NS) 23 : 118-132.

Warnier, J.-P., 1985, *Échanges, développement et hiérarchies dans le Bamemda pré-colonial (Cameroun)*, Stuttgart, Franz Steiner Verlag, Wiesbaden.

Warnier, J.-P., 1993, *L'Esprit d'entreprise au Cameroun*, Paris, Karthala.

Weber, M., 1964, *L'Éthique protestante et l'esprit du capitalisme*, Paris, Plon.

Weber, M., 1991, *Histoire économique*, Paris, Gallimard.

8

Russie :
libéralisation économique
et bricolage culturel

par Kathy Rousselet

L'évolution socio-économique de la Russie fait aujourd'hui l'objet d'actes de foi. Pour les uns, elle ne pourrait pas, contrairement aux pays d'Europe centrale, entrer dans la sphère occidentale, car elle serait un monde à part ; pour d'autres, il lui reste certes du chemin à parcourir, mais sa destinée serait fondamentalement européenne. Dans un cas comme dans l'autre, la Russie est jugée à l'aune de l'Europe et on retrouve débattues, comme au XIXᵉ siècle, les ressemblances et dissemblances entre l'une et l'autre.

Dans le cadre de ce débat, où tous les diagnostics et les pronostics peuvent être analysés comme des éléments de partage entre traditionalistes et modernistes (1), il convient de cerner les diverses approches idéologisées du marché. Il paraît important de dévoiler le mythe véhiculé à propos de la société russe, tant par les nationalistes russes que par certains observateurs occidentaux. Ce mythe, qui veut que la Russie soit étrangère au capitalisme et à l'individualisme, apparaît en effet parfois comme une simple facilité tendant à masquer l'ignorance d'une réalité plus complexe.

L'analyse de ce mythe, la question de l'introduction de l'économie de marché en Russie et de l'ethos économique qui l'accompagne ne sont pas seulement centrales pour la compréhension de l'histoire immédiate, mais aussi pour celle de la genèse de l'expé-

---

(1) Cette dichotomie touche toutes les sciences humaines. Voir, par exemple, à propos de la démographie, A.G. Vyšnevskij, « Ideologizirovannaja demografija », *Vestnik Akademii Nauk SSSR*, 10, 1991, pp. 3-18.

rience soviétique. Elles posent le problème du rapport entre bolchévisme et tradition russe, et de leur éventuelle continuité, et c'est
en grande partie ce qui explique leur forte idéologisation. En effet,
les auteurs qui affirment que les expériences bolchéviques ont pour
racines la tradition russe privilégient l'approche par les mentalités
et par la culture, et mettent aussi en avant la dichotomie entre
culture russe et marché capitaliste, l'une excluant l'autre par
essence. Nous voudrions montrer ici comment la complexité des
interactions entre les différents facteurs ne permet pas de penser
le problème en termes de nécessité.

Le marché en Russie est-il modelé aujourd'hui par des valeurs
spécifiques ? On se trouve là face à des problèmes tant théoriques
qu'empiriques. Trop peu d'études ont été menées jusqu'à présent
sur l'image de l'entrepreneur dans l'imaginaire social, sur les valeurs
capitalistes dans l'histoire de la Russie. L'univers de l'entreprise
apparaît actuellement très difficile à cerner, d'une part parce qu'il
est en mutation rapide, d'autre part parce que c'est un monde constitué de réseaux peu visibles. Sur le plan théorique, on est au cœur
d'un débat sur les variables culturelles et sociales de la notion de
marché, résumé par Viviana Zelizer dans la livraison de septembre 1992 des *Actes de la Recherche en Sciences Sociales*, consacrée au thème « économie et morale ». Peut-être pourrons-nous
dans le cas russe appuyer sa démarche consistant à « bâtir une
théorie située à mi-chemin entre l'absolutisme culturel et l'absolutisme socio-culturel afin de saisir les effets réciproques des facteurs économiques, culturels et structurels » (2).

Des représentations culturelles bipolaires

Retour à l'Occident...

Une nouvelle utopie est apparue : celle d'une voie occidentale
qui, retrouvée, sauvera la Russie du désastre. On affirme désormais dans le camp libéral que les échecs de la perestroïka dans
le domaine socio-économique auraient pour origine le refus de suivre la voie de la civilisation mondiale. Dans un discours trahis-

---

(2) Je remercie les membres du groupe de travail réuni par Jean-François Bayart,
mais aussi Catherine Gousseff et Myriam Désert qui m'ont aidée à élaborer cette première formulation d'une question dont je suis encore loin d'avoir abordé toutes les
composantes.

sant une vision linéaire et univoque de l'histoire, on proclame la nécessité pour la Russie de s'aligner sur l'Europe. La disparition de l'empire communiste lui permettrait de retrouver son chemin naturel et normal, dont elle se serait écartée au moment de la révolution.

Cette volonté de rattraper l'Europe s'accompagne de l'utilisation d'un nouveau lexique. Comme le souligne Philippe Comte, auteur d'une étude sur les nouveaux entrepreneurs, les mots utilisés dans l'univers de la libre entreprise sont pour la plupart d'origine anglo-saxonne *(« manager », « marketing », « business »).* L'auteur ajoute que ces vocables « trahissent un certain malaise, comme si le phénomène qu'ils désignent n'était pas senti comme russe, mais comme étranger à la Russie et à sa tradition, comme si l'on hésitait encore à établir le lien avec l'expérience entrepreneuriale de la Russie d'avant 1917 ». En fait, il ne s'agit peut-être pas uniquement d'un malaise ; ce nouveau lexique marque aussi une volonté d'intégrer le monde économique russe dans la « civilisation mondiale ». En affirmant de façon aussi dogmatique le retour à l'Europe, les radicaux libéraux en oublient parfois aussi l'histoire de leur propre pays. La culture est à ce point idéologisée qu'elle occulte les expériences propres de la Russie et les spécificités de son développement. Dans la hâte à revendiquer l'appartenance à la civilisation occidentale, l'approche culturelle de ces libéraux devient anhistorique.

...ou voie nationale

Face au courant d'idées radical libéral, la plupart des membres de l'intelligentsia, que ce soit des nationalistes fondamentalistes ou des libéraux conservateurs, véhiculent désormais non pas un rejet de l'économie de marché, mais l'idée d'une nécessaire adaptation à la culture politique russe, porteuse de spécificité. Contrairement aux réformateurs radicaux auxquels elle reproche de vouloir implanter aveuglément un modèle anglo-saxon, cette intelligentsia (3) préfère penser le marché comme une organisation multiforme prenant en compte les réalités culturelles et sociales du pays. Nationaux et libéraux-conservateurs en appellent à la *samobytnost'*, à l'originalité d'une société à laquelle il faudrait faire confiance et par laquelle la Russie se régénérerait. A côté des courants extrémistes fondamentalistes qui ne rêvent que du retour à un âge d'or

---

(3) S. Kara-Murza, « ''Liberalizacija'' Rossii — put' k civilizacii ili k bratskoj mogile ? », *Naš Sovremennik*, n° 5, 1992, pp. 110-120.

— dont les dates historiques sont largement discutées —, certains reprennent l'idée d'un « conservatisme libéral », se référant à la fois à la pensée de Edmund Burke et à celle du philosophe russe Semon Frank qui, dans les *Jalons* (1909), le définissait comme un courant « qui voit dans la non-violence, la prise en compte de l'héritage et le développement progressif les gages essentiels d'un développement spirituel de la société, qui ne refuse jamais les réformes qui ont mûri, qui ne s'oppose jamais aux changements organiques qui font son histoire » (4).

Ce courant de pensée rappelle la tradition des grands marchands russes ; la prospérité économique de la Russie tsariste est exaltée. Des exemples historiques sont proposés pour justifier l'idée d'une adaptation du libéralisme à la Russie : Serge Witte était un disciple de l'Allemand Friedrich List, auteur du *Système national d'économie politique* et inspirateur du nationalisme économique ; P. Stolypine rêvait d'une grande Russie, mais pas d'un grand bond vers l'Occident (5). Certains affirment la proximité du Japon, dont les modes d'organisation sociale auraient plus de parenté avec les mentalités russes.

Une idée essentielle parcourt assez largement la pensée russe traditionaliste : celle de l'intervention divine dans le développement de la Russie et du rôle de la renaissance religieuse dans l'avenir socio-politique du pays. On retrouve ici une donnée permanente de la culture russe où, comme l'affirme A. Ropert, « l'image très dépréciée de l'homme — irréductible pécheur qui ne doit son salut qu'à l'infinie miséricorde divine — projetée dès ses origines par le christianisme russe a disqualifié d'avance tout gouvernement du *demos*, qui ne pouvait être que désordre et confusion. Dans cette perspective, le changement, on le sait, ne peut venir que d'en haut » (6).

Au-delà de ces points de convergence, cette intelligentsia campe sur des positions très variées, en particulier dans son rapport à l'Occident. Un des thèmes favoris des nationalistes fondamentalistes est que la Russie ne devrait pas s'écarter de l'idée russe, seule capable de sauver le pays. Celle-ci se définirait avant tout par la prédominance du spirituel sur le matériel, les critères du progrès social étant en Russie, pour reprendre les termes du philosophe

---

(4) Voir par exemple A. Latynina, Ju. Latynina, « Vremja razbirat' barrikady », *Novyj Mir*, n° 1, 1992, p. 221.

(5) Voir par exemple B.Kapustin, « Ne najdja sebja — ne priznav drugogo », *Svobodnaja Mysl'*, n° 11, 1992, p. 9.

(6) A. Ropert, *La Misère et la gloire. Histoire culturelle du monde russe de l'an mil à nos jours*, Paris, Armand Colin, 1992, p. 388.

Evgenij Troickij (7), non pas l'acquisition matérielle, mais la transfiguration de l'âme. La Russie, tournée vers le développement spirituel et la restriction matérielle librement consentie, s'opposerait ainsi à un Occident avide de consommation, destructeur des ressources naturelles, exploiteur du Tiers Monde et aujourd'hui pilleur de la Russie. En traçant une autre voie, spirituelle, de développement, la Russie serait appelée à sauver l'humanité, qui court à sa perte. Ainsi, si les libéraux pensent l'imitation de l'Europe comme un retour à la civilisation, les nationalistes affirment en revanche que c'est en suivant la voie européenne que la Russie s'écarterait de celle-ci. Le débat autour de la civilisation est rendu d'autant plus ambigu que le terme recouvre, dans les deux types de discours, libéral et nationaliste, des réalités différentes, qui correspondent assez bien au glissement sémantique qui s'est opéré à travers l'histoire (8) : dans un cas, la civilisation est entendue comme les Lumières, comme un « idéal profane de progrès intellectuel, technique, moral et social » ; dans l'autre, elle est comprise comme une culture spécifique, mais aussi un idéal de développement pour le monde entier. Dans le premier cas, le contexte mondial créerait la dynamique essentielle du développement, dans le second, c'est la Russie qui, par sa spécificité et son caractère messianique, impulserait le développement mondial.

Mais il ne faudrait pas penser la quête d'identité nationale au sein de l'intelligentsia uniquement en termes d'opposition à l'Occident. Certains, comme le culturaliste russe Vjačeslav Ivanov, l'envisagent plutôt comme une synthèse des expériences, s'inscrivant d'ailleurs ainsi dans la tradition des slavophiles russes du XIXᵉ siècle (9) : l'idée d'une Russie qui devrait se détourner du matériel pour s'engager dans une voie spirituelle se retrouve dans ses propos (10) ; il regrette que la Russie n'ait pas suivi le chemin indiqué par Tolstoï et se déclare attiré par l'anarchisme libéral prôné par Tolstoï et Kropotkine, par leur conception de l'entraide ; sans doute préférerait-il que la Russie se tourne vers un modèle indien de développement plutôt que vers le modèle américain. Mais en dernière analyse, V. Ivanov conclut à une nécessaire synthèse : synthèse de la tradition nationale et du progrès européen — n'est-ce pas ce qu'a fait le Japon ? —, mais aussi synthèse de tout ce qui

---

(7) *Vozroždenie russkoj idei*, Social'no-filosofskie očerki, 1991 ; compte rendu de l'ouvrage dans « K poznaniju russkoj civilizacii », *Russkij Vestnik*, n° 32 (64), p. 13.

(8) F. Braudel, *Écrits sur l'histoire*, Paris, Flammarion, 1984, p. 258 sqq.

(9) B. Groys, « Russia and the West : the quest for national identity », *Studies in Soviet Thought*, 43 (3), mai 1992, pp. 185-198.

(10) Voir en particulier son interview, conjointe avec E.Meletinskij, « Kul'tura — sposob preodolenija haosa », *Literaturnaja Gazeta*, 10 février 1993.

a existé dans le monde, car la voie de la Russie aurait toujours été précisément de combiner toutes les voies.

Les débats autour du développement économique de la Russie renvoient en fin de compte à des représentations culturelles extrêmement idéologisées et à des querelles sur la nature de l'expérience russe avant la révolution. Ils renvoient aussi à un débat entre tradition et modernité, où les deux concepts s'excluent souvent l'un l'autre. Dans l'imaginaire des deux courants, valeurs culturelles russes et économie de marché semblent apparemment cohabiter, mais l'accent est mis par les uns sur le changement économique et par les autres sur les permanences historiques ; aucune interaction ne semble explicitement envisagée. Les radicaux libéraux se jettent dans une modernité désincarnée — c'est ce qui fait dire à Alain Touraine que ce sont des « capitalistes purs » (11) — ; les penseurs nationalistes cultivent une tradition dont ils n'envisagent pas les modes d'adaptation au contexte moderne. La « réforme » finit par devenir une utopie aux contours flous.

Mentalités et comportements économiques

Le choc des cultures vu de l'Occident

Pour comprendre le poids réel des mentalités sur le développement du capitalisme en Russie, il peut être intéressant d'observer les difficultés d'implantation des entreprises étrangères en Russie et la façon dont elles sont parfois expliquées par un choc de cultures. Le rédacteur en chef finlandais de la revue d'affaires *Moskovskij Biznes*, consacrée aux sociétés mixtes, écrit ainsi en 1990 :

> « Les différences culturelles peuvent susciter des difficultés. (...) Par exemple, l'homme d'affaires finlandais est toujours réservé. Les représentants soviétiques, eux, débordent de jovialité. Cela peut augmenter la méfiance des Finlandais. Pour eux, le business est une affaire sérieuse, dans laquelle toute démonstration excessive de sentiments amicaux sent la malice, voire la fourberie » (12)

Si l'on observe la stratégie d'implantation des sociétés françaises, un des premiers points qui frappent est la propension de celles-

---

(11) A. Touraine, in « Conclusion. Entretien avec Jean Baubérot et Alain Touraine », *Les Politiques de Dieu*, Paris, Le Seuil, 1993, p. 300.
(12) *Moskovskij Biznes*, n° 1, 1990, p. 1.

ci à s'installer à Saint-Pétersbourg. Dans le cadre des coopérations décentralisées, Saint-Pétersbourg jouit d'un prestige supérieur à Moscou — le Club Saint-Pétersbourg créé par Jacques Séguéla jouant sans nul doute un rôle important dans la promotion de la ville. Si la personnalité du maire A. Sobčak, considérée par beaucoup comme la figure de proue de la nouvelle classe politique russe, pèse lourd dans le choix de la ville, c'est tout de même à des facteurs culturels que se réfèrent d'abord les représentants des municipalités françaises, qui « mettent (...) en évidence les "atouts" initiaux de la ville considérée comme "la plus européenne des villes russes", la plus proche d'une culture occidentale et, par voie de conséquence, la plus accessible aux interlocuteurs français » (13). Tel est aussi le principal argument du chef du service Commerce extérieur de la Chambre interdépartementale Val d'Oise-Yvelines, qui a choisi comme lieu d'implantation en Russie Saint-Pétersbourg parce c'est une ville européenne, parce qu'elle jouit du prestige de sa tradition et de sa mairie et parce que son contexte historique rapproche cette ville russe de Versailles — les architectes versaillais ont prodigué des conseils à Pierre le Grand pour la construction.

Parmi les arguments évoqués par les chefs d'entreprises français pour expliquer les freins au développement des sociétés mixtes, on trouve généralement cités le flou juridique et le sentiment d'insécurité qui règnent en Russie, mais aussi et surtout des obstacles dus aux mentalités : le rapport au temps des Russes, qui n'auraient pas intégré l'idée de produire dans un temps limité, leur tendance à créer une bureaucratie inutile et leur difficulté à concevoir l'indépendance de l'entreprise (les sociétés mixtes sont la plupart du temps des filières des entreprises d'État). Exemple parmi d'autres, la société mixte Yves Rocher, installée à Moscou et à Saint-Pétersbourg, souffrirait de la déresponsabilisation et du refus de s'engager des membres du personnel russe, ainsi que d'un manque de conscience professionnelle ; le partenaire français serait, quant à lui, perçu comme « quelqu'un dont il faut obtenir le maximum » (14). Une autre société mixte regrette le manque de motivation, de professionalisme et de fiabilité des Russes. Seules semblent satisfaites les entreprises occidentales qui multiplient les contacts personnels avec les sociétés russes afin de développer les échanges et l'assistance technique.

Ces remarques rappellent curieusement les divergences perçues

---

(13) C. Gousseff, *La Constitution d'une relation informelle entre la France et la Russie*, Rapport effectué pour le compte de la DATAR, juillet 1992, p. 48.

(14) C. Bayou, « Les sociétés à capital mixte dans l'ex-URSS », *Le Courrier des Pays de l'Est*, n° 370, juin 1992, pp. 18-19.

par les Français implantés en Russie au début du siècle. René Girault souligne ainsi à partir de rapports consulaires des années 1910 que « les consuls insistent souvent — en reprenant sur ce point les renseignements fournis par les ingénieurs français — sur les différences de mentalité à propos de la gestion des entreprises ; laissons de côté les accusations classiques d'indolence du personnel russe, d'habitude de prévarication et de passe-droits chez les fonctionnaires russes, auxquelles répondent du côté russe les accusations contre les appétits excessifs de gains personnels qui seraient le lot commun des Français venus travailler en Russie. Une distinction intéressante est faite entre les deux conceptions du travail des intéressés : du côté russe on compte excessivement sur l'État, sur sa protection, en essayant d'esquiver les strictes règles de la concurrence, tandis que du côté français on veut s'en tenir aux seules lois du rendement et du profit. » (15)

L'image négative du profit

On a beaucoup insisté sur l'image négative du profit dans l'imaginaire russe, en s'appuyant sur la tradition des marchands russes, pour lesquels l'argent était un produit illicite. En grande partie sous l'influence de la religion orthodoxe, la richesse était perçue comme un péché et la pauvreté érigée en vertu. L'entreprise industrielle était peu valorisée ; Alexandre Gerschenkron écrit ainsi qu'« il ne fait pas de doute que pendant la plus grande partie du XIXᵉ siècle, les activités industrielles étaient considérées comme des activités honteuses en Russie... Coupés de la paysannerie, les entrepreneurs étaient méprisés de l'intelligentsia » (16). Plus qu'une spécieuse « idée russe », il faut ici sans doute mettre en cause un certain nombre de mécanismes socio-économiques, dont le servage aboli très tard, en 1861.

La tradition soviétique a profité de cette image négative du profit et de l'enrichissement. « Une réprobation morale réellement entrée dans les mœurs frappe la qualité de *tchastnik* [privé], soupçonné d'enrichissement indu. (...) Toute initiative personnelle est ainsi rejetée dans l'illégalité de l'économie parallèle, inavouable au grand jour. Inversement, bien que le secteur socialisé soit idéologiquement défini comme l'incarnation du communisme, il n'est pas

---

(15) R. Girault, « Décollage économique et nationalisme en Russie », *Relations Internationales*, n° 29, printemps 1982, p. 100.
(16) A. Gerschenkron, *Economic Backwardness in Historical Perspective*, Cambridge, 1962.

possible à l'individu d'y déployer une initiative créatrice », écrit ainsi Basile Kerblay (17).

Selon une idée véhiculée par l'école marxiste, selon l'idéologie soviétique d'une économie planifiée, mais aussi selon une tradition russe plus longuement établie (18), c'est avant tout l'activité commerciale qui est jugée parasitaire ; l'intermédiaire est méprisé et considéré comme un spéculateur. C'est dans ce prolongement historique qu'il faut lire des phrases comme celle-ci, prise parmi d'autres dans un article intitulé « Où êtes-vous, les entrepreneurs ? », paru dans la presse économique actuelle : « On vous prévient tout de suite. Que les super hommes d'affaires qui s'enrichissent par des activités d'intermédiaires, et qui s'occupent d'achat-vente, ne s'inquiètent pas. Ce n'est pas eux que nous cherchons. L'espoir de notre économie, ce sont les entrepreneurs honnêtes, les producteurs de biens et les représentants des PME » (19). Or ceux-ci sont extrêmement peu nombreux...

Le vocabulaire employé pour qualifier ces nouveaux intermédiaires est révélateur du mépris, mêlé parfois à une certaine envie, qu'ils suscitent. Ainsi sont apparus les termes de « millionnaire », de « nouveau riche », d'« affairiste », de « spéculateur », de « mafioso ». Ces personnages sont suspectés d'appartenir à des cliques liées au pouvoir et de détenir de l'argent sale (20). On remarquera alors en creux tout le soin que Konstantin Borovoj, président d'une des bourses les plus importantes de Russie, met à se présenter, dans ses interviews, comme un homme honnête, sans arrogance, hors de tout complot politique, soucieux d'un renouvellement du personnel politique autant qu'économique, désireux de faire grandir *son* affaire et de développer les activités de bienfaisance, et surtout ô combien différent des autres, des spéculateurs sans scrupules (21).

---

(17) M. Lavigne et B. Kerblay, *Les Soviétiques des années 80*. Paris, Armand Colin, 1985, p. 98.

(18) « Il faut reconnaître que la tradition paysanne russe conservait elle-même, comme la théologie médiévale, une certaine suspicion pour le commerçant. Encore aujourd'hui, l'artisan qui s'enrichit par un travail à la tâche au prix fort dans les villages est désigné avec mépris comme l'"homme du sabbat" *(šabašnik)* » (B. Kerblay, *Les Marchés paysans en URSS*, Paris, Mouton, 1968, p. 414).

(19) N. Pihod'ko, V. Sokolovskij, « Gde vy, predprinimateli ? », *Ekonomika i žizn'*, février 1993, n° 7, p. 1. Souligné par moi.

(20) A. Benoist, « Un aperçu sur l'échange et la monnaie en Russie », Note de recherche non publiée.

(21) « Čto 'horošo' dlja Konstantina Borovogo », *VIP*, n° 8, pp. 26-28.

La « culture du marchandage »

Un des éléments susceptibles de modeler les comportements est ce que J. Sapir appelle la « culture du marchandage » (22). Les Russes étaient habitués à « une situation où les règles étaient nombreuses mais molles (c'est-à-dire discutables) » et ils doivent passer à une « situation où les règles sont peu nombreuses mais dures (soit indiscutables) ». Cette culture aurait deux origines essentielles : d'une part le développement de relations particulières qui provoquent un « marchandage implicite », au sens donné par T.C. Schelling (23), et d'autre part le marché noir. Dans le marchandage implicite, la règlementation est déviée de ses objectifs initiaux, sa violation devenant un moyen de pression dans les relations entre supérieurs et subordonnés. Le marché noir qui a toujours fait partie intégrante du système de l'« économie mobilisée » contribue, quant à lui, au relâchement des règles. Mais peut-être s'agit-il d'une culture plus profondément enracinée, qui n'aurait pas pour unique origine les structures économiques soviétiques.

A en croire J. Sapir, cette absence d'une conscience de la nécessité de règles serait un des obstacles majeurs à l'introduction d'une économie de marché. Elle se refléterait en particulier dans la confusion actuelle des sphères du public et du privé. Aujourd'hui, en effet, un nombre important de directeurs d'entreprises d'État sont aussi députés, membres de l'administration et entrepreneurs privés ; dans la région de Moscou, tous les directeurs d'entreprises d'État ont créé leurs propres entreprises privées et sociétés mixtes, attachées aux entreprises d'État (24). De nombreuses bourses régionales sont des filiales de comités exécutifs locaux. Le monde des affaires est mêlé à celui du politique.

Les ruptures

Ces permanences ne sauraient néanmoins faire oublier l'existence de ruptures par rapport à la tradition culturelle. On affirme souvent que, par souci d'égalité sociale, le Russe est hostile aux lois du marché, dans la mesure où celles-ci contribuent à une différenciation sociale accrue. Outre que l'affirmation d'une égalité

(22) J. Sapir, *Feu le système soviétique ? Permanences politiques, mirages économiques, enjeux stratégiques*, Paris, La Découverte, 1992, p. 27 sqq.

(23) T.C. Schelling, *The Strategy of Conflict*, Cambridge (Mass.), Harvard University Press, 1981 (8e édition). Cité par J. Sapir, *op. cit.*, p. 27.

(24) V. Jasmann, « Corruption in Russia : a threat to democracy ? », *RFE/RL*, vol. 2, n° 10, 5 mars 1993.

sociale pendant la période soviétique relève d'un discours idéologique, d'ailleurs remis en cause par certains sociologues soviétiques dès la période brejnévienne (25), plusieurs travaux sociologiques récents infirment cette idée. Une enquête menée à Moscou et à New York (26), comparant les attitudes russes et américaines à l'égard du marché, tend à montrer en effet que les différences ne sont peut-être pas si importantes entre les deux populations. Américains et Russes ont, par exemple, la même perception de la justice des prix, des inégalités de salaires et de l'importance des stimulants matériels. Il semblerait en revanche que les Russes utilisent moins volontiers leur argent pour résoudre leurs problèmes personnels et qu'ils aient moins de goût pour les affaires. L'enquête date néanmoins un peu et les attitudes semblent avoir évolué. Avec la libération des prix, chacun s'est mis à *biznessovat'*, ne serait-ce que pour survivre, et la course aux dollars devient universelle ; le rapport à l'argent change parce que le bien-être passe par le dollar. Il est vrai cependant que ce type d'attitude n'est pas toujours perçu comme normal et qu'on le justifie avant tout par l'impossibilité d'agir autrement.

Sans doute convient-il aussi d'insister sur le caractère multiforme des mentalités. La capacité de passer d'un comportement collectif à un comportement individualiste est une clef de compréhension essentielle pour la situation présente.

> « Lorsqu'il s'agit de faire pousser ses légumes dans sa datcha (jardin ouvrier, le plus souvent), le Russe devient parfaitement individualiste, adepte du rendement, de l'efficacité et ne compte que sur lui-même. Dans le même temps, il peut parfaitement tenir un discours dans lequel il attend tout de l'État et fustige une société devenue inégalitaire... » (27).

Ce facile revirement avait d'ailleurs déjà été souligné par des idéologues du parti au début des années 1960 : « Que faire de ces communistes qui ont été des militants et des travailleurs actifs à la production, mais auxquels il a suffi de recevoir une parcelle de terrain dans un jardin d'entreprise pour qu'il ne reste rien en eux de l'esprit collectif ? », se lamentait ainsi l'un d'eux dans la presse du parti (28).

---

(25) On observait entre autres une forte inégalité sociale fondée sur la proximité au pouvoir.

(26) R. Šiller, M. Bojko, V. Korobov, « Rynok v vosprijatii sovetskoj i amerikanskoj obščestvennosti (sravnitel'nyj analiz) », *ME i MO*, 2, 1992, pp. 39-54.

(27) J.F. Bouthors, « La Russie, un an après », *Esprit*, janvier 93, pp. 99-100.

(28) A. Romanov, *Partijnaja žizn'*, Moscou, n° 23, décembre 1961. Cité par B. Kerblay, *op. cit.*, p. 413.

L'influence des traditions culturelles sur la nouvelle économie est également battue en brèche par le constat d'une extrême hétérogénéité de la société. Il apparaît une multiplicité de logiques, de comportements, de styles de vie, qui expriment tant l'éclatement de la société soviétique qu'une logique de la pluralité propre également aux sociétés occidentales. Le sociologue de la culture Leonid Ionin montre ainsi l'existence d'un double phénomène : celui de la « détraditionalisation de la société » et celui de la « désobjectivation des traditions » qui ne renvoient plus à un contexte social particulier, chaque individu pouvant produire lui-même ses traditions, les traditions ne s'opposant plus les unes aux autres et étant toutes également acceptables. Les individus et les groupes sociaux « mettent en scène » une culture qu'ils réhabilitent pour leurs propres besoins. Dans cette perspective, il semble illusoire de penser de manière globale la culture russe et d'envisager une étude générale des comportements économiques en Russie. La fragmentation à l'extrême des valeurs, signe d'une société anomique — mais sans doute pas uniquement —, ne peut que rejaillir sur les conceptions sociales d'une économie de marché.

L'existence de plusieurs générations d'entrepreneurs contribue à diversifier le paysage socio-économique. A côté de la nomenklatura reconvertie, on trouve des jeunes rêvant d'être leur propre patron et des affairistes de l'économie parallèle. Les ethos des uns et des autres sont très différents, et semblent se modifier avec le temps. Ainsi les entrepreneurs occidentaux auraient eu en face d'eux pendant les premières années de la perestroïka des partenaires russes, dirigeants de coopératives, avant tout soucieux de s'enrichir en investissant sur des affaires ponctuelles, ou ayant des projets précis mais à très courte échéance ; il serait actuellement possible de trouver des interlocuteurs qui formulent des projets à plus long terme (29).

Des structures socio-économiques tenaces

Les structures économiques et socio-économiques jouent un rôle tout aussi important que les mentalités dans la définition de la nouvelle économie. Les « démocrates », afin de légitimer leur affirmation dogmatique d'une Russie foncièrement européenne, ont naturellement tendance à insister sur ces aspects structurels, mon-

---

(29) Entretien de Catherine Gousseff avec Georges Troubnikov.

trant en quoi ils sont un obstacle à l'introduction de l'économie de marché ; ils mettent ainsi en avant l'inefficacité des pouvoirs locaux qui, ayant toujours travaillé dans le cadre d'un système administratif de commandement de l'économie, seraient incapables de mettre en place les structures de marché (30), et insistent sur le vide juridique qui freine les activités entrepreneuriales. Philippe Comte cite ainsi deux interviews tout à fait significatives de ce type d'analyse. « On dit que, comme managers, nous ne valons rien, alors qu'aux États-Unis, au Japon, là, oui, ils ont de vrais managers ! Parfait ! Mettez à notre place un Américain, un Japonais, et donnez-lui deux ordres : le premier de remplacer toutes les machines-outils par des neuves, le deuxième de ne pas les changer mais de leur faire subir une révision générale ! Et faites-moi un rapport diligent sur l'exécution de ces deux ordres ! » affirme un homme de métier (31). Quant à Gennadij Filšin, ancien président du Comité d'État de la RSFSR pour l'économie et ancien adjoint du président du Conseil des ministres de la RSFSR, il répond ainsi, en 1990, à un journaliste lui demandant s'il est « d'accord avec l'affirmation selon laquelle, en URSS, l'esprit d'entreprise a complètement disparu » : « Je suis intimement persuadé qu'il ne tardera pas à apparaître sur le devant de la scène économique dès que notre pays aura émancipé l'activité entrepreneuriale et l'aura placée sous la protection de la loi. » (32)

Cette dernière affirmation présuppose ainsi que les structures économiques induisent des mentalités spécifiques et que les mutations économiques provoqueront par elles-mêmes des changements dans les comportements. Ce lien entre les structures et les mentalités est parfaitement illustré dans la « culture du marchandage » évoquée précédemment. J. Sapir a pu montrer ainsi comment la gestion administrative des ressources provoquait un esprit de clientélisme et comment l'esprit de corruption était lié à la segmentation des marchés. L'apparition de nouvelles segmentations serait à l'origine de la survivance des comportements de pouvoir patrimonial au sein de l'élite politico-économique. Mais les structures économiques actuelles sont aussi le fruit d'une certaine culture russe et soviétique, et les économistes pourraient sans doute montrer l'existence d'une culture économique russe spécifique, qu'il ne sera pas si aisé d'éradiquer.

Le marché, tel qu'il apparaît aujourd'hui, est également modelé

---

(30) A. Gazier, « Les pouvoirs locaux dans les régions russes du Centre-Terres Noires : transition ou opposition ? », *Cahiers du CERI*, 5, 1993, p. 33.

(31) P. Comte, *op. cit.*, p. 27.

(32) G. Filšin, « Le salut est dans une entente économique », *Delovye Ljudi*, novembre 1990, n° 6, p. 56 ; cité par P. Comte, *op. cit.*, p. 28.

par les structures sociales héritées de l'ancien régime et s'inscrit dans le prolongement de la culture soviétique. Le nombre des petites et moyennes entreprises reste extrêmement faible en l'absence de capital et de crédits à long terme, d'avantages fiscaux et surtout d'une loi qui leur assurerait le soutien de l'État (33). Devant l'instabilité politique, peu nombreux sont ceux qui acceptent aujourd'hui de prendre des risques. La privatisation est avant tout le fait des anciennes élites qui transforment, à leur profit, les anciennes structures économiques.

La privatisation par la nomenklatura (34)

Ce mode de privatisation a plusieurs conséquences sur le nouveau marché russe. Il explique tout d'abord les freins à des réformes radicales dans un certain nombre de régions. Si une partie des dirigeants semblent vouloir s'adapter aux nouvelles règles économiques, l'étude déjà citée d'Anne Gazier sur la région, particulièrement conservatrice, du Centre-Terres Noires montre les résistances qu'oppose dans les campagnes l'ancienne nomenklatura : sans prendre en général des formes ouvertes, elles se manifestent d'une part dans la lenteur de la mise en place des réformes et d'autre part au travers d'une application purement formelle des décrets. Alors que les kolkhozes et sovkhozes devaient être transformés en sociétés par actions ou en coopératives, il n'y a souvent eu que changement d'étiquette, et les paysans prétendument « indépendants » ont été regroupés dans des associations dirigées par d'anciens présidents de kolkhozes et directeurs de sovkhozes. Ceux-ci continuent à avoir recours à des méthodes anciennes pour lutter contre la désorganisation du système économique : travaux de construction effectués par les entreprises industrielles à la campagne, augmentation de la quantité de blé que les exploitations doivent fournir au titre des commandes d'État. Les prix auraient été augmentés de façon arbitraire par les autorités chargées du commerce et de l'agro-industrie. Échanges de troc et participation des citadins et des militaires aux travaux agricoles resteraient pratique courante.

La privatisation par les anciennes élites explique aussi la créa-

---

(33) Il n'existe qu'un projet de loi « sur le soutien de l'État à la petite entreprise dans la Fédération de Russie », préparé par le Comité anti-monopole, avec la participation du ministère de l'Economie de Russie. Voir « Malyj Biznes v ožidanii zakona », *Ekonomičeskaja Gazeta*, n° 7, février 1993, pp. 4-5.

(34) Pour une analyse de l'héritage structurel, on lira avec profit J. Sapir, *Feu le système soviétique ?, op. cit.*

tion d'un marché spécifique. Les anciens réseaux des directeurs des grandes entreprises d'État, soutenus par différents ministères, continuent à fonctionner et en sont une des bases de restructuration. Il est difficile de cerner le phénomène dans la mesure où les réseaux restent invisibles, mais la collusion des intérêts étatiques et de ceux d'une partie des dirigeants économiques, souvent ancienne, joue un rôle important dans la définition du marché aujourd'hui. Les formes prises par celui-ci semblent pour l'instant majoritairement celles d'un capitalisme d'État. Un rapport publié dans le bulletin mensuel de l'Union russe des industriels et des entrepreneurs montre que la privatisation des grandes entreprises d'État ne s'accompagne pas d'un réel processus de dénationalisation, mais signifie en réalité plutôt que le contrôle de ces entreprises passe des ministères aux organes du Comité d'État pour la propriété (35).

D'après un autre rapport publié par l'Institut d'expertise de l'Union russe des industriels et des entrepreneurs, 40 % des entreprises ayant fait l'objet d'une enquête fin 1992 continuent à se soumettre aux ministères et 44 % font partie de consortiums, dont une partie ne sont que d'anciens ministères rebaptisés ; 18 % de ces dernières les considèrent d'ailleurs comme leurs organes de direction. Les consortiums et les ministères n'auraient fait que changer de fonction. Ayant perdu une grande partie de leur influence sur l'activité et sur la stratégie des entreprises, ils deviendraient plutôt des lieux de coopération économique à l'intérieur d'une branche de production : de nombreux consortiums organiseraient ainsi des chaînes de production d'amont en aval. Ils agiraient également comme des organismes de défense des intérêts des entreprises qu'ils réunissent et offriraient — du moins ceux qui sont constitués sur la base d'anciens ministères — la possibilité d'obtenir des crédits d'investissements et des avantages fiscaux. Le rapport de E. Nabiullina mentionne en outre le poids important des traditions, de nombreuses entreprises craignant de sortir des anciennes structures (36).

Du neuf avec du vieux

Ces structures dominantes ainsi décrites, faudrait-il penser qu'elles ne sont qu'un héritage du soviétisme, destiné à disparaître avec le temps ? Peut-être est-il judicieux de souligner que la privatisation par la nomenklatura, qui apparaît comme une des

(35) A. Neščadin, D.Nikologor'skij, « 1993 : celi ostajutsja prežnimi », *Ekonomičeskij Vestnik*, n° 1, avril 1993, pp. 7-9.
(36) E. Nabiullina, *Predprijatija v uslovijah reformy. Novye modeli povedenija.* Moscou, avril 1993.

caractéristiques majeures de l'évolution socio-économique, s'inscrit dans un schéma permanent de la culture russe. Telle est du moins la thèse exposée par le philosophe libéral Alexandre Panarin (37).

Celui-ci montre comment, dans la mesure où l'économie de marché représente aujourd'hui la civilisation, on retrouve, transposée dans le débat sur l'introduction de l'économie de marché, la dichotomie traditionnelle entre l'intelligentsia et le peuple. Comme tout au long de l'histoire russe, les élites se tournent vers l'Occident, alors que le peuple garde un mode de vie « asiatique ». L'occidentalisation se fait à nouveau dans et par la nomenklatura alors que le peuple est condamné à la misère et au troc. On voit resurgir le thème du *lumpenproletariat*, hostile à l'économie de marché, réactionnaire, dangereux pour la société, inapte à la modernisation de la Russie, dont l'existence sert de justification à ce qu'Alexandre Panarin appelle le « bolchévisme entrepreneurial ». Au nom du progrès auquel le peuple est jugé imperméable, on impose une privatisation par la nomenklatura et on freine toute tentative d'instauration d'un capitalisme populaire basé sur des PME, sur la liberté, l'initiative et le risque. Le monde des affaires nomenklaturiste est comparé dans l'analyse d'A. Panarin au parti ; on y retrouve « l'atmosphère des réunions du parti, où s'élabore une stratégie de maintien au pouvoir qui s'appuie, comme la dictature précédente, non pas sur la loi mais sur la violence, sur l'expropriation du consommateur sans défense ». Comme dans tout parti de la minorité, qui garde le pouvoir par la violence, le mot d'ordre y est l'unité.

L'auteur explique encore que le peuple est doublement exclu : d'une part, par la nomenklatura, qu'il a trahie en 1990-91 en votant pour les démocrates ; d'autre part, par les nouveaux petits entrepreneurs. A nouveau laissé pour compte, le peuple n'aurait aucune chance de trouver sa place sur le marché face à la nomenklatura et pourrait prendre sa revanche par la voie eschatologique. « Les réalités de notre "privatisation" cultivent dans la conscience des masses non pas une idéologie du succès individuel, mais l'idéologie d'un groupe offensé. » (38) Dans la mesure où le sort ne dépendrait toujours pas des possibilités et des mérites de l'homme, la revanche des vaincus ne serait possible que sous une forme eschatologique de fuite collective vers la Terre promise.

Si l'on suit l'hypothèse de A. Panarin, le champ socio-économique se remodèlerait selon une tradition ancienne, et sa nou-

---

(37) A. Panarin, « Kollektivnaja sud'ba ili individual'noe samoosuščestvlenie ? » *Vestnik Rossijskoj Akademii Nauk*, 8, 1992, pp. 6-26.
(38) A. Panarin, *op. cit.*, p. 22.

velle structuration s'intègrerait dans l'histoire culturelle de la Russie. Même si l'idée paraît séduisante, nous ne saurions néanmoins adhérer pleinement à une théorie qui occulte la logique socio-économique de la restructuration, le caractère multiple des logiques sociales et la possibilité d'un changement social. L'hypothèse de A. Panarin dit d'ailleurs peut-être plus la continuité de la pensée de l'intelligentsia que la continuité des structures.

A la recherche du capitalisme russe

Tant le poids des traditions culturelles sur les comportements économiques que les structures sociales de la Russie permettent de souligner non pas tant les obstacles culturels et structurels à l'introduction d'un modèle capitaliste unique que la spécificité d'un ou de modèles russes de développement économique. Cette hypothèse se trouve confirmée par la reconstitution partielle du champ économique autour de traditions culturelles. Une restructuration culturelle s'opère par une réinvention de la mémoire et des réseaux socio-économiques se constituent sur une base culturelle retrouvée. La culture investit non plus de façon passive mais de façon active le champ socio-économique. Sans doute n'est-ce d'ailleurs pas un hasard si actuellement il est de bon ton d'affirmer la russité du capitalisme. Ainsi, d'après une loi du 1er avril 1993, contrastant avec les premiers temps du marché, les enseignes des sociétés mixtes et les annonces écrites en langue étrangère doivent désormais être traduites en russe (39).

La redécouverte des traditions d'entreprise

On observe aujourd'hui une volonté de redécouvrir les traditions d'entreprise russes du XIXe siècle. Il s'agit d'embrasser l'expérience économique contemporaine dans une histoire, tant pour légitimer par la continuité historique le passage à l'économie de marché que pour envisager la naissance d'un capitalisme russe. Symbole de cette recherche d'un héritage, *Kommersant*, un des plus grands journaux économiques de Russie, se présente comme la suite de la publication née en 1908 à Moscou et arrêtée en 1918. En juil-

---

(39) *Častnaja Sobstvennost'*, n° 8, 7 avril 1993.

let 1991 paraît le premier numéro du supplément mensuel *Byloe* du journal *Delovoj Mir*, consacré à l'histoire de l'entreprise.

> « La référence au passé de *Byloe* a un objectif particulier. Nous sommes loin de vouloir chanter le passé sans discernement : dans notre histoire, proche et lointaine, il y a des moments pénibles. Notre but est de découvrir une de ses couches inexplorées, de faire travailler sur le présent l'expérience passée. Cette couche inexplorée est l'entreprise nationale. Si on l'a étudiée, ce fut toujours de façon univoque, en occultant tout ce qui était lié au capital. Et ce ne sont que les impératifs de survie économique par le retour au marché qui ont permis de découvrir ce défaut » (40).

En décembre 1991 est créée l'association « Histoire de l'entreprise en Russie », qui a pour but de « faire revivre [à travers l'étude de l'histoire] les bonnes traditions du monde des affaires russe, de contribuer à la création d'une image objective de l'entrepreneur, de proclamer les acquis de l'économie de marché en Russie, de former l'opinion publique, afin qu'elle s'adapte aux réalités des nouvelles relations économiques » (41). Un Institut indépendant des entrepreneurs russes enseigne les « secrets oubliés de la réussite en affaires » et les particularités historiques des milieux d'affaires russes (42). Il en est de même d'un des centres de l'Institut pour l'économie et l'organisation de l'entreprenariat (INEP), qui a pour objectif d'« éclairer la vraie histoire de notre pays, l'expérience de construction de l'État russe, en particulier dans le domaine de l'économie et de l'activité de l'entreprise » (43).

Les anciennes traditions sont remises à l'honneur. Des entrepreneurs font renaître la « Grande voie russe », en organisant début août 1993 une caravane de péniches et de bateaux à vapeur qui descendront la Volga de Tver à Astrakhan (44). A Irkutsk, réapparaît la foire de Tihvin, qui réunissait jadis de nombreux marchands venus de Russie et de Chine ; on y trouve aujourd'hui des produits de l'artisanat sibérien (45). Certaines entreprises renouent

---

(40) Éditorial du journal *Byloe*, n° 1, juillet 1991.

(41) *Byloe*, n° 1, janvier 1992.

(42) *Byloe*, n° 3, mars 1992.

(43) « Predprinimatel'stvo — jadro rynočnoj ekonomiki », *Ekonomičeskaja Gazeta*, n° 1, janvier 1993.

(44) Voie empruntée il y a plus de cinq siècles par le marchand russe Athanase Nikitin. Le voyage est organisé par le président du Fonds international de soutien aux réformes économiques de Russie et sera ponctué de foires et de fêtes de la culture. Il est prévu d'organiser régulièrement, chaque année, une telle manifestation. En 1993, une partie des marchandises devrait aller, par voie fluviale et maritime, jusqu'en Iran, et l'on prévoit de pousser un jour jusqu'en Inde. *Izvestia*, 6 avril 1993.

(45) *Byloe*, n° 7, juillet 1992.

avec la philanthropie, le mécénat et la bienfaisance. Une grande entreprise, voulant soutenir comme jadis les sciences et les arts, organise un concours des meilleures recherches socio-économiques (46). A Pskov, mais aussi dans d'autres villes, des entreprises offrent des repas gratuits aux personnes âgées et aux invalides. De plus en plus d'entrepreneurs, afin de restaurer leur image, aident financièrement à la reconstruction d'églises (47). Ces pratiques rencontrent néanmoins des obstacles importants. L'avantage fiscal accordé aux entreprises à raison de leur contribution aux activités charitables reste marginal ; toute loi plus favorable aux activités de bienfaisance risquerait d'ailleurs d'être détournée par les mafias (48).

Réseaux socio-économiques

Le champ socio-économique se reconstitue aujourd'hui de façon fragmentée, autour d'associations d'entrepreneurs, créées souvent sur la base de relations informelles antérieures et destinées officiellement à la coordination et à l'organisation des activités entrepreneuriales, ainsi qu'à divers types d'aides. Or cette structuration du tissu économique se fait parfois sur une base culturelle et les réseaux se constituent souvent par affinité idéologique. Les exemples cités ne sont là que pour révéler une tendance ; dans la Russie actuelle, les réseaux se font et se défont très rapidement et il n'est pas certain que ceux que nous décrivons n'aient pas une vie éphémère.

La Société des marchands et des industriels de Russie

Analogue à la Société de la noblesse, ou encore à la Société des bourgeois de la ville de Moscou, ce club réunit des descendants de marchands et industriels et organise des séminaires et des expositions sur l'histoire et la culture de la Russie. L'interview, dans *Častnaja Sobstvennost'* (49), de son président Oleg Garcev

---

(46) *Byloe*, n° 7, juillet 1992.

(47) Une secte, l'Église de la Mère de Dieu, demande explicitement à ses fidèles qui seraient dans les affaires de renouer avec la tradition des marchands russes et de verser des dons afin de faire renaître la Sainte Russie. *Rycar' Very*, n° 6, septembre 1992.

(48) O. Sestrinskij, « Trudnyj put' rossijskih filantropov. Budet li prinjat v Rossii Zakon o 'blagotvoritel'noj dejatel'nosti' ? », *Nezavisimaja Gazeta*, 24 février 1993.

(49) « Tret'e soslovie : podnjat'sja, čtoby podnjat' stranu », *Častnaja Sobstvennost'*, 28 avril 1993.

montre néanmoins que l'organisation n'a pas qu'un but culturel. Les descendants des grands marchands russes, s'ils ont pour la plupart des formations très éloignées des affaires, se donnent pour objectif de contribuer à la reconstitution d'une classe moyenne en Russie. Cette Société, qui comprenait déjà à la mi-93 près de 7 000 membres, veut exercer son influence sur l'organisation des petites et moyennes entreprises, et attirer des entrepreneurs qui ne soient pas descendants de grandes familles marchandes et industrielles. Elle a mis en place un système de consultations notariales, juridiques et commerciales et créé son propre centre de formation appelé Guilde ; elle vise à former un type d'entrepreneurs qui se soucient tant des valeurs spirituelles que matérielles. Une partie de ses membres s'est elle-même lancé dans les affaires. La Banque marchande de Moscou, une des plus grandes banques de Russie au début du siècle et une des premières à avoir été expropriée par les bolchéviks, a été recréée, financée par 14 organisations dont l'entreprise privée familiale Solodovnikov et fils — les Solodovnikov étaient une très riche famille marchande de Moscou —. Elle est actuellement dirigée par une descendante de marchands d'Astrakhan, elle-même de formation juridique, et membre de la Société des marchands et industriels de Russie. Cette banque ne compte que 15 employés, dont la plupart ne sont pas des descendants de marchands. Sa spécificité n'est pas clairement proclamée par ceux qui y travaillent ; 15 % des bénéfices de la banque seraient utilisés pour la restauration d'églises et elle financerait avant tout la construction de nouveaux bâtiments et la restauration de monuments historiques.

Même si la volonté de reconstituer une classe de marchands semble rester souvent très formelle, l'existence de la Société des marchands et des industriels de Russie est un exemple de resocialisation identitaire ; elle symbolise le poids accordé par certains à la tradition nationale dans la reconstruction de la société russe et à l'héritage familial dans la renaissance de l'individu (50).

Les réseaux économiques nationalistes

Des économistes nationalistes, qui s'étaient montrés hostiles au système des chèques de privatisation (51), affirment désormais qu'il

---

(50) Les recherches généalogiques sont aujourd'hui une activité très répandue en Russie.

(51) Dans le cadre de la privatisation, des chèques nominatifs, représentant une part des capitaux fixes de la Russie, ont été distribués gratuitement à la population. Voir R. Berton-Hogge et M.-A. Crosnier, « Les Russes face aux privatisations et à la libre entreprise », *Problèmes Politiques et Sociaux*, n° 675-676, 6-20 mars 1992.

s'agit là d'un moindre mal. Celui-ci favoriserait en effet la constitution des réseaux (52) ; en sélectionnant les personnes à qui l'on vend les chèques, il deviendrait possible de modeler l'avenir de la Russie : ils « nous donnent une chance de nous défendre, parce qu'en les utilisant de façon collective, par paquets, nous pourrons faire naître des embryons de structures d'entreprises nationales », peut-on lire dans un organe de la presse nationaliste. Les chèques de privatisation permettent de « voter » pour un type de développement national.

Parmi les structures et associations d'entreprises nationales, on peut citer la Compagnie russe d'investissements, qui cherche à unifier le potentiel économique des petites et moyennes entreprises, tant pour l'achat des chèques de privatisation que pour diverses activités commerciales. Parmi les fondateurs de cette compagnie se retrouvent les organisations les plus diverses : le monastère Joseph de Volokolamsk, la structure commerciale des « sociétés des artistes russes », des structures commerciales cosaques comme la corporation d'industrie et de commerce cosaque Kontinent-5, la Maison de commerce du bois, les rédactions des journaux *Literaturnaja Rossija* et *Russkij Vestnik* et de la revue *Tehnika molodeži*, des entreprises travaillant depuis longtemps sur le marché des valeurs, dans et hors des bourses de valeurs, des organisations fondées par d'anciens membres des forces armées et des organes de sécurité, des organisations agro-industrielles et de production. La Compagnie russe d'investissements tente actuellement de créer, avec l'association inter-branches L'Entente, qui réunit plusieurs milliers d'entreprises de production, un fonds d'investissements, la Commune slave. Sans doute convient-il aussi de citer une Union moscovite des organisations nationales et culturelles, constituée dans le même esprit fin février 1992 par plus de 700 membres de 81 organisations et destinée à recréer le milieu culturel russe traditionnel et à sauvegarder la terre moscovite. Sans nier l'existence d'une Russie indivisible, l'objectif de cette organisation est de restaurer les traditions locales. L'Union prévoyait lors de sa constitution la formation d'un comité pour l'étude et le soutien des formes d'entreprises nationales russes et se destinait à encourager les initiatives économiques et culturelles privées qui ont pour objectif la restauration matérielle et spirituelle de Moscou.

Des réseaux économiques nationalistes dépassent le simple cadre de la Russie et se créent au-delà des frontières. Ainsi, par exemple, s'est tenu en mars 1993 le Congrès constitutif de l'organisation non gouvernementale internationale l'Union économique slave,

---

(52) « Za čto my golosuem vaučerami ? », *Russkij Vestnik*, 1992, n° 39, p. 2.

qui a pour objectif de renforcer les liens économiques entre les pays slaves. Parmi les fondateurs de cette union, on trouve des représentants de Russie, d'Ukraine, de Biélorussie, de Serbie et de Bulgarie désireux, face aux recompositions géopolitiques en Asie Centrale, en Europe du Nord et en Europe de l'Ouest, de former eux aussi un ensemble homogène, fondé avant tout sur une unité religieuse et culturelle ; cette Union se place d'ailleurs explicitement sous la protection de l'Église orthodoxe (53).

L'Association commerciale des Sibériens

L'Association commerciale des Sibériens (54) est un autre exemple de conjonction des approches culturelles, spirituelles et économiques dans la constitution d'un réseau. Elle s'inscrit à la fois dans la tradition orthodoxe et dans une certaine culture identitaire sibérienne. Cette association a été fondée par de jeunes scientifiques de l'Akademgorodok en 1991 au sein de l'Université de Novossibirsk et comprend 25 employés permanents et une centaine de correspondants. Son objectif est « le développement des liens scientifiques, commerciaux et culturels de l'université de Novossibirsk, de l'Akademgorodok et de la région de Sibérie dans le nouveau contexte international ». Ses activités vont de l'organisation du tourisme d'affaires et de la préparation de foires et congrès régionaux et internationaux à la création d'un hôpital privé, en passant par la mise en place de cycles de formation dans le domaine de l'informatique et d'échanges entre chercheurs et universitaires.

Cette association a vu le jour à la suite d'un congrès organisé en mai 1991 dans la ville sibérienne sur la renaissance spirituelle de la Russie, auquel ont assisté des intellectuels et des théologiens orthodoxes de l'émigration. En janvier 1992, cette association monte à son tour un colloque « Renaissance de la Russie : aspects économiques », auquel participent des chefs d'entreprises sibériens, des représentants d'institutions locales et régionales et des Français d'origine russe. Les relations qu'entretiennent dès le départ les membres de l'association avec l'émigration russe et en particulier avec le monde de l'orthodoxie occidentale font du réseau qu'ils constituent un ferment de renaissance à la fois économique et spirituelle ; ils sont d'ailleurs à l'origine de la création de la paroisse orthodoxe d'Akademgorodok. Ils ont également pour but de mettre en pratique un ethos chrétien dans le monde des affaires russe, jugé perverti.

_____

(53) *Russkij Vestnik*, n° 12 (95), 1993.
(54) C. Gousseff, *op. cit.*

L'Association des entrepreneurs chrétiens

Exemple d'une resocialisation identitaire sur une tradition non russe, s'est créée sur une base chrétienne, et principalement protestante, une Association des entrepreneurs chrétiens. Financé en grande partie par des entrepreneurs étrangers, et en particulier par l'Association mennonite de développement économique, un réseau économique chrétien a été constitué, avec une banque et une bourse. A l'instar de l'Association commerciale des Sibériens, cette Association veut promouvoir dans le contexte difficile de la Russie une « activité économique juste et morale » et prévoit la création d'un centre de formation en management ; elle tend également à constituer un groupe d'affinité pour des entrepreneurs chrétiens peu enclins à collaborer avec n'importe quelle structure économique. « La constitution de notre propre infrastructure, fondée sur des principes chrétiens moraux, est pour nous un objectif central. Parce que nous avons compris que la collaboration avec des structures non chrétiennes n'était pas possible. Nous avons besoin de firmes sur lesquelles nous puissions entièrement compter et avec lesquelles nous puissions travailler. (55) »

L'Association des entrepreneurs chrétiens s'inscrit délibérément dans la culture occidentale et son président n'hésite pas à affirmer que la culture capitaliste s'oppose à la culture russe traditionnelle, pour laquelle la pauvreté est signe de sainteté et de vertu. Il se montre ainsi hostile au principe russe de l'aumône : il est préférable d'aider les hommes à se remettre sur pied, plutôt que de leur donner cinq kopecks, plaide-t-il. Suivant une interprétation simplifiée des théories weberiennes sur l'éthique protestante — théories d'ailleurs également utilisées ces dernières années par certains nationalistes pour prouver l'impossible ancrage de l'esprit du capitalisme en Russie orthodoxe —, il n'hésite pas à affirmer que « l'expérience mondiale prouve que ce sont les protestants qui sont les mieux préparés à l'activité entrepreneuriale ».

Les relations entre économie et culture en Russie ramènent, comme de nombreuses autres questions, à la difficulté de la Russie de penser à la fois la modernité et les traditions nécessaires à sa recherche identitaire. « Tout d'un coup, il faut mettre en relation une modernité qui casse tout, purement rationalisante, sécularisante, et même agressive, colonisatrice, disons impérialiste, avec

---

(55) *Protestant*, août 1992.

une identité qui se sent menacée. (56) » Les divers mouvements et associations qui émergent prétendent s'intégrer plus efficacement dans le monde moderne, mais s'enracinent également dans un substrat culturel, que les éléments qui le composent fassent partie de la grande tradition russe ou au contraire d'une tradition locale, ou encore d'une tradition étrangère. Ce type de restructuration répond à la fois à une demande identitaire et à une demande modernisatrice. Ces mouvements ont-ils un avenir ? Nul ne sait, mais ils sont de ces éléments qui reconstruisent, par le bas, la société russe.

La culture s'impose dans la réflexion intellectuelle sur l'évolution de la situation socio-économique. Il semble que les penseurs russes soient fortement imprégnés de culturalisme et toute hypothèse sur l'avenir du pays est inscrite dans cette perspective. Sans doute doit-on voir dans cette tendance une conséquence de la tradition des sciences sociales russes, mais aussi et surtout du contexte actuel du pays. Désespérément en quête d'identité, la Russie ne parle plus que de culture.

Le fossé est pourtant de plus en plus grand entre le discours tenu sur la Russie et la réalité elle-même. En ces débuts de capitalisme, le poids des structures héritées du passé masque sans doute par son importance la place de la culture russe et soviétique dans l'évolution des comportements. Il n'en est pas moins vrai que l'influence de celle-ci semble plus complexe et moins directe que ne l'affirme souvent l'intelligentsia. Les ethos des entrepreneurs se différencient en fonction des générations, les valeurs occidentales s'implantent dans le pays, et c'est précisément l'étude de l'acculturation de ces valeurs sur le terrain russe qui permettrait de saisir les particularités nationales du pays.

Si l'impact de la culture russe et soviétique sur les comportements et les structures économiques actuels reste à être étudié dans toute sa finesse, on peut en revanche facilement avancer l'hypothèse de l'influence forcée de la culture. Celle-ci est volontairement invoquée dans la formation du tissu socio-économique futur. Et cet appel procède à nouveau de la quête identitaire et d'un besoin de socialisation. Mais la culture n'est alors plus tant une donnée objective qu'une réalité imaginée. Elle est médiatisée par la réinvention de la mémoire. Les redécouvertes de la culture disent alors moins son influence sur le monde contemporain que les exigences mêmes de celui-ci. La culture devient tout autant un fruit du changement qu'une composante de ce dernier.

---

(56) A. Touraine, *op. cit.*, p. 300.

9

Les ruses de l'État minimum*

par Jean Coussy

Périodiquement sont annoncés l'affaiblissement des États et la dissolution du politique sous la pression des relations économiques internationales. Chaque débat sur les « pays dépendants » ou sur les « petites nations » voit renaître les doutes sur la capacité de leurs États de maintenir, face aux contraintes internationales et aux pressions extérieures, leur autonomie de décision, leur pouvoir d'intervention, leur capacité à faire respecter la souveraineté nationale et leur légitimité aux yeux des nationaux. En outre, à chaque période d'internationalisation des économies, on voit ressurgir, aussi bien à propos des pays dominants que des pays dépendants, les thèmes d'une économicisation des relations sociales, d'une dépolitisation des relations extérieures et des dynamiques internes, d'une tendance au dépérissement des États. Ceux-ci seraient dépossédés de leurs pouvoirs (et de leur volonté) d'intervention dans l'économie de marché, de leur liberté de choisir entre des options alternatives, de leur autonomie de décision et même de la légitimité de leurs interventions économiques.

En particulier, depuis les grands textes fondateurs (la dénonciation, par les classiques, du « système mercantiliste » et, plus tard, la critique paretienne de l'État), les analyses libérales ont été construites sur l'hypothèse que l'intensification des relations économiques internationales pourrait dévaloriser les fonctions politico-militaires des États, détourner ceux-ci de concevoir les relations économiques extérieures en termes de conflits (de jeux à somme nulle) et réduire, à l'intérieur, leur capacité de procéder à des options politiques différenciées et à des compromis sociaux spéci-

* Une première version de ce texte a été présentée au colloque CNRS-CNPq, Paris, 1988, organisé par Daniel Pécaut.

fiques (dès lors que ceux-ci risqueraient de les éloigner d'une gestion optimale de l'économie). En définitive l'acceptation des relations économiques internationales serait un résultat et un accélérateur de l'autonomisation séculaire de l'économie à l'égard du politique et de la réduction des fonctions de l'État à celles de l'État minimum (ordre public, sécurité des personnes et des biens, monopole de la violence légitime, défense extérieure) (1).

Depuis bien longtemps, les auteurs libéraux voient, dans ce processus, une raison supplémentaire d'agir en faveur d'une internationalisation des économies ; ils espèrent que cette internationalisation non seulement entraînera directement une gestion plus efficace des ressources mais aussi participera d'un processus d'entraînement mutuel entre libéralisation externe et libéralisation interne (2).

Cette hypothèse d'une corrélation entre internationalisation et naissance d'un « État circonscrit » (3) est admise aussi par nombre de leurs adversaires tels que les « dépendantistes » latino-américains (Cardoso, Furtado...). Ceux-ci, pour qui la dépendance du Tiers Monde était un processus irréversible de dépossession des pouvoirs de leurs États par les entreprises transnationales, ont décrit, avec d'autant plus de précision qu'ils auraient voulu stopper le processus en l'explicitant, le risque de réduction et même de dépérissement de l'État par l'intensification des relations internationales dans tous les pays : l'internationalisation créerait un risque d'inefficacité du contrôle de l'État (du fait de la mobilité internationale des facteurs et des activités) ; et, si certains États parvenaient, malgré cela, à maintenir des contrôles, ils courraient le risque de voir marginaliser leurs économies par la concurrence des économies moins contrôlées.

Jusqu'à une date récente, la conjonction, sur ce point, de visions dépendantistes extrêmes et d'interprétations libérales n'avait jamais empêché la permanence d'une autre tradition théorique (volontiers nationaliste et étatiste) qui voyait, à l'inverse, dans la pression de l'économie internationale, la source d'un processus dialectique dont l'État serait à la fois le résultat et le maître d'œu-

---

(1) L'État ne s'autoriserait que quelques interventions « tutélaires » (telles que l'interdiction de certaines consommations) et quelques interventions contre les distorsions du marché (telles que les monopoles et les externalités).

(2) Nous avons essayé de décrire ailleurs comment les auteurs libéraux contemporains ont souvent cherché à ne dévoiler que progressivement la nature cumulative de la libéralisation de manière à créer un engrenage où toute mesure de démantèlement de l'État interventionniste est présentée comme la conséquence inéluctable de la mesure de libéralisation précédente avant de devenir à son tour la cause d'une nouvelle libéralisation tout aussi inéluctable : J. Coussy, « Aspects internationaux de la crise », *Mondes en développement*, n° 56, 1986.

(3) L'expression, utilisée dans un tout autre contexte, est de C. André et R. Delorme dans *L'État et l'économie*, Paris, Le Seuil, 1983.

vre. Toute pression de l'économie internationale (qu'elle soit due à une internationalisation des économies, à une concurrence accrue ou à une prise de conscience des disparités internationales de développement) susciterait des conflits internationaux (notamment des jeux à somme nulle sur les termes de l'échange et sur les spécialisations). Elle engendrerait une politisation des relations internationales et, corrélativement, un besoin d'État. Celui-ci serait seul capable de définir et de défendre les intérêts communs des nationaux et de créer des écrans (frontières, douanes, discriminations au profit des nationaux) pour protéger les revenus, les statuts et les rôles menacés par l'instabilité venue de l'extérieur (4). A l'abri de ces protections qui leur assureraient autonomie, légitimité et efficacité, les États pourraient organiser l'espace national, les structures productives et les régulations sociales selon des rythmes spécifiques. Les États auraient ainsi les moyens, les motifs et le pouvoir d'intervenir économiquement et politiquement et de constituer des acteurs réels dans les relations diplomatiques, monétaires et économiques internationales.

Cette interprétation dialectique du renforcement de l'État comme une réaction à l'accroissement des relations économiques internationales et comme un refus de disparités économiques internationales désormais plus visibles a pratiquement ressurgi dans toutes les périodes de « rattrapage » des retards de développement. Le rattrapage mercantiliste des villes par les États-territoires (Grande-Bretagne, France), les décollages ultérieurs de l'Allemagne, de la Russie et du Japon, les essais actuels de plusieurs pays en développement (tel le Brésil) ont vu l'État tirer son expansion (et parfois sa genèse), sa légitimité et son pouvoir de la rivalité économique avec l'Étranger.

Dans aucune de ces expériences l'État n'est apparu comme un simple organisateur de l'économie de marché ; dans toutes il est intervenu comme un acteur directement impliqué dans les transformations économiques, comme le responsable principal de l'accumulation et comme le protecteur, parfois le gestionnaire des activités dans l'enfance (notamment industrielles).

Ce pouvoir des relations économiques internationales sur la construction des États (qui constitue le refoulé des si nombreuses théories qui analysent l'État par ses seules relations avec la société

---

(4) « Hors l'espace occupé par la Grande-Bretagne, l'Amérique du Nord, également la Hollande et la Suisse, l'État remplit généralement, jusqu'à la fin du XIXᵉ siècle au moins, une fonction de protection contre la concurrence étrangère... Au lieu d'être anti-étatique comme le libéralisme insulaire, le libéralisme continental adore l'État », G. Hermet, *Aux frontières de la démocratie*, Paris, PUF, 1983.

civile (5)) s'est souvent manifesté dans les années 1950-1980. La « dialectique de la dépendance » (6) et le rôle privilégié de l'État dans nombre d'essais de décollage de l'économie se sont à nouveau manifestés au moment même où se multipliaient les prévisions sur l'obsolescence de l'État (notamment dans la littérature sur les entreprises transnationales et dans certaines analyses dépendantistes).

Mais, au début des années 1980, des faits nouveaux sont apparus qui sont souvent interprétés comme une défaite pratique et idéologique des stratégies de rattrapage par croissance des interventions de l'État. Et ces échecs supposés ont fait naître une fois de plus l'anticipation (et, pour les libéraux, l'espoir) que les changements actuels de l'économie internationale sont à même de provoquer une perte de légitimité ou d'efficacité des interventions économiques de l'État non conformes à l'économie de marché et une dépolitisation des dynamiques internes et externes. Deux faits nouveaux, principalement, sont évoqués dans ce sens : la pression croissante de la compétition internationale sur les pays en développement ; et la mise sous tutelle internationale des États de certains d'entre eux.

Les effets de l'intensification de la concurrence internationale

L'aggravation de la contrainte de compétition

Jusqu'à la fin des années 1970, la contrainte de compétition et la norme de compétitivité qui étaient imposées aux pays industrialisés (7), d'ailleurs en partie sous la pression des nouveaux pays industriels (NPI), avaient pu être négligées par de nombreux pays en développement. Grâce, notamment, aux recettes pétrolières et aux emprunts extérieurs, il leur était possible de continuer à pratiquer des politiques qui réduisaient leur capacité concurrentielle : substitution aux importations ou même autosuffisance.

A la fin des années 1980, l'entrée des pays en développement

---

(5) Le succès actuel des analyses de la formation de l'État par la dynamique interne des sociétés est évidemment complémentaire du succès des analyses de l'économie internationale comme instrument de dépérissement de l'État.

(6) A. Tiano, *La dialectique de la dépendance*, Paris, PUF, 1977.

(7) Voir les travaux de Gérard Lafay et les recherches du CEPII sur cette « compétition à tout prix ».

dans la crise (8) les a brusquement confrontés, certains pour la première fois, à la contrainte de compétition et à la norme de compétitivité. Chaque pays s'est vu obligé d'exporter et même de dégager un excédent commercial pour assurer le service de la dette. Il a dû le faire sur un marché mondial déjà déséquilibré par la déstabilisation des oligopoles privés et publics internationaux qui rendait difficile l'exportation des produits primaires (9) et par le succès des pays qui avaient choisi la compétitivité dans la période antérieure (NPI exportateurs et nouveaux pays agro-exportateurs). Les pays qui avaient cru pouvoir négliger la compétitivité ont découvert que l'érosion de leurs parts de marché mondial et la pénétration de leurs propres marchés par les produits étrangers les menaçaient de déséquilibres extérieurs irréversibles (cas des pays d'Afrique sub-saharienne) ; enfin les donateurs d'aides étrangères (tels que la France ou, à moindre titre, la CEE) qui, jusqu'à présent, estimaient parfois que leur rôle était de permettre la non-compétitivité de certains pays en développement (par l'octroi de préférences commerciales, le financement de déficits extérieurs ou de projets non compétitifs etc.) sont désormais plus réservés devant les expériences de croissance non compétitive (10).

A la contrainte objective de compétition s'ajoute en effet, comme partout, la diffusion de la norme de compétitivité. Le succès mondial de l'idéologie d'extraversion compétitive se nourrit, dans les pays en développement, du succès des NPI extravertis, imputé, non sans simplisme (11), à leur respect des avantages comparatifs. Il peut aussi s'appuyer sur la crise des économies non compétitives attribuée, un peu rapidement elle aussi, à une non-viabilité des expériences de construction d'économies introverties (12).

Dès lors on assiste, dans les pays en développement (PED), à un renforcement réciproque de la contrainte de compétition et de la norme de compétitivité, selon un processus bien connu, depuis

---

(8) C. Ominami a bien montré le retard de cette entrée des PED dans la crise : *Le Tiers Monde dans la crise*, Paris, La Découverte, 1986.

(9) J. Coussy (dir.), « Déstabilisation des oligopoles internationaux ? », *Cahiers de l'ISMEA*, Série P, n° 31, 1988, n° 11/12.

(10) Les interrogations françaises sur la poursuite du soutien aux économies non compétitives, notamment africaines, sont parfaitement explicitées dans J. Adda et M.-C. Smouts, *La France face au Sud*, Karthala, 1989.

(11) Si leur succès initial est parfois dû à l'exploitation de certains avantages comparatifs existants (bas prix de la main-d'œuvre), il ne s'est poursuivi que par la construction de nouveaux avantages comparatifs grâce à une accélération de l'accumulation et une hausse de la productivité.

(12) On ne saurait pourtant négliger que cette crise provient aussi de ce que la construction d'économies introverties exige des délais et qu'elle a été souvent interrompue avant terme par la crise financière internationale.

deux ou trois décennies, dans les pays industrialisés. L'intensification de la concurrence internationale est présentée comme un processus inéluctable qu'il convient non de freiner mais d'accepter (cette façon de voir contribuant à le renforcer encore). On assiste, comme dans les pays industrialisés, à une coalition d'analystes libéraux, de lobbys de consommateurs, de lobbys d'exportateurs et de mouvements antisyndicaux qui s'unissent pour demander la suppression de toutes les interventions de l'État (contrôles, protections, subventions etc.) qui avaient traditionnellement pour fonction la protection sociale et la protection nationale contre l'extérieur. Et l'on voit à nouveau ce mouvement paradoxal de démantèlement de la politique économique extérieure dans des pays qui se considèrent comme menacés de l'extérieur.

La « désétatisation » imposée

L'exposition à la concurrence internationale et son renforcement par le démantèlement des protections traditionnelles ne pouvaient qu'encourager, comme dans les pays industrialisés, les essais de libéralisation et de désétatisation internes.

En premier lieu les quelques PED qui étaient parvenus à introduire des éléments de *welfare state* en voient, comme dans les pays industrialisés, réduire les moyens et critiquer l'opportunité. Ce qui signifie concrètement une baisse fréquente des dépenses de santé et d'éducation (13). Le niveau de vie des masses urbaines est en outre attaqué par la hausse des prix alimentaires. De même les interventions de protection sociale (contre les maladies, contre l'insécurité des emplois, contre la baisse des rémunérations etc.) et les éléments de régulation fordiste qui avaient pu être introduits dans quelques PED (14) se voient, comme dans les pays industrialisés, menacés au nom de la nécessité d'abaisser les coûts des entreprises, d'alléger la fiscalité et d'accroître la flexibilité du marché du travail. Par un engrenage désormais bien connu, la norme de compétitivité justifie une surenchère permanente dans les exigences de libéralisation.

Il serait inexact d'identifier cette libéralisation à une réalisation de l'utopie néo-classique (15) ; car la pression de la concur-

(13) Selon le rapport UNICEF, *L'ajustement à visage humain*, Paris, Economica, 1988.

(14) A. Lipietz, *Mirages et miracles. Problèmes de l'industrialisation dans le Tiers Monde*, Paris, La Découverte, 1985.

(15) Par utopie néo-classique nous désignons (par opposition à la théorie néo-classique qui se voulait représentation du réel) cette forme particulière de la cons-

rence peut inciter les États à abandonner même les interventions qui sont légitimes en pure logique néo-classique : il est tentant, dans la conjoncture actuelle, de ne pas entretenir les ressources naturelles renouvelables, de ne pas contraindre les entreprises à internaliser leurs déséconomies externes (16), en particulier de ne pas comptabiliser les coûts de la marginalisation créés par les croissances dualistes, de ne pas former le capital humain, de négliger la « croissance endogène », de privilégier la compétitivité à court terme au détriment de la compétitivité à long terme etc. Dans ces conditions, la frontière entre le public et le privé risque d'être tracée non par l'utopie néo-classique mais par l'idéologie libérale. Il y a non pas respect de normes théoriques mais alignement sur les normes des pays les plus libéraux ou des pays pauvres les plus concurrentiels (17).

A fortiori sont remises en question les interventions de l'État caractéristiques des stratégies de rattrapage par introversion : la protection des activités naissantes, l'accumulation forcée par la fiscalité et les emprunts publics, la gestion des entreprises par l'État, le développement planifié, la préférence étatique pour les industries lourdes et les technologies nouvelles, les opérations d'articulation des économies internes (lorsqu'elles sont déficitaires), les redistributions interrégionales (lorsqu'elles alourdissent les coûts) etc. sont autant d'interventions accusées d'interdire la compétitivité des nouvelles nations.

L'« État minimum » économique dont on réclame l'institution n'est évidemment pas nécessairement un État politiquement faible. Les premiers exemples de succès de croissance extravertie ont même été des exemples d'« États forts » (Taïwan, Corée). Ceux-ci n'acceptaient que peu de limites à leur pouvoir politique et utilisaient même nettement celui-ci pour assurer une pression sur les coûts, notamment du travail, qui auraient pu affaiblir la compétitivité (18).

---

truction néo-classique qui se présente comme une construction normative. Cette utopie se développe par explicitation de ses hypothèses de validité (impératif de cohérence) et non par explicitation de ses conditions politiques de réalisation (ignorance de la pertinence).

(16) I. Sachs, *Ressources, emploi et financement du développement : produire sans détruire. Le cas du Brésil*, Rapport introductif pour le séminaire du CENDEC, 1988.

(17) Contrairement aux si nombreux textes qui, dans les années 70, insistaient sur la diffusion des normes des pays dominants, la libéralisation a créé souvent un alignement sur les normes sociales (ou l'absence de normes sociales) des pays dominés.

(18) Ce n'est que dans une phase ultérieure que ces États forts ont été contestés (lorsque la compétitivité a été assurée par la hausse de la productivité, que le marché du travail a accru le pouvoir de négociation des salariés et qu'on a assisté à une hausse des niveaux d'aspiration). On verra par ailleurs plus loin que ces États n'ont été qu'apparemment conformes au modèle de l'État minimum.

La compétitivité n'est pas obtenue, dans ce cas, par une renonciation au nationalisme ou par un abandon, par les États, de leur fonction d'arbitrage socio-politique interne : elle utilise au contraire une symbolique nationaliste aussi vive que le protectionnisme (que d'ailleurs elle n'exclut pas), des formes spécifiques mais vigoureuses de violence et de clientélisme, des interventions étatiques déclarées dans la répartition salaires/profits et dans la législation du travail etc.

La création de nouvelles fonctions étatiques par la compétition internationale

En outre, au moment même où la compétition internationale risque de réduire certaines fonctions de l'État au-delà de ce qu'aurait demandé l'utopie néo-classique, elle crée simultanément des interventions que cette utopie n'accepte qu'à des conditions très restrictives (et que le libéralisme, bien entendu, réprouve).

En premier lieu, aucun État ne peut s'abstenir de prévenir ou de compenser certaines conséquences sociales de la compétition internationale : aucun pays développé soumis à cette compétition n'a pu refuser d'accroître les allocations de chômage et les dépenses nécessaires aux reconversions (19), au point que les diagnostics *ex post* sur les évolutions observables du *welfare state* sont parfois beaucoup plus incertains que les affirmations *ex ante* sur sa nécessaire réduction (20). Les réactions des États et les dynamiques des conflits sociaux créent même, à l'opposé des hypothèses d'homogénéisation vers le bas des politiques sociales, une nette diversité des transformations du marché du travail, des systèmes de protection sociale et des dynamiques industrielles (21). Cette diversité peut certes être réduite dans des pays non industrialisés par la pauvreté des moyens dont disposent les États et par la « tutelle » que nous décrivons plus loin. Mais, inversement, elle peut être accrue par la différenciation, beaucoup plus importante, des dynamiques sociales longues dans le Tiers Monde : les États y sont contraints, par des histoires sociales très différenciées, à trouver des moyens très spécifiques d'amortir le choc de la concurrence internationale

---

(19) Au cours des quinze dernières années les protections sociales ont augmenté beaucoup plus rapidement que les salaires aux États-Unis selon R. Dornbush, J. Poterba et C. Summers : « L'industrie manufacturière dans l'Amérique de demain », *Économie Prospective Internationale*, 4ᵉ trimestre 1988.

(20) C'est d'ailleurs ce qui explique la persistance du conflit entre les explications du chômage par l'abandon du *welfare state* et les explications par son maintien.

(21) Voir les travaux de R. Boyer, de J. Mistral et de J.L. Reiffers.

sur les équilibres interrégionaux et interethniques, sur les relations intergénérationnelles, sur les systèmes agraires et les régimes fonciers, sur les relations entre villes et campagnes, sur la dynamique du secteur informel etc.

En second lieu, l'idée que la compétition internationale conduit à une harmonie des intérêts mondiaux, à une dépolitisation des relations internationales et à un désengagement des États n'est valable que dans des analyses très abstraites de la concurrence parfaite entre des micro-entreprises privées. Dès que l'on entre dans les situations concrètes et dans les discours quotidiens sur la concurrence entre les nations, les mêmes experts qui avaient énoncé les démonstrations néo-classiques de l'harmonie des intérêts des partenaires aux échanges décrivent (non sans schizophrénie) le processus de concurrence comme une « guerre économique » dont les États sont des acteurs privilégiés. Les objectifs et instruments proposés aux États, depuis deux ou trois décennies, au nom de la concurrence internationale sont, il est impossible de l'ignorer, générateurs de conflits déclarés entre les nations. En particulier on voit aujourd'hui les États chercher simultanément à dégager des soldes commerciaux excédentaires, à se spécialiser dans les mêmes secteurs porteurs, à monter dans la « hiérarchie » du système mondial, à susciter les mêmes hausses de qualifications, etc. Tous ces jeux sont par essence des jeux à somme nulle et à l'exact opposé de la logique néo-classique. Ils ne font même que retrouver, avec un vocabulaire nouveau, les très anciens objectifs des États mercantilistes.

Dans cette économie internationale devenue explicitement conflictuelle, la substitution de l'objectif de compétition extérieure à l'objectif de développement introverti peut se traduire non par une réduction des interventions étatiques mais par l'utilisation de celles-ci à de nouvelles fins. Les politiques de protection peuvent se voir remplacées par des politiques de subventions aux exportations, par l'accroissement des assurances publiques aux exportateurs et investisseurs, par des aides à la constitution de monopoles et d'oligopoles nationaux (soutien des « champions nationaux »), par l'identification et le soutien des productions correspondant aux futurs marchés mondiaux, par des aides aux exportations d'armement, par le soutien des exportations agricoles et même par la création volontariste de marchés internes pouvant assurer le démarrage de productions exportables.

Sans doute ces interventions sont-elles moins faciles aux PED qu'aux pays industrialisés dans la mesure où, à l'inverse des interventions protectionnistes, elles accroissent les dépenses — et non les recettes — de l'État. Mais aussi bien le Brésil que la France, pour ne prendre que deux exemples, sont des cas-types de pays qui ont été contraints récemment d'obéir à la norme de compétitivité internationale et sont constamment tentés d'obtenir celle-ci par un jeu d'interventions étatiques qui ne seraient que la prolongation, par des moyens inverses, de leur tradition protectionniste.

Même lorsque les États entendent améliorer la compétitivité sans ces subventions explicites, on peut assister à une multiplication paradoxale de leurs interventions économiques. Ainsi les voit-on mettre leur pouvoir au service de la compression des coûts, de la hausse de la productivité, de la déflation de la demande globale, du drainage des capitaux vers les secteurs exportateurs, du soutien en amont des filières exportatrices, du développement de la recherche et de la formation et de la création de nouveaux avantages comparatifs. Rien n'est plus éloigné, on le sait, d'une abstention de l'État que l'expérience des NPI asiatiques.

La compétition internationale ne joue sans équivoque dans le sens de la libéralisation que si elle est appuyée par une idéologie ou par l'intervention d'organisations internationales. D'une part, nul n'ignore l'influence accrue des argumentaires libéraux où le mot de « compétitivité » s'est avéré un argument d'autorité très efficace pour déclarer obsolète toute théorie pouvant légitimer l'intervention de l'État. D'autre part, la nécessité d'imposer des normes de « concurrence loyale » et d'interdire les subventions, dumpings, dévaluations successives, etc. qui pourraient précisément résulter de la compétition a contraint à recourir à des négociations et à des institutions internationales. L'État voit réduire son champ d'intervention non par un processus automatique mais parce que des décisions concertées sont prises à un niveau international, parce que le lieu des choix politiques s'est déplacé.

A ces négociations et institutions communes à tous les pays s'ajoute de plus en plus, dans les pays en voie de développement, le rôle des programmes d'ajustement structurel.

Les États sous tutelle : les programmes d'ajustement structurel (PAS)

La plupart des pays en développement endettés ont en effet dû accepter de nouvelles formes de désengagement économique de l'État.

La programmation par l'étranger du désengagement économique des États

A la différence de la concurrence internationale qui incite les États à la libéralisation par des mécanismes impersonnels, non contrôlés (et aux résultats, on l'a vu, parfois ambigus), la pression exercée, dans le cadre des PAS, par les bailleurs de fonds est le fruit de décisions explicites, de contrôles continus et de l'application d'un modèle bien défini. Le désengagement économique de l'État n'est plus seulement, dans les PAS, le fait d'une « main invisible » mais l'objectif d'acteurs qui se veulent le « bras séculier » du modèle néo-classique. Celui-ci n'est plus l'issue espérée d'un processus socio-économique mais le résultat de la venue au pouvoir des partisans d'une « utopie ».

De ce fait, le désengagement économique de l'État est désormais conçu comme une entreprise systématique qui énumère explicitement d'avance toutes les interventions auxquelles on demandera aux PED de renoncer. En micro-économie sont notamment programmés la privatisation des entreprises, le démantèlement des monopoles de commercialisation, la suppression des incitations publiques à la production, la remise en cause du *welfare state* et le respect de la vérité des prix (ce qui implique suppression de toutes les subventions, protections et taxations ne respectant pas la « neutralité économique »). En macro-économie sont principalement imposés la contraction et l'équilibre des finances publiques, la rigueur de la politique de la monnaie et du crédit et la renonciation des États à emprunter pour couvrir les déficits publics. Dans les politiques de développement, enfin, sont programmés le retrait de l'État des processus d'accumulation, l'abandon des politiques de substitution aux importations (et, *a fortiori*, des politiques d'autocentrage) et l'interruption des politiques étatiques de construction de nouveaux avantages comparatifs (notamment des politiques d'industrialisation).

C'est même, en définitive, le principal objectif des PAS que d'en finir avec les stratégies de « rattrapage » de développement utilisant les techniques et les symboles du nationalisme et de l'étatisme. Pour la première fois il semble possible, grâce à la pression des organisations internationales et aux contraintes de l'endettement, de clore le débat séculaire entre rattrapage par l'État protecteur et rattrapage par l'insertion dans le marché international. Le pouvoir des organisations internationales est utilisé pour éviter que les défis économiques internationaux ne débouchent, dialectiquement, sur un renforcement des États et pour contraindre, au contraire, ceux-ci à accepter un démantèlement de leurs interventions économiques.

Les atteintes aux pouvoirs politiques des États

Même si les PAS ne se présentent, ne serait-ce que pour des raisons diplomatiques, que comme une amputation des interventions économiques des États, ils affectent, à l'évidence, leurs dimensions politiques. Sont, pour le moins, atteintes les sources de légitimité, la définition d'objectifs collectifs, l'organisation des pouvoirs, la capacité de définir des choix et compromis sociaux, celle de les mettre en œuvre, etc.

Cette atteinte aux fonctions proprement politiques des États résulte, en premier lieu, de la contraction des ressources financières nécessaires pour assumer ces fonctions : la réduction du « gâteau » à partager oblige à restructurer toutes les dépenses sur lesquelles reposaient, jusqu'à présent, l'existence des États, leur capacité à se faire accepter par les nationaux et à atteindre leurs objectifs propres.

L'affaiblissement politique des États n'est cependant pas inéluctable car la réduction, en valeur absolue, de leurs ressources peut coïncider avec une hausse relative de leur part dans le PNB (du fait de la baisse de celui-ci). Ceci peut non seulement maintenir le pouvoir de l'État mais aussi élever les enjeux économiques de la conquête du pouvoir ; il peut même en résulter simultanément un accroissement du poids de l'État et une menace d'instabilité gouvernementale.

En second lieu, les PAS prétendent substituer aux conflits, compromis et arbitrages sociaux et politiques des normes « apolitiques ». Ils entendent « dépolitiser » (ce qui, dans la période de transition, est d'ailleurs très différent de « l'apolitisme »). Ainsi seraient dépolitisées les décisions sur les prix (par la référence à la norme d'égalité du revenu réel et de la productivité), les décisions sur les investissements (par la référence à la norme de rentabilité) etc. L'affirmation qu'il existe des normes « indiscutables » résultant de la seule théorie économique est même la principale méthode rhétorique utilisée par les conseillers étrangers pour déposséder les États de ce qui fait l'essence de leur pouvoir politique (à savoir la faculté de procéder à des arbitrages et des compromis en fonction d'objectifs et de rapports de force).

Très logiquement, cette « dépolitisation » conduit à un « économicisme » qui en vient à nier la légitimité des objectifs politiques (22). Les États se voient conseillés d'abandonner, au nom de

---

(22) Sans doute la légitimité des objectifs politiques n'est-elle pas contestée en principe. Il est seulement affirmé que ces objectifs créent des « coûts » que les États ne peuvent se permettre.

la rationalité économique, tous les desseins politiques qui avaient contribué à modeler leurs choix économiques des années antérieures : construction d'une nation, d'un appareil d'État, de nouvelles structures sociales ; équilibrages (ou déséquilibrages) interrégionaux, intégration de la jeunesse (par l'éducation et la création d'emplois), ordre public urbain (par les bas prix alimentaires), modification (ou non-modification) du régime foncier, financement de symboles de l'indépendance, acceptation des symboles de modernité, création de clientèles etc. Tous ces objectifs qui constituaient, avant les PAS, autant de buts proprement politiques déterminant l'affectation des finances publiques ne peuvent qu'être remis en cause par un « dégraissage » de l'État. Et cet abandon, depuis 1980, des objectifs explicites et implicites que les États des PED poursuivaient au cours des décennies 1960 et 1970 débouche non pas, bien sûr, sur une disparition des fonctions étatiques mais sur leur redéfinition et sur un changement des autorités chargées de les assumer.

Les États sous contrôle continu

Les dernières années ont vu, en effet, la prise en charge, par les bailleurs de fonds et les organismes internationaux, d'un nombre croissant de ce qui apparaissait naguère comme des prérogatives des États nationaux. Du fait des PAS et des accords de rééchelonnement, de plus en plus de décisions publiques ne peuvent plus être prises sans approbation préalable et sans contrôle continu par des organismes étrangers.

Les PAS ont notamment introduit une « conditionnalité » de plus en plus rigoureuse, une périodicité serrée des consultations et une exigence de transparence des comptes publics et des comptes nationaux. Ils ont créé un gonflement comptable des flux bruts de financement extérieur et, par là, un accroissement des capacités d'intervention étrangère dans l'allocation des ressources (notamment dans les investissements, en particulier publics) (23). Alors que les États avaient pu, pendant la période d'expansion du cré-

---

(23) Du fait que les créanciers décident non de renoncer à leurs créances mais de rééchelonner la dette, ils exigent souvent le versement d'une part des intérêts et amortissements en échange de nouveaux flux de capitaux. Cette méthode a pour résultat de déposséder les États de leur liberté d'allocation de l'épargne interne (affectée au service de la dette) et de leur fournir en compensation (totale ou partielle) des capitaux étrangers dont l'utilisation est soumise à « conditionnalité ». Nous avons tenté de mettre en évidence et de mesurer cette dépossession des États dans *Contraintes extérieures et politique économique de Madagascar*, Rapport pour le ministère de la Coopération, 1986.

dit international, conquérir une large autonomie à l'égard des décideurs étrangers, ils se sont vus, sous la pression des contraintes
financières et du fait de l'établissement des PAS, obligés d'accepter des ingérences et des contrôles (assortis de sanctions financières immédiates) que même les aides publiques bilatérales n'avaient
pas toujours osé imposer.

On a vu les bailleurs de fonds, organisations internationales
et clubs de créanciers s'engager toujours plus loin dans le détail
des décisions des États. Difficultés imprévues rencontrées dans
l'application des prescriptions générales initiales, échecs techniques
ou économiques et réactions spécifiques propres à chaque nation
ont poussé à affiner toujours plus les recommandations de politique économique et à en surveiller toujours plus minutieusement
l'application. En outre la faculté des groupes sociaux et des États
de tourner les prescriptions (en ne les respectant que partiellement
ou en compensant leurs effets par des actes à l'origine non contrôlés par les PAS) (24) a conduit les instances étrangères à pénétrer toujours plus avant dans la gestion des Trésors publics, dans
le contrôle du crédit et dans la mise en œuvre des privatisations.
Les bailleurs de fonds ont parfois été jusqu'à s'engager dans des
opérations de stockage et de déstockage pour lutter contre la spéculation suscitée par les débuts de la libéralisation, s'impliquer activement dans la réhabilitation des entreprises, mettre en œuvre le
détail des programmes agricoles, participer à la définition des
besoins de consommation, restructurer tous les tarifs fiscaux et
douaniers, gérer les politiques d'importation et les marchés de
change, définir le volume et la rémunération des emplois publics
et parapublics etc.

On est aujourd'hui très loin de l'hypothèse initiale selon laquelle
la tutelle étrangère pourrait se borner à imposer le respect de quelques grands principes. C'est désormais à un niveau de détail parfois surprenant que les instances étrangères interviennent dans la
gestion économique interne des PED.

La réinvention de l'État face à la menace de démembrement par les PAS

En définitive, les États engagés dans les PAS sont donc simultanément menacés financièrement par la chute de leurs ressour-

---

(24) Ainsi on masquait des déficits budgétaires dans des comptes non contrôlés
du Trésor, on cherchait à créer de nouveaux emplois publics dès que l'on avait été
contraint d'en supprimer, etc.

ces, menacés socialement par les risques de révolte contre les rigueurs de l'ajustement, menacés idéologiquement par l'anti-étatisme dominant et menacés dans leurs activités hors marché par les interventions caritatives (25). Ils sont enfin menacés dans leur indépendance par la mise sous tutelle internationale. Celle-ci peut aggraver, aux yeux des nationaux, la crise de légitimité, en même temps qu'elle contraint les États à consentir à l'amputation de leurs moyens et à la condamnation rétrospective de leur politique antérieure (26).

On ne peut exclure que cette accumulation de menaces mette en cause l'existence même des États les moins assurés (notamment d'Afrique sub-saharienne). Ne risque-t-on pas d'aggraver les processus, déjà amorcés, de désintégration des services publics minima, de montée de l'insécurité urbaine et du banditisme rural, de retards ou d'arrêts du versement des traitements publics (et des bourses) etc. ? Ne risque-t-on pas, en outre, d'aggraver cette crise en minant la base sociale des équipes au pouvoir (en réduisant rentes, prébendes et revenus urbains) sans que puisse se reconstituer rapidement une nouvelle catégorie de « clients » (le soutien rural n'étant ni immédiat ni efficace) ?

Contre ces signes de désintégration du pouvoir perceptibles aussi bien dans les pays les plus industrialisés que dans les plus pauvres du Tiers Monde, les États ont pu, jusqu'à présent, maintenir leur existence (en dépit ou à cause d'une instabilité gouvernementale). Ils ont pu se réinventer un rôle (27) en s'appuyant sur les projets de restauration de l'État néo-classique (ordre public, production de « biens publics »...) inclus dans les PAS et surtout en

---

(25) Les États nationaux voient leur échapper, du fait de la croissance du rôle des organisations non gouvernementales (ONG) et des encouragements officiels à la coopération décentralisée, de multiples activités hors marché : santé, formation, encadrement des coopératives, lutte contre la pauvreté, circuits courts de financement, animation rurale, encouragements aux petits projets, etc. Dans certains des pays les moins avancés, notamment, des pans entiers de la politique sociale sont en fait organisés à l'initiative et avec le financement des ONG. Ajoutons que celles-ci se considèrent souvent comme des instruments de la société civile et utilisent volontiers un discours anti-étatique. Réciproquement elles reçoivent l'appui de l'anti-étatisme pour toutes les activités dont on ne peut espérer qu'elles soient prises en charge par le marché en cas de désétatisation et que l'on préfère confier au secteur caritatif plutôt qu'à l'État. Comme partout la critique du *welfare state* débouche sur l'éloge des associations et aussi, parfois, sur une réhabilitation de la « charité » dont le *welfare state* avait espéré réduire le rôle et supprimer les aspects humiliants.

(26) La condamnation rétrospective de la politique antérieure est particulièrement sensible, dans les travaux d'experts, à l'égard des stratégies de déséquilibre et de substitution d'importations et, dans l'opinion internationale (et, quand elle peut s'exprimer, nationale) à l'égard des inégalités de revenus et de pouvoirs dont les « justifications » des périodes d'expansion ont désormais disparu.

(27) J.-F. Bayart, *L'État en Afrique. La politique du ventre*, Paris, Fayard, 1989.

s'imposant, au moins pour le moment, comme intermédiaire obligé entre leurs populations et les organisations internationales.

Ce rôle d'intermédiaire obligé est perceptible dans la canalisation, par l'État, des flux financiers venus de l'extérieur. L'effondrement des investissements étrangers nouveaux et des prêts bancaires aux entreprises privées se traduit même par la croissance relative des fonds transitant par les États. Et ce n'est pas le moindre paradoxe des PAS que de chercher à décentraliser et à privatiser le développement à l'aide de financements à nouveau centralisés par l'État. Ce paradoxe n'est pas, en théorie, insurmontable (si l'État parvient à redistribuer immédiatement les fonds aux autres acteurs) mais on voit bien comment, dans la pratique, les États peuvent en tirer des éléments de puissance (28).

Les États disposent d'ailleurs de multiples méthodes pour accroître leur rôle d'intermédiaire financier : estimation (voire surestimation) des besoins d'aide alimentaire ; utilisation des fonds de contrepartie ; demandes d'aides budgétaires d'urgence pour faire face aux risques d'effondrement de l'appareil d'État (risques qui, eux aussi, peuvent être surestimés) (29) ; demandes d'aides à la stabilisation des recettes d'exportation ; demandes d'aides spécifiques contre la pauvreté ; demandes de soutien aux organismes de crédit menacés de banqueroute etc.

Sans doute les bailleurs de fonds sont-ils devenus suffisamment méfiants pour procéder à des contre-estimations des besoins, pour contrôler l'usage des fonds et pour tenter d'encourager au maximum la coopération décentralisée. Les efforts des États pour reconquérir leur pouvoir financier sont désormais constamment surveillés et limités.

Cependant ces surveillances et ces sanctions ne peuvent (et ne veulent pas toujours) faire abstraction de la souveraineté nationale. Aucune expérience de coopération décentralisée (entre firmes, entre régions ou entre organisations non gouvernementales — ONG) et aucune volonté des bailleurs de fonds de suivre leurs financements jusqu'au dernier bénéficiaire ne peuvent aboutir sans consentement des États. Ceux-ci tentent toujours, au moins, d'utiliser un certain pouvoir de veto préalable, un certain pouvoir de poser des conditions et d'imposer des aménagements. Ils ont une

---

(28) Y. Fauré et B. Contamin ont montré, à propos de la Côte d'Ivoire, comment l'État en a tiré, au détriment des entreprises publiques, une re-centralisation des ressources et des pouvoirs au début du processus d'ajustement. *La restructuration des entreprises publiques en Côte d'Ivoire*, Rapport CNRS, 1987 et *La bataille des entreprises publiques en Côte-d'Ivoire,* Karthala, 1990.

(29) Une affectation des ressources qui néglige sciemment des besoins essentiels de l'État peut être un moyen de justifier, par la suite, une demande d'aide d'urgence.

grande capacité à créer des obstacles administratifs quotidiens à la mise en œuvre des projets qui leur paraissent non prioritaires et ils gardent le pouvoir d'expulser les responsables de projets contestés, celui d'arrêter les programmes en cours d'exécution ou de les insérer dans des ensembles qui en changent la signification.

Enfin les États tentent aussi de s'imposer comme seuls en mesure de créer les compromis entre leurs populations et les instances étrangères. Ils se présentent (non sans abus) comme les seuls à pouvoir estimer et utiliser les spécificités locales et même (parfois non sans cynisme) comme les défenseurs de ces spécificités auprès des autorités internationales. Dans le même temps, ils se posent comme les acteurs indispensables pour expliciter et mettre en œuvre, dans le détail, les recommandations, à l'origine a-temporelles et a-spatiales, des bailleurs de fonds. Ils peuvent même arguer de ce que l'ajustement structurel exige des pouvoirs relativement forts (si l'on veut mettre en œuvre des mesures impopulaires) pour demander, en contrepartie, soutiens et concessions. Enfin les PAS ne peuvent être appliqués sans de multiples aménagements, échéanciers, arbitrages et compromis qui donnent aux États un rôle dans l'estimation des difficultés, une participation aux décisions et de multiples opportunités de réintroduire furtivement leurs préférences dans l'application des décisions précises.

Il est évident que nul ne peut prévoir dans quelle mesure ces stratégies de survie pourront résister à la fois aux contestations internes (qui visent désormais les sommets de l'État) et aux interventions d'organisations internationales qui étendent progressivement leur « droit à l'ingérence » et qui, en tout état de cause, assument de plus en plus la régulation des économies en ajustement.

Le changement des acteurs, des lieux et des moments des interventions régulatrices

C'est en effet un autre paradoxe de l'évolution actuelle que le discours de libéralisation et de déréglementation (qui a contribué à délégitimer les interventions économiques des États) s'avère souvent, à l'expérience, avoir contribué à la prise en charge, par des acteurs étrangers, de tout ou partie de ces interventions. Plus qu'une disparition des besoins et des possibilités d'intervention, il y a eu souvent changement des lieux, des acteurs et des moments de ces interventions.

Cette combinaison d'un discours de libéralisation et d'une résurgence, en d'autres temps et d'autres lieux, des interventions critiquées a été visible d'abord dans l'histoire de l'économie internationale de crédit : celle-ci est, en fait, née d'une privatisation de la régulation financière internationale (on se souvient des éloges de la capacité du marché à recycler les pétro-dollars mieux que ne l'auraient fait des aides interétatiques), jusqu'au moment où la crise de l'endettement a contraint, en définitive, les États à intervenir *ex post* dans cette régulation (comme prêteurs en dernier ressort, comme contrôleurs de l'activité des banques privées et comme négociateurs du rééchelonnement des dettes). Comme l'a montré R.E. Feinberg (30), la crise mexicaine des années 1980, en particulier, a provoqué dans le secteur bancaire des États-Unis des interventions publiques d'autant plus significatives qu'elles étaient le fait de l'administration Reagan, qui avait fait de la déréglementation son cheval de bataille. Ainsi, la déréglementation dans les pays industrialisés, qui était censée s'accompagner d'une réduction de la conditionnalité des aides aux PED, donc d'une autonomie accrue des États bénéficiaires, a en définitive donné naissance à une intervention sans précédent des États des pays industrialisés (et notamment des administrations nationales du Trésor) dans la gestion des banques et dans la gestion des PED.

Inversement, les programmes d'ajustement structurel se sont présentés à l'origine comme des efforts pour substituer une régulation internationale *ex ante* aux régulations nationales dont les échecs contraignaient les créanciers étrangers (par les déficits extérieurs, les inflations internes...) à participer à une régulation internationale *ex post*. Les techniques et les procédures pratiquées depuis longtemps dans la zone franc (concertation continue destinée à éviter *ex ante* l'apparition de déséquilibres) et naguère dénoncées comme des séquelles coloniales sont désormais, sous des vocables différents, adoptées par l'ensemble des bailleurs de fonds (31). Sans doute les PAS se présentent-ils comme l'établissement de règles du jeu limitant le pouvoir discrétionnaire des États, mais ils augmentent en définitive le rôle des décisions discrétionnaires prises en commun par les partenaires.

L'histoire des PAS a d'ailleurs montré que ces déplacements des lieux et des moments des interventions régulatrices du marché ont été beaucoup plus complexes qu'il n'était prévu à l'origine : le seul fait que l'exécution des PAS ait ménagé de multiples sur-

---

(30) Richard E. Feinberg, « International finance and investment : a surging public sector » in J.W. Sewel, R.E. Feinberg and V. Kallab (ed), *US Foreign Policy and the Third World Agenda 1985-1986*, Washington, Overseas Development Council, 1985.

(31) Nous avons tenté de montrer cette évolution dans J. Coussy, « La zone franc : logique initiale, infléchissements ultérieurs et crise actuelle » in Daniel C. Bach, Anthony A. Kirkgreene, dir., *États et Sociétés en Afrique francophone*, Paris, Economica, 1993.

prises et qu'elle soit le lieu de conflits sociaux et de différends internationaux constants conduit les décideurs nationaux et étrangers à réviser sans cesse le montant du service de la dette, les délais de rééchelonnement, les échéanciers des réformes, la répartition des charges, le rythme de la privatisation, les infractions « provisoires » aux règles du marché, le taux d'augmentation des prix alimentaires, la vitesse de la réduction des importations nécessaires à l'industrie et à l'approvisionnement alimentaire, etc.

De même que les instances internationales avaient été progressivement contraintes de diversifier et d'affiner sans cesse leurs ingérences dans les décisions technico-économiques, elles doivent réviser et aménager, par des décisions beaucoup plus précises qu'il n'était prévu, les arbitrages et les compromis sociaux insérés dans les PAS. Ainsi, des instances étrangères sont de plus en plus entraînées à coopérer, beaucoup plus qu'elles ne l'avaient dit et probablement cru lorsqu'elles se présentaient comme les organes de la rationalité et de la scientificité, à une suite continue de décisions proprement politiques. Elles participent désormais non seulement à la redéfinition de l'équité, mais aussi à l'estimation des pouvoirs des groupes sociaux, à l'évaluation de la compressibilité des consommations et à la prévision des risques d'émeute. Elles formulent des jugements sur les compensations à accorder aux « perdants » et sur les concessions nécessaires aux groupes et à leurs mythologies, etc. Alors que, dans les débuts des PAS, il avait pu sembler possible que les instances internationales se bornent à définir très globalement les contraintes économiques et que les États conservent le pouvoir d'en aménager les conséquences par des arbitrages et des paris politiques internes, l'histoire récente montre qu'elles ne peuvent éviter d'entrer dans une coopération conflictuelle avec les États pour définir et mettre en œuvre ces paris et ces arbitrages.

La dispersion des lieux de décision

En définitive, la mise sous tutelle des États nationaux dans les PAS est, quel que soit l'objectif initial de dépolitisation de l'économie, devenue aussi un instrument de dispersion et d'internationalisation (non coordonnée) des décisions de politique économique, ce qui pose un défi à l'organisation des pouvoirs politiques et à l'estimation de leur représentativité et de leur démocratie.

En premier lieu, la volonté de réduire les interventions des États a provoqué une dispersion géographique et institutionnelle des fonctions naguère assumées par eux : les décisions sur les grands équilibres macro-économiques et sur la remise en ordre micro-économique sont, dans les moindres détails, négociées avec les organisations internationales (Fonds monétaire international et Banque mondiale) ; la régulation financière est confiée à un ensemble complexe de clubs (de Londres et de Paris) et de Trésors nationaux étrangers qui examinent aussi bien les aspects internes que les conditions externes du fonctionnement du crédit ; la lutte contre la pauvreté et la satisfaction des besoins essentiels sont de plus en plus concédées à des organisations spécialisées et leurs principes généraux sont discutés au sein de la Banque mondiale ; les questions de sécurité alimentaire sont tranchées dans des réunions de donateurs d'aide alimentaire ; l'élaboration de programmes d'infrastructure et de développement agricole est encore le fait d'aides bilatérales ou multilatérales (telles que le Fonds européen de développement) ; enfin les ONG sont devenues, dans les pays les plus pauvres, suffisamment puissantes pour assumer certaines fonctions de l'État et même devenir les foyers de mouvements sociaux qui diffusent les idéologies (importées) d'émergence de la société civile.

Cette dispersion des pouvoirs et des attributions naguère considérés comme ceux des États nationaux a pour résultat (et pour objectif implicite) de donner aux décideurs de politique économique (et encore plus à leurs experts) une certaine autonomie à l'égard des groupes sociaux locaux et des conflits sociaux et politiques qu'ils se proposent de résoudre. Mais cette autonomisation de l'économie par rapport au politique, dont on a vu qu'elle est un objectif explicite des PAS, n'est pas atteinte par le processus invoqué à l'origine : il n'y a pas dissolution du politique au profit de l'économie de marché ; il y a transfert de pouvoir à des instances qui se targuent de n'être pas impliquées dans les conflits locaux et de ne pas avoir d'intérêts économiques directs dans les options proposées. Cette non-implication est même considérée comme une condition d'efficacité des organisations internationales (32). Et on cite comme une raison supplémentaire de recourir à ces dernières le fait que ce recours peut permettre d'éviter que la gestion économique des nations ne soit déformée par des intérêts particuliers.

Le discours des experts des organisations interétatiques traduit bien d'ailleurs cette prétention à l'autonomisation à l'égard de la politique locale. Ce discours se fait volontiers dénonciateur des risques locaux de détournement du pouvoir politique par des inté-

---

(32) Cette non-implication est même l'objectif de principes d'organisation administrative comme la rotation géographique du personnel et de méthodes de travail comme la construction de modèles standard utilisés dans tous les pays.

rêts personnels, sectoriels ou corporatistes (33). Les textes des organisations internationales emploient constamment le langage de l'intérêt général, présenté comme connaissable et même comme scientifiquement identifiable. Est-il besoin de souligner le paradoxe d'une pensée libérale qui a, au cours des dernières décennies, élaboré une nouvelle « économie politique » du comportement des administrations où l'intérêt général n'apparaît que comme un alibi aux intérêts bureaucratiques ou aux lobbys privés, et qui construit aujourd'hui son pouvoir international sur l'affirmation de la capacité des administrations internationales de s'identifier aux intérêts généraux ?

Il serait évidemment cruel — et d'ailleurs partiellement injustifié — d'appliquer aux textes des organisations internationales les grilles de lecture qu'elles proposent d'appliquer à ceux des planificateurs nationaux. Il serait même tentant de dévoiler au niveau international la logique des intérêts bureaucratiques, l'influence de lobbys, l'existence de préférences doctrinales (masquées derrière les références constantes à la scientificité et à l'« optimum mondial »)... On peut tout au moins, sans tomber dans les excès de cette « économie politique » que les experts utilisent pour dévaloriser les États, espérer que ces experts n'ignorent pas indéfiniment leurs propres déterminations socio-politiques et idéologiques.

L'inorganisation des procédures politiques de décision

Malheureusement l'éloge de la non-implication des organisations internationales dans les choix sociaux a jusqu'à présent freiné la réflexion sur les moyens qui sont ouverts, ou qui devraient être ouverts, aux individus, aux groupes et aux classes concernés pour que ceux-ci puissent peser sur ces choix. La prétention à la dépolitisation peut, ici comme ailleurs, déboucher sur l'ignorance, voire le mépris des divergences d'intérêts (et de préférences) et sur le dédain à l'égard des procédures nécessaires pour assurer que ces différents intérêts soient représentés. De l'affirmation de « l'apolitisme » des solutions techniques on passe, conformément à une tradition qui remonte à Pareto, à une dévalorisation du « politique » dans les processus de décision.

Cette indifférence aux procédures internationales de décision (et,

---

(33) Il est significatif que les organisations internationales aient créé ou approfondi la théorie des « chercheurs de rentes », les analyses « d'économie politique de la protection », la mesure des incohérences tarifaires introduites par les coalitions d'intérêts etc. Toutes ces théories ont en commun de dénoncer l'implication des administrations locales dans les conflits locaux et leur tendance à être à la fois juges et parties.

en définitive, à la démocratie), qui pouvait ne pas être trop grave lorsque les instances internationales n'avaient qu'un pouvoir réduit, ne pourra être indéfiniment maintenue si les PAS continuent à leur accorder des pouvoirs accrus.

Pour le moment, la croissance non programmée de nouveaux pouvoirs a créé une coexistence de fragments hétérogènes de systèmes politiques différents. On voit coexister des fragments de « gouvernement censitaire » (où les pays riches ont une voix prépondérante) et de « coopération interétatique » (où les États utilisent la souveraineté nationale pour obtenir l'égalité juridique et aussi pour refuser le contrôle de leur représentativité). Parfois on voit faire l'éloge du « gouvernement de sages » (experts éclairés par le savoir scientifique et légitimés par l'affirmation de l'unicité de la politique souhaitable), et du « gouvernement par la vertu » (puisque le refus du *welfare state* a débouché sur l'éloge du caritatif dans la lutte contre la pauvreté). Mais on a aussi des fragments de gouvernement par les organismes financiers (avec valorisation de l'autonomie des Trésors publics et des banques à l'égard des États) et même des octrois de fonctions étatiques en « concession » aux grandes entreprises privées (auxquelles on confie certaines missions, désormais refusées aux États, comme la construction de nouveaux avantages comparatifs dans les PED). On voit même naître des ébauches de procédures d'appel direct des masses auprès du « prince » au-dessus des corps intermédiaires, par exemple lorsque les décideurs internationaux s'efforcent de tenir compte, par dessus les États, des besoins et aspirations de ces populations (34). Enfin une certaine démocratisation administrative peut naître de la capacité très réelle des organisations internationales d'infléchir leurs positions originelles (même les plus dogmatiques) en fonction des critiques, des difficultés du terrain et des oppositions sociales à leurs politiques initiales.

---

(34) Les ONG tendent elles aussi de plus en plus à s'auto-désigner comme des représentants directs de ces populations auprès des organismes internationaux.

Épilogue

Les pages qui précèdent auront vraisemblablement suggéré au lecteur que Max Weber s'est trompé sur un point au moins : l'universalisation du « mode de pensée capitaliste » n'équivaut pas vraiment à une perte de sens des relations sociales, à un « désenchantement du monde ». Les libéraux, keynésiens compris, reprennent d'une certaine manière ce pronostic, mais pour s'en réjouir, parce qu'ils le dissocient à tort du processus de bureaucratisation. Quoi qu'il en soit, leur erreur est plus consistante encore : l'extension du marché ne se réduit pas à la problématique technocratique de la « réforme » et les transformations de l'économie suivent des voies obliques. Nous espérons avoir montré que la critique néo-keynésienne ou social-démocrate du « consensus de Washington » est insuffisante et ne rend pas compte de l'intégralité du phénomène auquel nous assistons. Ce ne sont pas seulement les questions de l'État, de la souveraineté et de la légitimité qui sont posées, mais aussi celles que soulève le sourd devenir des sociétés. Dans un livre remarquable sur la greffe du capitalisme au Kenya à l'époque coloniale, Bruce Berman et John Lonsdale proposent d'établir une distinction entre la « construction de l'État », en tant que création délibérée d'un appareil de contrôle politique, et la « formation de l'État », en tant que processus historique conflictuel, involontaire et largement inconscient, conduit dans le désordre des affrontements et des compromis par la masse des anonymes (1). Ils désignent par le terme de « vulgarisation du pouvoir » la formation de l'État en ce qu'elle permet à une minorité d'autochtones de tirer profit de la construction de l'État et de capter à leur avantage la transition contradictoire au capitalisme. Ces notions pourraient aider à mieux comprendre l'extension contemporaine de l'économie de marché. Au fond, les experts néo-libéraux ne s'occupent que de la « construction » de cette dernière. Gageons que leurs « réformes » connaîtront les mêmes déboires que les nombreux projets de « mise en valeur coloniale » car elles ignorent le travail

---

(1) B. Berman, J. Lonsdale, *Unhappy Valley*, Portsmouth, James Currey, 1992.

souterrain de « formation » de l'économie de marché (ou d'autre chose). Certes, le « consensus de Washington » célèbre les œuvres de la « société civile » dans la transition, mais, répétons-le, il s'agit d'une simple hypostase : comme tous les discours pastoraux celui-ci tend à la téléologie et les indigènes, ceux du Sud comme ceux de l'Est, tout friands qu'ils soient de la Parole et des promesses qu'Elle recèle, n'en feront qu'à leur tête, pourvu qu'ils « vulgarisent » à leur profit ladite transition. En étant quelque peu perfide, et sans doute assez injuste, on pourrait ajouter que la critique social-démocrate de la pensée néo-libérale est à la « formation » de l'économie de marché dans les pays du capitalisme pauvre ce que les projets de libéralisation coloniale et d'accession négociée à l'indépendance, dans les années cinquante, ont été à la « formation » de l'État postcolonial en Afrique et en Asie. On ne peut nier que le compromis entre les Tories britanniques et l'aile modérée du mouvement nationaliste ait épargné aux Kenyans beaucoup de souffrances supplémentaires. Qui, cependant, affirmerait aujourd'hui que le décolonisateur avait une réelle compréhension de l'économie morale des Kikuyu aux prises avec les exigences de la liberté et de l'accumulation, et anticipait l'institutionnalisation de la « politique du ventre » comme expression africaine du capitalisme ?

Sous réserve d'inventaire, l'analyse de la formation (et non pas seulement de la construction) de l'économie de marché au Sud et à l'Est peut procéder d'une double hypothèse que nous semblent avoir étayée nos essais. D'une part, l'extension du capitalisme équivaut largement à sa réinvention. Nous ne sommes pas en présence d'un processus d'uniformisation, nous voyons se reconstituer des différences dans les creux de l'économie internationale. Telle est en définitive l'une des conséquences des permanences de la réciprocité sociale et de la récurrence de la générosité économique que nous avons étudiées dans les deux premières parties de cet ouvrage. On voit mal comment il pourrait en être autrement. Mais les Chicago Boys auraient tort d'en éprouver un sentiment d'incomplétude car le capitalisme se nourrit sans doute de son propre inachèvement.

D'autre part, cette réinvention du capitalisme n'est que l'illustration d'un principe plus général, allègrement méconnu par les néo-libéraux comme jadis par les développementalistes et les dépendantistes marxistes. L'extension de l'économie de marché s'effectue certes sous haute surveillance, mais moins sous celle des bailleurs de fonds que sous celle des ancêtres. Elle porte la marque de la « longue durée » chère à Braudel, encore que celle-ci soit moins une « prison » qu'un régime de liberté surveillée. Il faut *également préciser que l'histoire n'existe pas indépendamment de la conscience que l'on en a : elle fait l'objet de reconstructions contingentes et contradictoires de la part des acteurs contemporains, comme le montre à l'envi le cas de la Russie. Mais en tout état de cause il est par exemple difficile de faire abstraction de l'ancienneté et de l'ampleur de la centralisation politique, de la pression fiscale et de l'industrialisation dans l'économie-monde qui s'était constituée autour de la mer de Chine et de l'océan Indien plusieurs siècles avant l'irruption des Portugais en 1497 si l'on veut comprendre la réussite des NPI asiatiques ; ou, à l'inverse, de ne pas relier le marasme actuel de l'Afrique noire à son déclassement économique dès l'Antiquité méditerranéenne et à la pérennité de son insertion rentière et dépendante, au moins depuis le XVIIe siècle, dans les échanges internationaux.*

Ces rappels doivent au moins nous inciter à la modestie et à la prudence. La formidable partie dans laquelle s'est engagé le capitalisme pauvre est prodigieusement complexe, plus encore qu'elle n'est incertaine.

LES AUTEURS

Fariba Adelkhah : chargée de recherche à la Fondation nationale des sciences politiques (CERI) ; auteur de *La Révolution sous le voile. Femmes islamiques d'Iran*, Paris, Karthala, 1991 et, en collaboration avec Jean-François Bayart et Olivier Roy, de *Thermidor en Iran*, Bruxelles, Complexe, 1993.

Jean-François Bayart : directeur de recherche au CNRS (CERI) ; auteur de *L'État en Afrique : la politique du ventre*, Paris, Fayard, 1989.

Jean Coussy : maître de conférence à l'Ecole des hautes études en sciences sociales, chercheur associé au CERI ; a dirigé avec Philippe Hugon *Intégration africaine et ajustement structurel*, ouvrage collectif du CERED, ministère de la Coopération, 1992.

Peter Geschiere : professeur d'anthropologie de l'Afrique, Université de Leyde (Pays-Bas), auteur de « Sorcellerie et accumulation » dans *Les itinéraires de l'accumulation au Cameroun*, Paris, 1993 et de « Kinship, Witchcraft and 'the Market'. Hybrid patterns in Cameroonian Societies » dans *Contesting Markets, Analyses of Ideology, Discourse and Practice*, Edimbourg, 1992.

Christophe Jaffrelot : chargé de recherche au CNRS (CERI) ; auteur de *Les nationalistes hindous — Idéologie, implantation et mobilisation*, Paris, Presses de la Fondation nationale des sciences politiques, 1993.

Kathy Rousselet : chargée de recherche à la Fondation nationale des sciences politiques (CERI).

Jean-Louis Rocca : enseignant à l'Université catholique de Lyon, chercheur associé à l'Institut d'Asie orientale (CNRS). Auteur de *L'Empire et son milieu. La criminalité en Chine populaire*, Paris, Plon, 1991 et de *Pouvoir, richesse et corruption dans le Tiers Monde*, Paris, Syros, 1993.

Olivier Roy : chargé de recherche au CNRS, chercheur associé au CERI ; auteur de *L'Échec de l'islam politique*, Paris, Le Seuil, 1992 ; a dirigé *Des Ethnies aux nations en Asie centrale*, Aix-en-Provence, Edisud, 1992.

Jean-Pierre Warnier : professeur d'ethnologie à l'Université René Descartes, Paris ; auteur de : *Échanges, développement et hiérarchies dans le Bamenda pré-colonial (Cameroun)*, Stuttgart, Franz Steiner Verlag Wiesbaden, 1985 et de *L'esprit d'entreprise au Cameroun*, Paris, Karthala, 1993.

Ce volume a été coordonné par **Rachel Bouyssou**, chargée des publications au CERI.

Table des matières

TROISIÈME PARTIE

LES FAUX-SEMBLANTS DE L'ÉCONOMIE DE MARCHÉ

Achevé d'imprimer par   Corlet, Imprimeur, S.A.
14110 Condé-sur-Noireau (France)
N° d'Imprimeur : 2425 - Dépôt légal : janvier 1994

Imprimé en C.E.E.